# diskurs:

## positionen sind gefragt.

Herausgeber: Leonhard Dobusch | Christian Forsterleitner | Jakob Huber
diskurs: positionen sind gefragt.
Linz, September 2004

Gestaltung: Stefan Augustyn
Druck: Gutenberg Linz
Verleger: SPÖ Linz-Stadt
ISBN: 3-900401-49-7

# inhalt

*"We must know that in this nation*
*Every single generation*
*Stange as you say, I say revolution*
*Need for change brings on revolution*
*The great book just look see solution."*
*(...)*
*It's not the past but the future's*
*What she fears*
*Strong we be strong*
*The next generation*
*It's what not who we are facin'*
*The fingers pointed to us in our direction*
*The blind state of mind needs correction*
*(...)*
*So we come together*
*And make 'em all say*
*Damn this generation"*

(Public Enemy / "Revolutionary Generation")

# vorwort

## was - wer - wie - warum

Ein Jahr ist zwischen der Landtags- und Gemeinderatswahl in Oberösterreich im Jahr 2003 und dem Erscheinen dieses Buches vergangen. Die absolute Mehrheit für die SPÖ nach den Gemeinderatswahlen in Linz und das sehr gute Ergebnis bei den Landtagswahlen 2003 eröffnet zahlreiche neue Chancen und Aufgaben. Gestaltungsmöglichkeiten aber bedürfen, damit sie in sinnvoller Weise genutzt werden, inhaltlicher Analysen und Konzepte, auf denen aufgebaut werden kann. Und gerade die neue Generation in der SPÖ, von der ein Teil bereits Mandate innehat, ist glaubwürdig und gefordert, hier neue Impulse zu setzen.
Denn durch den Erfolg sind so viele junge Menschen wie noch nie zuvor als Mandatarinnen und Mandatare in die politischen Entscheidungsprozesse eingebunden. Allein im Linzer Gemeinderat ist die SPÖ durch Christian Forsterleitner, Claudia Hahn, Miriam Köck und Josef Zehetner mit vier unter 30 jährigen Gemeinderätinnen und Gemeinderäten vertreten, im Landtag vertreten die drei ebenfalls unter 30-jährigen Abgeordneten Jasmine Chansri, Vera Lischka und Julia Röper-Kelmayr die Linzer SPÖ. Wobei wir zur "neuen sozialdemokratischen Generation" nicht nur die jungen politischen Mandatarinnen und Mandatare zählen, sondern auch andere, politisch denkende und engagierte Menschen im Umfeld der Linzer Sozialdemokratie.
Dass hier eine neue politische Generation am Werk ist, ist offensichtlich. Neu und jung ist aber kein Programm. Und neu und jung ist durchaus zweischneidig: Hohe Motivation, Unvoreingenommenheit und neue Ideen stehen geringere politische Erfahrung und Skepsis arrivierter Politikerinnen und Politiker gegenüber.
Die inhaltliche Auseinandersetzung mit aktuellen Problemen und Lösungsansätzen - insbesondere aber nicht ausschließlich auf regionaler Ebene - ist nun die Idee hinter diesem Buch. Denn die Belebung der Diskurskultur und die eingehende inhaltliche Bearbeitung aktueller gesellschaftlicher Herausforderungen in der Sozialdemokratie - und über diese hinaus - ist mehr als überfällig.
Dass das vorliegende Buch kein "Grundsatzprogramm" ist, zeigt schon

ein oberflächliches Betrachten der Themen. Die tiefergehende und differenzierte Bearbeitung einzelner, thematisch eingegrenzter Themengebiete wurde bewusst einer allgemeinen und unkonkreten Aneinanderreihung sozialdemokratischer Allgemeinplätze vorgezogen. So finden sich in diesem Buch teilweise auch ganz konkrete und in der (kommunalen) politischen Arbeit umsetzbare Vorschläge.
Eine Besonderheit sind die den einzelnen Beiträgen nachgelagerten Gespräche: Einerseits sollen sie den Leserinnen und Lesern dieses Buches Fragen und Diskussionen, die sich aus der Lektüre der Beiträge ergeben könnten, vorwegnehmen. Andererseits sollen die Gespräche zeigen, dass das Buch nicht nur eine Sammlung politischer Aufsätze diverser Autorinnen und Autoren ist, sondern das gemeinsame Projekt einer neuen politischen Generation, die Wert auf offene Kritik und offenen Diskurs im politischen Meinungsfindungsprozess legt.

Linz, September 2004

*Leonhard Dobusch* *Christian Forsterleitner* *Jakob Huber*

# beiträge und gespräche

*"Weltweit sind wir uns fremd*
*und kommen wir uns nah.*
*Weltweit geben wir das letzte Hemd,*
*um nicht allein und uns nah zu sein.*
*Weltweit sprechen wir zwar verschiedene Sprachen,*
*doch in allen kann man lachen.*
*Leider haben sich weltweit*
*so manche noch nicht von nationaler Ideologie befreit.*
*Dabei ist unser Leben längst:*
*International! - International - somit ist, sofort,*
*international nicht nur mehr ein Wort!"*

(Sportfreunde Stiller / "International")

# multikulturelle vielfalt als chance: theorie und praxis

## migration als gesellschaftliche ressource wahrnehmen und nutzen

*Jasmine Chansri*

Migration und Massenwanderungen sowie die daraus resultierenden multikulturellen Gesellschaften sind auf der Welt nichts Neues. Wie entscheidend gerade das Aufeinandertreffen verschiedener Kulturen für die (Weiter-)Entwicklung menschlicher Gesellschaften und Kulturen ist, zeigt nicht zuletzt die Wiege der antiken griechischen Philosophie, auf deren Gedankenkonstrukten letztendlich Errungenschaften wie Demokratie Wissenschaft basieren. Denn ihren Ursprung hat die griechische Philosophie gerade nicht im griechischen Kernland, sondern in den griechischen Kolonien in Kleinasien, Ägypten und Sizilien, wie der Münchner Philosophieprofessor Störig in seiner Beschreibung der Stadt Milet am Westrande Kleinasiens demonstriert: "Diese Stadt, in der sich

Rassen, Sprachen und Religionen kreuzten, ist die Geburtsstätte der griechischen und damit auch der abendländischen Wissenschaft und Philosophie."[1]

Aber es gibt auch Beispiele in der jüngeren menschlichen Geschichte, die Beweise für den Charakter von kultureller Vielfalt als Ressource einer Gesellschaft liefern. Der Aufstieg des spanischen Königreichs zum reichsten und mächtigsten Land der Welt dauerte genau so lange, bis unter dem Einfluss des katholischen Inquisitionsfundamentalismus die Mauren und Juden vertrieben und die Gesellschaft ethnisch "gesäubert" worden war. Am Verlust dieses kreativen und intellektuellen Potentials leidet die spanische Gesellschaft bis heute. Noch näher - sowohl geographisch als auch geschichtlich - liegt das Beispiel der Hochblüte der österreichischen Forschung zu Beginn des 20. Jahrhunderts. Wien als multikulturelle Hauptstadt des österreichisch-ungarischen Vielvölkerstaats war nicht zufällig ein Zentrum für Forschung und geistige Höchstleistungen, und noch heute zehrt Österreich vom Ruhm der damals am laufenden Band errungenen Nobelpreise. Spätestens mit dem wirtschaftlichen und wissenschaftlichen Aufstieg des deklarierten Einwanderungslandes USA sind aber - sollte man jedenfalls meinen - sämtliche Zweifel an den positiven Auswirkungen von ethnischer und kultureller Vielfalt ausgeräumt.

Dass dem nicht so ist und Integration häufig gemeinsam mit Begriffen wie "Problem" und "bewältigen" anstatt mit "Ressource" und "nutzen" verbunden und verwendet wird, zeigt, wie notwendig ein Paradigmenwechsel in diesem Politikfeld ist. Am Anfang soll ein kurzer Überblick über das Phänomen der Migration gegeben werden, die überhaupt erst die Basis für die Nutzung und Entwicklung einer multikulturellen Vielfalt schafft.

## jüngere geschichte der migration

Motive für die Migration waren bereits in der Antike politische und religiöse Freiheit, häufiger noch Überbevölkerung, große wirtschaftliche Not und Kriege.[2] Auch in dieser Hinsicht hat sich seit der Antike nicht sehr viel verändert.

Ab dem Beginn des 20. Jahrhunderts fanden verschiedene Arten von

---

[1] Störig (2003), Kleine Weltgeschichte der Philosophie, S 140

[2] Appelt (2001): Demokratie oder die Kunst der Grenzziehung, S 16

Migrationen statt. In der Zeit nach dem Ersten Weltkrieg waren etwa 6 Millionen Menschen von Zwangsumsiedlung, ethnischer Säuberung oder Repatriierung als Folge von kriegerischen Auseinandersetzungen und Grenzveränderungen betroffen. Das Nazi-Regime setzte die nächste, politisch motivierte Massenmigration in Gang, 450.000 Juden und eine große Zahl politischer Flüchtlinge mussten aus Österreich und Deutschland emigrieren. Wesentlich mehr Personen wurden in Konzentrationslager verschleppt und im Holocaust ermordet. Neben Flucht und Vertreibung gab es sowohl in der Zwischenkriegszeit als auch während des Zweiten Weltkriegs in Europa eine umfangreiche (größtenteils unfreiwillige) Arbeitsmigration. Anfang der 40er Jahre wurde Nazi-Deutschland (inklusive Österreich) zum Gebiet mit der größten Dichte an deportierten ZwangsarbeiterInnen. 1944 erreichte die Zahl der ausländischen Arbeitskräfte in Deutschland 8 Millionen.
Weitere Phasen der "Migration" bildeten nach 1945 Vertreibungen und ethnische Säuberungen als Folge des Ausganges des Zweiten Weltkrieges und der Nachkriegsordnung. Ein anderer Typus von Massenmigration fand als Folge der Entkolonialisierung Afrikas, Süd- und Südostasiens und der Karibik statt. Im Zuge dieser Entkolonialisierung kehrten eine große Zahl Kolonisten, Soldaten und Verwaltungsbeamte sowie farbige Hilfstruppen in die ehemaligen Mutterländer zurück. Damit einher ging jedoch auch eine postkoloniale Migration aus den früheren Kolonien nach Westeuropa, die Verschlechterungen der Lebensbedingungen in einigen Dritte-Welt-Ländern, ethnische und politische Konflikte in den neu gegründeten Staaten Afrikas, Asiens und der Karibik, aber auch die steigende Nachfrage nach billigen Arbeitskräften in Europa.
Durch gezielt geregelte bilaterale Abkommen wurden Gastarbeiter aus dem Mittelmeerraum in die westeuropäischen Länder geholt. Die Öffnung der Grenzen zwischen Ost und West ab 1989 schuf eine kurzfristige (Schein-)Migration: GrenzgängerInnen und SaisonarbeiterInnen sind für einen kurzen Zeitraum legal beschäftigt. Die Zahl irregulärer MigrantInnen wird auf etwa 2 Millionen in West- und Südeuropa geschätzt.
Ein in jüngster Zeit immer stärker ins Blickfeld rückender Bereich (Stichwort: "Green Card" in Deutschland) ist die Migration militärischer

und ziviler Eliten. Darunter fallen ManagerInnen, TechnikerInnen, WissenschafterInnen, DiplomatInnen, BeamtInnen internationaler Organisationen und auch Militärs. Diese Art von Migration, auch unter dem Namen "Brain Drain"[3] bekannt, findet hauptsächlich innerhalb der EU, zwischen den USA, Japan und anderen hochwertigen Industrienationen statt. Vermehrt werden aber auch sogenannte "Schlüsselkräfte" aus Entwicklungsländern in die Industrieländer geholt.
Die größte Migrationswelle der jüngeren Zeit auf europäischem Boden mit großen Auswirkungen auch auf die Situation in Österreich begann 1991 mit dem Zerfall Jugoslawiens. Mehr als 5 Millionen Menschen mussten Ex-Jugoslawien (zumindest vorübergehend) verlassen oder wurden vertrieben. 1992 beantragte eine Rekordzahl von 693.000 Personen politisches Asyl in Europa. Durch die restriktivere Fassung des österreichischen Asylgesetzes wurde aber die Asylerteilung in Österreich bis 1995 um 80 % gesenkt.[4]

## multikulturalismus versus multiethnizität

Nach dem Zweiten Weltkrieg sind aus den ehemaligen Auswanderungsländern gewollt oder wider Willen Einwanderungsländer geworden. Aufgrund wirtschaftlicher Faktoren kam es zur Niederlassung von ArbeitsmigrantInnen ("GastarbeiterInnen") auch in Österreich. Trotz zeitweise hoher Einwanderungszahlen und der damit verbundenen Einwanderungsgeschichte versteht sich keines dieser europäischen Länder heute als Einwanderungsland. Etwa neun Prozent der österreichischen Bevölkerung sind AusländerInnen, weitere vier bis fünf Prozent haben den österreichischen Pass, sind aber im Ausland geboren. Damit hat das Land heute einen höheren Anteil von ImmigrantInnen als die USA.[5] GastarbeiterInnen und Flüchtlinge wurden von der Gesellschaft und der Politik nie als EinwanderInnen oder gar als potentielle MitbürgerInnen gesehen, vielmehr wurden sie als zwischenzeitlicher Zustand betrachtet.
Der seit Anfang der 90er Jahre auch in unserer Gesellschaft öfter

3 Unter Brain Drain wird der Abfluss von Wissenskapital verstanden. Vgl. http://www.wissensnavigator.com/interface2/knowledge/contents/brain_drain/ (17.8.2004)

4 Münz: Migration, Flucht und Vertreibung Europa. In: Appelt (2001): Demokratie und das Fremde, S 24 ff

5 Bauböck: Grenzziehungen- zur Konstruktion des Volkes durch den österreichischen Nationalpopulismus. In: Appelt (2001): Demokratie und das Fremde, S 89

gebrauchte Begriff der Multikulturalität wird meistens im politischen Zusammenhang verwendet. Vorweg darf Multikulturalität nicht mit Multiethnizität verwechselt werden, denn nur weil mehrere verschiedene Kulturen auf eine Gebiet zusammenleben, sagt dies noch nichts über Multikulturalismus bzw. dessen Intention aus.
Es gibt viele Definitionen des Multikulturalismus, aber alle haben dasselbe Ziel vor Augen: Nicht nur ein friedliches Zusammenleben dieser Kulturen, sondern auch langsame Annäherungen, Verständnis oder im Optimalfall eine Symbiose von beiden. Die folgenden beiden Definitionen mögen exemplarisch den diesem Beitrag zu Grunde liegenden Begriff in seiner gesamten Breite anschaulich machen:
"Multikulturelle Gesellschaft ist eine Konstruktion, in der alle BewohnerInnen ohne Ansehen ihres Geschlechts, ihrer ethnischen, kulturellen, sprachlichen Zugehörigkeit, ihrer Religion und ihrer sozialen Klasse dieselben Rechte genießen. Wo nicht per Gesetz ein existenzieller Unterschied zwischen Angehörigen der Mehrheit und der Minderheit bzw. zwischen In- und AusländerInnen, zwischen StaatsbürgerIn und Nicht-StaastsbürgerIn gemacht wird. Wo es kein AusländerInnengesetz gibt, das alle jene diskrimiert, die nicht zur "Volksgemeinschaft" gehören. Wo Arbeit, Wohnen, soziale Sicherheit, Bildung, aber auch politische Beteiligung für ArbeitsmigrantInnen, AsylantInnen und Flüchtlinge prinzipiell möglich ist, selbst dann, wenn sie nicht assimilationswillig sind."[6]
"Multikulturalität bedeutet die Herstellung von Beziehungen, die auf die gegenseitige Anerkennung der auf einem gemeinsamen Territorium lebenden Menschen unterschiedlicher Zugehörigkeit ausgerichtet ist. Mulikulturalität könnte auch als Demokratie der Kulturen verstanden werden, in der jede Kultur ihr Erbe, ihr gesamtes Vermögen einbringt."[7]

## beispiel südtirol

Am Beispiel von Südtirol lässt sich nachvollziehen, dass es einen sehr großen Unterschied zwischen Multikulturalismus und Multiethnizität gibt. In Südtirol leben drei Sprachgruppen, laut Volkszählung 2001 gehören 69,15 Prozent zur deutschsprachigen, 26,47 Prozent zur italienischen

[6] Larcher (1991): Fremde in der Nähe, Interkulturelle Bildung und Erziehung im zweisprachigen Kärnten, im dreisprachigen Südtirol, im vielsprachigen Österreich, S 35
[7] Pallauer: Ist Südtirol ein multikulturelles Land? In: Appelt (2001): Demokratie und das Fremde, S 136

und 4,37 Prozent zur ladinischen Sprachgruppe.[8] Den Faschisten war es in den 20er und 30er Jahren gelungen, die deutschsprachigen SüdtirolerInnen (die "Fremdstämmigen", wie sie Mussolini in einer Rede im Parlament in Rom 1928 bezeichnet hatte) fast vollkommen aus dem öffentlichen Dienst hinauszudrängen. Ebenso wurden während der faschistischen Diktatur und auch in den Nachkriegsjahren die mit öffentlichen Geldern in Südtirol errichteten Sozialwohnungen fast ausschließlich italienischsprachigen MieterInnen zugesprochen. So waren zum Zeitpunkt des Inkrafttretens des neuen Autonomiestatutes (Jänner 1972) von den 7131 damals dem Proporz unterliegenden Staatsstellen lediglich 662 (also nicht einmal ein Zehntel) von Angehörigen der deutschen und ladinischen Sprachgruppe besetzt. Die Einführung einer angemessenen Verteilung der Beamtenstellen und die Wohnungszuweisung gemäß Volksgruppenstärke war also im Grunde auch die Wiedergutmachung eines faschistischen Unrechtes. Als Verteilungsschlüssel wurde dabei seit 1972 der ethnische Proporz, d.h. die aus der letzten Volkszählung resultierende zahlenmäßige Stärke der drei im Lande lebenden Sprachgruppen, herangezogen. Im sozialen Wohnbau werden die mit öffentlichen Geldern erbauten Mietwohnungen seit 1972 nach dem ethnischen Proporz vergeben. Nicht dem Proporz unterworfen sind hingegen bestimmte staatliche Verwaltungen wie z.B. Militär und Sicherheitsorgane.[9]

Das Autonomiestatut erkennt somit offiziell drei Sprachgruppen an und schließt alle anderen aus. Die Trennung der Sprachgruppen findet sowohl in allen maßgeblichen Institutionen als auch in der alltäglichen Praxis statt. Es gibt ein getrenntes Schul- und Bildungssystem, vom Kindergarten bis zur pädagogischen Hochschule, an der die LehrerInnenausbildung stattfindet. In Südtirol gibt es zirka 13 Prozent gemischtsprachige Ehen, den Kindern aus diesen Beziehungen wird das Recht ihrer zweifachen kulturellen Identität verwehrt, auch Personen aus anderen Ländern sind gezwungen, sich einer der drei Sprachgruppen zuzuordnen. Wer sich nicht zuordnet, kann diese subjektiven, im wesentlichen sozialen Rechte (geförderter Wohnbau, Studienstipendien, Anstellung im öffentlichen Dienst etc.) nicht in Anspruch nehmen. In vielen Gebieten findet somit kein interethnischer Kontakt statt, weil die andere Sprachgruppe schlicht nicht präsent ist.

8 Http:// www.unibz.it/ web4archiv/objects/pdf/standard/1/2003-09_learninglibrary_klotz-pernthaler_folien.ppt (07.06.2004)

9 http://www.provinz.bz.it/aprov/suedtirol/volkszahlung.htm (07.06.2004)

Durch das Autonomiestatut erfolgt keine Integration, es fördert sogar noch das strikte, getrennte und unabhängige Zusammenleben verschiedener Kulturen in einem Land. Südtirol ist also ein klassisches Beispiel von Nicht-Integration. Es bedeutet eben einen gewaltigen Unterschied, ob ein Staat die verschiedenen ethnischen Kulturen in seinem Land als positive und gewinnbringende Einheit sieht oder eine Politik betreibt, die am besten gar keinen Kontakt und Austausch der unterschiedlichen Kulturen zulässt. Letztere Variante birgt die Gefahr in sich, dass ethnische Spannungen zunehmen und ein friedliches und harmonisches Zusammenleben verhindert wird.
Allmählich bemühen sich zahlreiche sprachgruppenübergreifende Initiativen aus dem kulturellen und sozialen Bereich diese ethnischen Barrieren zu überwinden, und laut letzten Umfragen ist die Mehrheit der Bevölkerung in Südtirol überzeugt, dass stärkere Kontakte unter den Sprachgruppen die ethnischen Spannungen herabsetzten können.[10]

## integration in (ober)österreich

Ähnlich wie in Südtirol kamen die ersten Integrationsbemühungen in Österreich aus dem nichtstaatlichen Bereich. Waren bis Ende der 70er Jahre Integrationsbemühungen in erster Linie auf den Arbeitsmarkt konzentriert, so rückte seit den 80er Jahren der Sozial- und Bildungsbereich und insbesondere die berufliche und soziale Integration der zweiten und dritten Generation ins Zentrum. Seit Beginn der 90er Jahre vollzogen sich erste mulikulturelle Ansätze in der staatlichen Politik, Beratungsstellen und Flüchtlingsorganisationen. So wurde im damaligen Unterrichtsministerium ein Referat für Interkulturelles Lernen eingerichtet. 1992 wurde von der Wiener Landesregierung der Wiener Integrationsfonds gegründet. Die Tätigkeiten des Wiener Integrationsfonds reichen von der Förderung ausgewählter Organisationen, Stellungnahmen zu Gesetzen und Subventionsvergaben, integrativer Projektarbeit, Planung und Durchführung von Seminaren, Rechtsberatung, Konfliktintervention bis zu antirassistischer Aufklärungsarbeit und Schulberatung in Zusammenarbeit mit dem Wiener Stadtschulrat.[11]
In Oberösterreich leben laut Volkszählung 2001 99.617 Menschen aus

[10] Günther Pallauer, Ist Südtirol ein multikulturelles Land? In: Appelt, Demokratie und das Fremde, S 138ff
[11] Gensluckner, In Appelt (2001): Demokratie und das Fremde, S 176ff

153 Nationen mit nicht österreichischer Staatsbürgerschaft. Das sind rund 7,2 % der Gesamtbevölkerung in Oberösterreich. Von diesen "AusländerInnen" kommen die meisten aus dem ehemaligen Jugoslawien (52.449), gefolgt von der Türkei (17.276) und Deutschland (10.723). Von 1991 bis 2001 wurden insgesamt 24.931 AusländerInnen eingebürgert. Die Sozialabteilung des Landes Oberösterreich unterstützt hilfsbedürftige Fremde und fördert finanziell Organisationen, Institutionen und Vereine, die sich mit der Versorgung, Betreuung und Beratung von MigrantInnen, Flüchtlingen und AsylbewerberInnen beschäftigen. Seit Herbst 2001 gibt es eine Integrationsbeauftragte für MigrantInnen in Oberösterreich. Mit der Etablierung dieser neu geschaffenen Stelle wird eine stärkere Schwerpunktsetzung im Bereich der Integration in Oberösterreich gesetzt.[12]

Die Asyl- und Einwanderungspolitik in Österreich wird vorwiegend durch das Fremdengesetz, das Ausländerbeschäftigungsgesetz und das Asylgesetz geregelt. Diese Gesetze sehen nicht wirklich eine tatsächliche gesetzliche Gleichstellung oder gar politische Mitbestimmung von MigrantInnen vor. Seit Jahren fordern Migrationseinrichtungen das aktive und passive Wahlrecht für MigrantInnen. In vielen EU-Ländern können Personen aus Nicht-Eu-Ländern mit fünf Jahren Aufenthaltsdauer auf kommunaler Ebene wählen. Seit dem EU-Beitritt Österreichs 1995 sind zwar EU-BürgerInnen bei Wahlen auf kommunaler Ebene österreichischen StaatsbürgerInnen gleichgestellt, d.h. sie genießen bei Gemeinderatswahlen - in Wien bei den Wahlen zu den Bezirksvertretungen - das aktive und passive Wahlrecht. Den Drittstaatenangehörigen aber, die die überwältigende Mehrheit der ausländischen Wohnbevölkerung in Österreich stellen, werden weiterhin grundlegende demokratische Rechte vorenthalten. Ihnen wird das aktive wie das passive Wahlrecht auf Bundes-, Landes- und Gemeindeebene ebenso wie das passive Wahlrecht bei Betriebsrats- und Kammerwahlen verweigert. Auch die Instrumente der direkten Demokratie (Volksbefragung, Volksbegehren, Volksabstimmungen) sind selbst auf Ebene der Länder und Gemeinden an den Besitz der österreichischen Staatsbürgerschaft gebunden. Das einzige politische Recht, das Angehörigen aus Drittstaaten von der österreichischen Verfassung eingeräumt wird, ist das Petitionsrecht. Allerdings zwingt dieses Recht die Behörden lediglich

[12] Ackerl (2002): Integration in Oberösterreich, Presseunterlage

dazu, die Petition entgegenzunehmen. Eine Stellungnahme- oder Beantwortungspflicht der Behörden ist daran nicht geknüpft.
Eine weitere Mitbestimmungsphase für MigrantInnen trat mit der Bildung von AusländerInnen-/Integrationsbeiräten ein. In ihnen sind In- und AusländervertreterInnen verschiedener Institutionen und Mitglieder der Städte-/Landesregierungen versammelt, die sich mit den Problemen des Zusammenlebens befassen. AusländerInnen-/Integrationsbeiräte bzw. AusländerInnenforen sind nicht in allen Bundesländern vorhanden. Der erste demokratisch gewählte AusländerInnenbeirat in Österreich wurde am 26.11.1995 in Graz gewählt. Die Steiermark hat seit 1999 als einziges Bundesland ein Landesgesetz, das die Einrichtung von AusländerInnenbeiräten in Gemeinden mit mehr als 1000 Nicht-EU-AusländerInnen beschlossen hat.[13] Die Wichtigkeit einer vergleichbaren Regelung für Oberösterreich steht wohl außer Frage.

## AusländerInnenintegrationsbeirat (AIB) Linz[14]

Nach einem Gemeinderatsbeschluss wurde am 23. Juni 1996 auch in Linz ein AusländerInnenintegrationsbeirat gewählt. Der AusländerInnen-Integrationsbeirat (AIB) Linz versteht sich als politische Interessenvertretung der in Linz lebenden MigrantInnen, um deren Mitgestaltung auf kommunaler Ebene zu ermöglichen. Er setzt sich aus zwölf gewählten, ehrenamtlich tätigen Mitgliedern sowie aus je einem Mitglied der im Gemeinderat vertretenen Fraktionen zusammen. Hauptziel des AIB Linz ist die weitgehende Gleichstellung der ausländischen mit der inländischen Bevölkerung. Daneben obliegen ihm die Vertretung der Interessen ausländischer MitbürgerInnen in allgemeinen Angelegenheiten, die die MigrantInnen aufgrund ihrer Staatsangehörigkeit oder Herkunft, aus sozialen, kulturellen oder sonstigen Gründen besonders betreffen. Aktiv wahlberechtigt bei der ersten Wahl 1996 waren alle Drittstaatsangehörigen, die das 18. Lebensjahr vollendet und seit mindestens einem Jahr einen Hauptwohnsitz in Linz haben. Passives Wahlrecht haben Drittstaatsangehörige, die das 19. Lebensjahr vollendet und seit drei Jahren einen Hauptwohnsitz in Linz haben. Sowohl für Einzelpersonen wie auch für kandidierende Listen sind 50

13 http://www.integrationsportal.at (07.06.2004)
14 http://www.linz.at/integrat/beirat/allgemein.htm

Unterstützungserklärungen von aktiv wahlberechtigten MigrantInnen erforderlich.[15]
Aber ohne die Sinnhaftigkeit des AIB in Zweifel zu ziehen, so zeigen Vorstöße der FPÖ gegen die minimalen Rechte des AIB, wie die Teilnahme an Ausschusssitzungen des Gemeinderates, dass Beiräte nie echte Mitbestimmung ersetzen können. Und auch Integrationsbeiräte beschäftigen sich größtenteils mit der Bewältigung des Integrations"problems". Die positive Seite von kultureller und ethnischer Vielfalt kommt sowohl in der Arbeit als auch in der Kommunikationsstrategie zu kurz.

## fazit

Ein Kopftuchverbot an einer Linzer Hauptschule sorgte für große Aufregung und setze eine breit geführte Diskussion über Kleidungsvorschriften an öffentlichen Schulen in Gang. Der Hintergrund für das Verbot war eine neue Hausordnung, die zu Jahresbeginn vom Schulforum beschlossen worden war. Darin wurde für die SchülerInnen nicht nur eine dem Unterricht entsprechende Kleidung vorgeschrieben, sondern auch jegliche Kopfbedeckung verboten egal ob Baseballkappe oder Kopftuch. Dieses Kopftuchverbot traf auch eine 13-jährige muslimische Schülerin an dieser Schule. Der Vater des Mädchen erstattete daraufhin Anzeige wegen Diskriminierung und bekam Recht. Auf Veranlassung der Schulbehörde wurde der Bezirksschulinspektor beauftragt sicherzustellen, dass die 13-Jährige weiterhin mit Kopftuch zur Schule gehen kann.[16]
Nicht nur dieses Beispiel zeigt, dass, statt MigrantInnen als wertvolle Ressource und Gewinn für das Land zu sehen, in den letzten Jahrzehnten eher eine Art Krisenmanagement und Stillhaltepolitik betrieben wurde. Weite Teile der Bevölkerung und der politischen EntscheidungsträgerInnen hat nach wie vor nicht erkannt, dass nur durch eine wirkliche Integration ein friedliches Zusammenleben verschiedenster Kulturen auf Dauer in einer Gesellschaft möglich ist.
*Wirkliche* Integration bedeutet, dass MigrantInnen nicht nur Mitbestimmungsrechte bekommen, sondern dass auch ein Austausch zwischen den Kulturen stattfindet, der etwaige Vorbehalte und ethni-

[15] Gensluckner, In Appelt (2001): Demokratie und das Fremde, S 186 ff
[16] http:// ooe.orf.at/oesterreich.orf?read=detail&channel=4&id=3202334 (07.06.2004)

sche Spannungen beseitigt. Viele MigrantInnen leisten seit Jahren wertvolle Arbeit in unserem Land, zahlen wie alle anderen StaatsbürgerInnen Steuern, unterliegen denselben Verpflichtungen, aber nicht den daraus resultierenden Mitbestimmungsrechten. AusländerInnenbeiräte haben sich erst in wenigen Städten gebildet, obwohl diese gerade wegen ihrer geringen Kompetenzen relativ einfach per Landesgesetz einzurichten wären.

Das Wahlrecht auf kommunaler Ebene wäre der erste Schritt zu einer wirklich effizienten Integration. Die Realität in Österreich sieht leider anders aus. Am 1. Juli 2004 wurde vom Verfassungsgerichtshof ein Gesetz von SP und Grünen als nicht verfassungskonform abgelehnt, das es auch Nicht-Österreichern und Nicht-EU-Bürgern ermöglicht hätte, bei Wahlen der Bezirksvertretung in Wien das aktive und passive Wahlrecht (außer zum Amt des Bezirksvorstehers) auszuüben .[17]

Wir haben noch immer nicht mulikulturelle Vielfalt als Chance für unsere Gesellschaft begriffen, das Aufwachsen ausländischer Kinder und Jugendlicher ist nach wie vor geprägt durch ein Spannungsverhältnis verschiedener Kulturen. Die Integration wird erschwert durch unterschiedliche Erziehungs- und Bildungsvorstellungen der Eltern und mangelnde Sprachkenntnisse. Die Kinder dieser MigrantInnen sind bereits in Österreich geboren, sprechen die Sprache wie Einheimische, diese Kinder jedoch sind nach wie vor AusländerInnen in ihrem Geburtsort. Diese Personen sollten mit allen Rechten und Verpflichtungen aktiv in unsere Gesellschaft eingebunden werden. Eine Integrationspolitik, die auf Chancengleichheit baut und soziale, rechtliche und politische Gleichberechtigung zum Ziel hat, kann die Frage der politischen Mitbestimmungsrechte nicht ausblenden.

Mitbestimmungsrechte würden MigrantInnen endlich den Stellenwert als gleichwertige BürgerInnen einräumen und sie noch mehr veranlassen sich mit ihrer "neuen" Heimat auseinanderzusetzen. Integration darf jedoch nicht einseitig gesehen werden. Politik muss noch mehr dafür sorgen, dass auch die inländische Bevölkerung MigrantInnen als gleichberechtigte MitbürgerInnen anerkennt. Neben mehr Kooperation und Unterstützung nichtstaatlicher Vereine wird es auch vorweg an der Kommunalpolitik liegen, mehr multikulturelle Aktivitäten zu setzten, um sprachlich und kulturell bedingte Barrieren abzubauen. Podiums-

[17] http://derstandard.at/?url=/?id=1713993 (18.08.2004)

diskussionen, interethnische Kontakte an Schulen und öffentlichen Plätzen, multikulturelle Straßen- und Stadtteilfeste, die mit inländischer und ausländischer Bevölkerung geplant und ausgeführt werden, können ein Anfang sein, diese Barrieren einzureißen.
Aber auch eine Stärkung der Linzer Johannes Kepler Universität und deren Erweiterung um eine geistes- und sprachwissenschaftliche Fakultät wäre ein großer Schritt in die richtige Richtung: Je mehr auch ÖsterreicherInnen die Möglichkeit haben, sich mit anderen Kulturen und Sprachen beispielsweise auf universitärer Ebene auseinanderzusetzen, desto besser wird auch das Zusammenleben und die Zusammenarbeit funktionieren. Das Beispiel der Sinnhaftigkeit und der positiven Auswirkungen der Einführung einer geistes- und sprachwissenschaftlichen Fakultät auf Integration und Nutzung multikultureller Ressourcen zeigt außerdem, dass Integration Querschnittsmaterie ist: Keine konkrete Integrationsmaßnahme und kein noch so gut etabliertes Partizipationsmodell wie der AIB können die positiven integrativen Wirkungen von sozialem Wohnbau, guten und frei zugänglichen Bildungsmöglichkeiten und sozialen Sicherungssystemen ersetzen.
Für ein verständnisvolles Miteinanderleben bedarf es einer offensiven Politik, die MigrantInnen nicht nur als Last oder vorübergehende Hilfskräfte sieht, sondern als zukünftige Bürgerinnen und Bürger in einem vereinten Europa.

## links zum thema

www.servus.at/maiz/frame.htm
*MAIZ - Autonomes Integrationszentrum von und für MigrantInnen*

www.migration.at/index2.htm
*MIGRARE, Zentrum für Migrantinnen und Migranten in Oberösterreich*

www.enar-eu.org
*Österreichisches Netzwerk gegen Rassismus*

## literatur

*Ackerl, Josef (2002):* Integration in Oberösterreich, Presseunterlage

*Appelt, Erna (2001):* Demokratie und das Fremde: Multikulturelle Gesellschaften als demokratische Herausforderungen des 21. Jahrhunderts. Studienverlag

*Bauer, Ingrid / Ehmer, Josef / Hahn, Sylvia (2002):* Walz - Migration - Besatzung. Historische Szenarien des Eigenen und des Fremden. Drava Verlag

*Fröhlich, Margit / Messerschmidt, Astrid / Walther, Jörg (2003):* Migration als biografische und expressive Ressource Beiträge zur kulturellen Produktion in der Einwanderungsgesellschaft. Brandes&Aspel Verlag 2003

*Larcher, Dietmar (1991):* Fremde in der Nähe, Interkulturelle Bildung und Erziehung im zweisprachigen Kärnten, im dreisprachigen Südtirol, im vielsprachigen Österreich. Drava Verlag

*Sen, Faruk / Jahn, Gerhard (1984):* Wahlrecht für Ausländer. Stand und Entwicklung in Europa. Dagyeli Verlag

*Störig, Hans Joachim (2003):* Kleine Weltgeschichte der Pilosophie. Stuttgart: Verlag W. Kohlhammer

# diskurs: multikulturalität als chance

## über "multikulturelle vielfalt als chance: theorie und praxis" diskutieren jakob kapeller und miriam köck mit der autorin jasmine chansri

Jakob Kapeller: Zum Einstieg würde ich gerne von dir wissen, wie du Integration siehst, was du darunter verstehst?

Miriam Köck: Und ich würde gerne noch die gleiche Frage für den Begriff der Migration voranstellen. Schließlich umfasst das Thema deines Beitrags ja die Chancen, die mit Multikulturalität verbunden sind, in weiten Teilen beschäftigst du dich aber mit Migration und Integration. Dein Kontext dieser drei zentralen Begriffe würde mich interessieren.

Jasmine Chansri: Am Anfang war mir auch nicht klar, wie ich das Thema am besten angehen sollte. Ausgangspunkt war klarerweise Multikulturalität. Bei der Recherche kristallisierte sich aber immer mehr heraus, dass ohne Verständnis von Migration und Integration Multikulturalität nicht behandelt und verstanden werden kann. Migration kann hier sehr weit als (dauerhafte) Bewegung von Kulturen, Integration als Prozess des Niederlassens und der Vermischung von verschiedenen Kulturen verstanden werden. Also Situationen, wo Menschen in einer neuen Kultur (über-)leben möchten und gleichzeitig zumindest Teile ihrer eigenen Kultur bewahren wollen.

MK: Du hast im Beitrag auch als Beispiel für Massenmigration die zwangsweisen Deportationen im Rahmen des Zweiten Weltkriegs gebracht. Ich habe mir da schon die Frage gestellt, ob das als Migration verstanden werden kann?

JK: Wenn ich es aus dem Lateinunterricht noch richtig in Erinnerung habe, dann kommt Migration von "migrare", was soviel heißt wie "wandern". Insofern ist es trotzdem passend, Migration ist für mich der Überbegriff für jede Art der Wanderung.

JC: Selbst- oder fremdbestimmt ist hier sicher nicht entscheidend.

MK: Ja, aber heute wird Migration eben immer als selbstbestimmt wahrgenommen. Aber auch heute gilt: Was ist schon selbstbestimmt? Wenn ich nichts zu essen habe und deshalb auswandere, ist das dann freiwillig?

JK: Bei der Integration gibt es ein ähnlich verqueres Verständnis. Integration wird unidirektional als Assimilation verstanden. Und auch wenn die in deinem Beitrag geforderten politischen Rechte auf Mitbestimmung sehr wichtig sind, glaube ich, dass ein Punkt zu kurz kommt: Auch wir müssen uns ändern. Es müssen sich zwar auch die Regeln ändern, vorher aber die Einstellung auf unserer Seite zu Integration und Migration. Denn für ausländische Mitmenschen ist ihr Alltag alles andere als integrationsfördernd. Bei allen öffentlichen Stellen kommt man als AusländerIn schlechter weg. Das ist eine entscheidende Frage des gesellschaftlichen Klimas, wo mehr als "nur" politische Rechte notwendig sind.

MK: Es geht immer um Menschen, auf beiden Seiten. Beide Seiten müssen sich ändern und aufeinander zugehen. Du, Jakob, hast sicher Recht was unsere Seite betrifft und gleichzeitig müssen auch MigrantInnen ihre Erwartungshaltungen von den Ländern, in die sie einwandern, vielleicht ändern.

JK: Der spannendste Gedanke im Beitrag ist meiner Meinung nach die Forderung nach einem Paradigmenwechsel in der Sichtweise von Migration und Integration. Denn wenn wir es schaffen, mehr auf die Chancen und den Nutzen von Migration abzustellen, dann ändert sich vielleicht auch das Klima.

JC: In Deutschland gibt es die verschiedensten Bemühungen in diese Richtung, die sind hier teilweise schon viel weiter. Und es stimmt, dass sich die Menschen ändern müssen, aber wie kann man das erreichen? Und hier ist eben doch das Instrumentarium der Mitbestimmung und das der verbindlichen Rechte ein wesentliches. Vielleicht macht es ein

Beispiel aus einem anderen Bereich deutlich: Die Einführung einer verbindlichen Frauenquote in der SPÖ war umstritten, aber die Einführung hat ein Umdenken unterstützt. Und zwar mehr als jeder Appell einfach dadurch, dass sich hier Tatsachen verändert haben. Bei der Integration ist es ähnlich: Straßenfeste und Podiumsdiskussionen alleine haben nicht so einen starken Einfluss wie reale Tatsachen, die sich ändern.

MK: Das Argument mit der Migration als Potential stimmt auch ökonomisch, am offensichtlichsten, wenn es um die Finanzierung unseres Sozialsystems geht. Unser Sozialsystem erfordert auch ökonomisch ein gewisses Mindestmaß an Migration und eine schnelle und gute Integration. Was den Punkt der Betrachtung von Integration als Querschnittsmaterie betrifft, so stimme ich dieser Aussage zu, aber ich stelle mir die Frage, ob das auf kommunaler Ebene überhaupt durchführbar ist. Das würde ja heißen, dass alle Abteilungen in der Verwaltung selbstständig Integrationsaufgaben übernehmen müssten. Sind die damit nicht überfordert? Brauchen wir da nicht doch zentrale Stellen? Und sind Beiräte das richtige Mittel für politische Mitbestimmung? Ich habe selbst oft schlechte Erfahrungen mit Alibi-Beiräten gemacht.

JC: Klarerweise sind Beiräte nicht das Ziel, sondern nur ein Mittel und ein erster Schritt. Auch der Wiener Integrationsfonds ist nur ein Zwischenschritt.

MK: In Wien gibt es aber eine eigene Integrationsstadträtin und damit eine klare, zentrale Zuständigkeit.

JK: Aber ist nicht Integration in Wien ein viel größeres Thema, ein viel größeres Problem?

MK: Nicht unbedingt, das ist immer sehr subjektiv und es geht vor allem um subjektive Betroffenheit. Zumindest in Linz hat das Thema einen sehr großen Stellenwert.

JK: Ja, aber am Land ist das Thema Integration nicht so brennend. In

Wien ist die Strategie mit der zentralen Zuständigkeit sicher gut. Aber hier ist es wichtig zu betonen, dass sich zentrale Zuständigkeit und die Behandlung von Integration als Querschnittsmaterie nicht gegenseitig ausschließen. Neben der Mitbestimmung brauchen wir aber auch eine gleiche rechtliche Behandlung, zum Beispiel bei Beihilfen und Leistungen. Wir haben in Österreich 300 Jahre öffentliche Schulpflicht, Sprachkurse werden aber nur subsidiär organisiert und nicht unmittelbar von der öffentlichen Hand selbst übernommen. Hier ist der Integrationsfonds in Wien als teilweise reiner Subventionsgeber durchaus kritisch zu betrachten. Der Staat, nicht NGOs, sollen die Deutschkurse machen.

JC: Die Gleichstellung im Sinne gleicher Rechte ist in Österreich durch die historische und übertriebene Fixierung auf das Kriterium der Staatsbürgerschaft sehr, sehr schwer. Das zeigt sich auch beim VfGH-Urteil zum Thema des Bezirkswahlrechts. Die Ziehung der Grenze bei der Staatsbürgerschaft in diesem Urteil ist genauso willkürlich, wie sie real ist.

JK: Stimmt, Staatsbürgerschaft ist oft ein Totschlagargument um Leistungen und Rechte zu verweigern, ohne auf die konkrete Situation und Bedürftigkeit der Person abzustellen.

MK: Zum Thema NGOs und Subventionen möchte ich noch etwas klarstellen: Vielfach haben NGOs auf Grund ihrer Flexiblität und ihrer Interessensvertretungsfunktion Initiativen gesetzt, die sonst nicht passiert wären. Sie bilden hier bis zu einem gewissen Grad ein innovatives Element. Grundsätzlich sollte natürlich nicht alles an NGOs vergeben werden, aber manchmal kann es durchaus sinnvoll sein.

JK: Eine spannende Frage in diesem Rahmen wäre auch noch: Wie gehen wir selber als Organisation mit der Thematik um? AusländerInnen sind eine sehr schwer erreichbare Zielgruppe und wenn, dann kommen ausländische FunktionärInnen aus höheren Bildungsschichten.

MK: Bei mir in der SPÖ-Sektion Innenstadt-Süd gibt es seit einiger Zeit einige MigrantInnen. Hier spielen die sehr engen Familienbande und Familienstrukturen eine große Rolle. Ein Mitglied der "Sippe" hat zu uns gefunden und, weil sie sich wohl gefühlt hat, dann nach und nach Familienmitglieder, Verwandte und Bekannte dazugeholt. Das erfordert aber Offenheit, Vertrauen und Geradlinigkeit.

JC: Entscheidend ist: Wie hole ich die Leute ab. Und da hat auch die SPÖ derzeit noch nicht viel auf Lager.

JK: Wichtig ist sicher, offen auf die Leute zugehen. Und vielleicht auch einmal etwas mehr zuhören und nicht nur reden.

MK: Aber durchaus Sachen ansprechen, die einem nicht gefallen. Ängste und Vorbehalte der inländischen Bevölkerung sind AusländerInnen ja nicht fremd.

JK: Vielleicht wäre es sinnvoll, eine zentrale Verantwortung oder Anlaufstelle im Rahmen der SPÖ-Organisationen aufzubauen.

JC: Die SPÖ in Linz hat sich mit Erfolg nicht gescheut, sich mit diesem Thema auseinanderzusetzen und gezielt auch Leute mit Migrationshintergrund in die Politik holt. Mit Serdar Sariciftci und Ana Martincevic sind ja gleich zwei Menschen mit Migrations-Background für die SPÖ im Linzer Gemeinderat.

JK: Es gibt ja auch sonst für die verschiedensten Zielgruppen spezifische Angebote der SPÖ. Für Homosexuelle, ChristInnen mit SOHO und ACUS sogar eigene Organisationen. Vielleicht ist da noch ein blinder Fleck im Bereich der MigrantInnen.

*"Splash the worst rehearse a verse Flashdance on the universe*
*Televise the work Network Shop til your neck hurt*
*Whattup Dirt, nine diagram phoenix on your sweatshirt*
*Thirty-thousand went bezerk, it's like clockwork"*

(Raekwon the Chef (Wu-Tang-Clan) / "Diesel")

# politische implikationen regionaler netzwerke

## netzwerkbegriff und "netzwerk-konjunktur"

*Leonhard Dobusch*

Die Verwendung des "Netzwerks" als Erklärungsmuster hat in den verschiedensten Bereichen - von der Biologie über soziale Systeme bis hin zu globalen (Tele-)Kommunikationsnetzwerken wie dem Internet - Hochkonjunktur. Dem potentiellen Kritikpunkt eines modebedingt inflationären Einsatzes des Begriffs kann als Begründungsansatz auch ein möglicher Erkenntnisfortschritt über die Multikausalität verschiedenster (gesellschaftlicher) Entwicklungen entgegengehalten werden. So wird nicht nur im Zuge der Globalisierung deutlich, wie sehr Entwicklungen auf verschiedensten Gebieten vom gleichzeitigen Zusammenwirken unterschiedlicher - und räumlich bisweilen weit entfernter - PlayerInnen abhängen. Und wie wenig einzelne (einzelstaatliche) Maßnahmen an manchen Entwicklungen ändern können.

Auf der anderen Seite hat der Zusammenbruch der zentral geplanten Kommandowirtschaft in den 80er Jahren des letzten Jahrhunderts gezeigt, wie unmöglich die vorausschauende und zentrale Organisation komplexer wirtschaftlicher Zusammenhänge ist. Eben weil Ursache und Wirkung in einer humanen Gesellschaft netzwerkartig und wechselseitig aufeinander bezogen sind und somit zusammenhängen, ist mit fortschreitender Komplexität und Arbeitsteilung die ausschließliche Bewältigung derselben durch planerische Reduktion immer schwerer möglich.

Der Physiker und Universalgelehrte Fritjov Capra[1], selbst ein starker

Verfechter des Netzwerks als Erklärungs- und Arbeitsmittel, formuliert Attraktivität und Bedeutung des Netzwerks mit seinem Hinweis auf dessen universelle Bedeutung für das Leben auf den verschiedensten Ebenen: "Von den Stoffwechselnetzwerken in Zellen bis zu den Nahrungsnetzen von Ökosystemen und den Kommunikations-netzwerken in menschlichen Gesellschaften - sind die Komponenten lebender Systeme netzwerkartig miteinander verknüpft."
Und auch die neuesten Erklärungskonzepte für die menschliche Gesellschaft, wie sie der Philosoph Peter Sloterdijk mit seinen Metaphern der Blasen und Schäume in seiner Sphären-Trilogie entwirft, fußen laut eigenen Angaben auf Netzwerken. So beruft Sloterdijk sich auf seinen Wissenschaftskollegen Bruno Latour, der gleich den Vorschlag gemacht hat, den Begriff der Gesellschaft durch den Begriff der "Agentennetzwerke" abzulösen.[2]
Dieser Erkenntnisfortschritt, nämlich dass Menschen im allgemeinen und somit auch politische EntscheidungsträgerInnen im speziellen, in den verschiedensten Bereichen mit netzwerkartigen Strukturen konfrontiert sind, hat nun weitreichende Konsequenzen: Ein/e pessimistische/r Betrachter/in wäre vielleicht versucht, in der Komplexität gesellschaftlicher Netzwerkstrukturen nur eine weitere Bestätigung für die "natürlichen" und engen Grenzen politischen Handelns zu sehen.
Ein optimistischer Standpunkt könnte dagegen wie folgt aussehen: Monokausale Erklärungsmuster haben dort, wo sie bisher (von der Politik) eingesetzt wurden, nicht die gewünschten Ergebnisse gebracht und damit das Vertrauen in politische Prozesse als solche unterhöhlt. Ein (An-)Erkennen der netzwerkartig-komplexen Struktur gesellschaftlicher Prozesse durch die Politik könnte hier in doppelt positivem Sinne wirken: Einerseits, weil damit klar ist, dass die Politik zwar eine wesentliche Rolle spielt, aber nicht nur den richtigen Hebel umlegen müsste, um das beste Ergebnis erzielen zu können. Und andererseits, weil bewusstes politisches Denken und Handeln in Netzwerkstrukturen und Kontexten, sei es in katalytischer Form der reinen Festlegung oder Beeinflussung der "Netzwerkspielregeln" oder sei es als aktiver Player und Teil diverser Netzwerke, die Chance auf bessere Ergebnisse politischen Handelns in sich birgt.

## netzwerke als instrument der komplexitätsbewältigung

[1] Capra (2002), S 337
[2] Hartmann/Taschwer (2004)

Netzwerkartige Beziehungen auf Ebene der Ökonomie und Soziologie, also im Bereich des gesellschaftlichen Zusammenwirkens von Menschen in einer modernen Gesellschaft, stellen eine Form der Komplexitätsbewältigung dar.
Die Komplexität einer humanen Gesellschaft ist systemimmanent und ergibt sich aus zahlreichen Faktoren wie der Unvollkommenheit der vorhandenen Information, der beschränkten Informationsverarbeitungskapazität des Menschen und der unzähligen Schnittstellen im menschlichen Zusammenleben. Wer nun, wie eben die Politik, in einer Gesellschaft lenkend oder steuernd eingreifen will, muss sich dieser Herausforderung der zu bewältigenden Komplexität stellen.
Als die zwei grundlegenden Arten der Komplexitätsbewältigung kommen nun Komplexitätsreduktion durch Planung und Abstraktion auf der einen und Komplexitätserhöhung durch gesteigerte Varietät und Vielfalt von Strukturen auf der anderen Seite in Frage. Während die ausschließliche Verwendung einer der beiden Arten der Komplexitätsbewältigung schnell an Grenzen stößt (die durch ineffizienten Ressourceneinsatz klarerweise noch verschoben werden können), zeichnen sich gerade Netzwerkstrukturen durch ein Neben- oder sogar Miteinander sowohl von Komplexitätsreduktion als auch Komplexitätsgenerierung aus.
Um diesen Umstand zu verdeutlichen, soll im Folgenden auf speziell für lokales und regionales politisches Handeln relevante Netzwerktypen eingegangen werden: Regionale Netzwerke bzw. regionale Netzwerkökonomien.

## regionale netzwerke: begriff und typen

"Knoten" eines regionalen Netzwerkes können Betriebe, Vereine, (Hoch-) Schulen und andere öffentliche Einrichtungen sein. Deren formelle und informelle Beziehungen sowie die Stoff- und Informationsflüsse zwischen diesen Knoten bilden die "Kanten" des Netzwerks. Von einem regionalen Netzwerk kann aber erst dann gesprochen werden, wenn mehr oder weniger gezielt lokale Agglomerationsvorteile von

Ballungsräumen und -zentren genutzt werden.
Diese Agglomerationsvorteile können in branchenspezifischen Effekten auf Grund horizontaler und vertikaler Vernetzung der Betriebe oder in regionaler Verfügbarkeit verschiedenster Infrastruktur wie Bildungszentren, Verkehrswege etc. bestehen. So beschreibt der Linzer Universitätsprofessor Adolf H. Malinsky ein regionales Netzwerk als "das Zusammenwirken dieser Faktoren im regionalen Gefüge und die Kooperation der Beteiligten (Betriebe, Zulieferanten, Abnehmer, Forschungsstätten etc.) sowie der Austausch von Informationen und Wissen der Beteiligten bis hin zu einem gemeinsamen Innovationsmanagement." Wobei klar ist, dass beispielsweise ein gemeinsames Innovationsmanagement[3] vieler kleinerer und mittlerer Betriebe einer eigenen und gemeinsamen Struktur bedarf, die aber wiederum ein (wahrscheinlich zentraler) Knoten des Netzwerks wäre.
Grob lassen sich zwei Typen von regionalen Netzwerken unterscheiden: Branchennetzwerke und branchenübergreifende Netzwerke. Insbesondere erstere erfreuen sich unter dem von Michael E. Porter geprägten Begriff des "Clusters"[4] großer Aufmerksamkeit sowohl in der Wissenschaft als auch in Wirtschaft und Politik. So wird Oberösterreich von der Technologie- und Marketinggesellschaft (TMG) als "Clusterland"[5] und Heimat des Automobil-, Kunststoff-, Ökoenergie-Clusters und vielen anderen mehr, beworben.
Neben diesen Clustern bzw. Branchennetzwerken bieten aber gerade auch branchenübergreifende Netzwerke nicht zu vernachlässigende Potentiale, die aber oftmals noch mehr als Cluster eines externen Netzwerkmanagements bedürfen. Eben weil sich in branchenübergreifenden Netzwerken das Zusammenwirken der einzelnen Netzwerkakteure nicht "von selbst" aus der gemeinsamen Wertschöpfungskette bei der Erstellung gemeinsamer oder verwandter Leistungen ergibt, ist oftmals Netzwerkmanagement notwendig, um eine für alle Beteiligten vorteilhafte Kooperation in Gang zu bringen und am Leben zu erhalten. Prominenteste Beispiele für derartige branchenübergreifende Netzwerke sind (Abfall-)Verwertungsnetzwerke, die Abfälle/ Nebenprodukte von Produktionsprozessen branchenübergreifend als Rohstoffe zugänglich machen und so neben Vorteilen für die beteiligten Betriebe auch

---

3 Malinsky (1999), S 2
4 Porter (1999), S 207
5 vgl. www.clusterland.at

gesellschaftlich wünschenswerte ökologische Vorteile für die Region bringen.

## regionale netzwerke: gemeinsame eigenschaften

a) Relative Autonomie der Mitglieder: Die Mitglieder oder Knoten eines regionalen Netzwerks sind autonom in dem Sinne, als sie nicht in eine zwingende Struktur wie ein integrierter Konzern oder die öffentliche Verwaltung integriert sind und (wirtschaftlich) selbstständig sind. Ein zentrales Netzwerkmanagement trägt nicht zwingend die Verantwortung für den konkreten Netzwerk-Output, hat aber jedenfalls und vor allem die katalytische Funktion, ein Zusammenwirken der Netzwerkmitglieder zu ermöglichen und zu unterstützen. Die Kombination aus Autonomie und Zusammenwirken ist wiederum die Basis dafür, dass trotz der teilweise komplexen Leistungserbringungen kleinteilige und effiziente Strukturen möglich sind.

b) Offenheit des Netzwerks: Zumindest theoretisch muss es schon auf Grund der Autonomie den einzelnen Mitgliedern freistehen, ob sie ein Teil des Netzwerks sein wollen oder nicht. Umgekehrt kann Offenheit aber nicht so weit gehen, dass auch bei Verletzung von vereinbarten "Netzwerk-Regeln" keine Konsequenzen möglich sind. Grundsätzlich ermöglicht aber das Hinzukommen und Ausscheiden von Mitgliedern eine (positive und negative) Entwicklung eines regionalen Netzwerks.

c) Komplexität: Die Komplexität eines regionalen Netzwerks nimmt logischerweise mit der Anzahl der Mitglieder und der Qualität und Quantität der Informations- und Stoffflüsse zu. Ganz grundsätzlich aber ist durch das Zusammenwirken von kleineren und größeren Strukturen in einem Netzwerk das Potential zur Komplexitätsbewältigung sehr groß: Auch ein in seiner Gesamtheit hochkomplexes Netzwerk bedeutet für das einzelne Mitglied nicht notwendigerweise ebenfalls unbewältigbare Komplexität. Sie wird im Gegenteil durch einen höheren Grad der persönlichen Interaktion innerhalb eines regionalen Netzwerks tendenziell sogar reduziert. Umgekehrt gibt es aber niemanden im

Netzwerk, der Kontrolle und Übersicht über sämtliche (Austausch-)Beziehungen im Netzwerk hat.

## entstehung und bedeutung von regionalen netzwerken

Die Zunahme der Bedeutung regionaler Netzwerkstrukturen ist zumindest im Bereich der Branchennetzwerke auf einen Trend zur Desintegration großer Unternehmen und Konzerne zurückzuführen. Je größer und unübersichtlicher integrierte Organisationskomplexe werden, desto größer wird regelmäßig auch das Problem des "organisational slack", d.h. Ineffizienzen und das Versickern produktiven Potentials. Was im Bereich der staatlichen Verwaltung mit Hilfe des Subsidiaritätsprinzips und verschiedenen demokratisch und gewaltenteilig kontrollierten Ebenen versucht wird einzudämmen, erfordert im Bereich der marktwirtschaftlichen Privatwirtschaft andere Lösungsansätze. Denn große (Monopol-)Konzerne gleichen in ihrem Verhalten und dem ihrer Mitglieder dem - mehr oder weniger - autoritärer Planwirtschaften. Je komplexer nun die zu erbringende Leistung ist, desto mehr entstehen (langfristig) die gleichen negativen Konsequenzen für sämtliche Stakeholder: Schlechte Mitarbeitermotivation, schlechte Effizienz, schlechte Leistungsqualität, schlechte Flexibilität und schlechte Innovationsfähigkeit. Paradebeispiel ist hierfür die Automobilindustrie, wo eine steigende Produkt- und Komponentenkomplexität die Grenzen der klassisch-planwirtschaftlichen Struktur der großen Automobilkonzerne aufgezeigt hat.[6]

Die "Lösung" dieses Problems mittels Auslagerung/"Outsourcing" vieler Leistungen an Zulieferer, verbunden mit dem "angenehmen" Nebeneffekt einer Schwächung gewerkschaftlicher Strukturen und Verhandlungsmacht, sorgt aber regelmäßig für neue Probleme: Beinhartes Ausspielen der Zulieferer untereinander, Weitergabe von Kostendruck an die wirtschaftlich schwächeren Zulieferfirmen und ähnliches führen neben kurzfristigen Einsparungen mittel- und langfristig zu sinkenden Investitionen in die Komponenten, Qualitätsmängel, auch durch mangelnde Abstimmung zwischen den Zulieferern, und Mehrkosten durch Nachbesserungen. Bekanntestes Beispiel hierfür ist

---

6 zu den Problemen integrierter Unternehmungen auf Grund von internen Monopolen, reduzierter Flexibilität u.v.m. siehe Jarillo (1993), S 59 ff

der größte Autokonzern der Welt, General Motors (GM), der bei seiner Outsourcing-Strategie auf ebendiese Probleme gestoßen ist und noch heute mit ihnen kämpft.[7]

Genauso wie Ausbeutung von MitarbeiterInnen im Rahmen eines Unternehmens mittel- und langfristig zu schlechteren Resultaten führt (Fluktuation, Krankenstände, Arbeitsmotivation und -qualtität, um nur einige der Gründe zu nennen), führt auch ein Rückzug auf radikal marktliche zwischenbetriebliche Beziehungen mittel- und langfristig zu schlechten Ergebnissen. Absenz eines zwischenbetrieblichen Informationsaustauschs und die Investitionsfeindlichkeit kurzfristiger und unsicherer Verträge bei einer hohen Anzahl an (scheinbar!) austauschbaren Wettbewerbern sind nur einige der Ursachen.

An diesem Punkt kommen nun Netzwerke oder Netzwerkorganisationen ins Spiel: Sie sollen es ermöglichen, sowohl die Nachteile integrierter Konzerne als auch puren Outsourcings zu vermeiden: Zwar sind die Betriebe und sonstigen Teile eines Netzwerks wirtschaftlich und organisatorisch unabhängig, aber gleichzeitig sind sie über das Netzwerkmanagement eingebunden in den organisatorischen Netzwerküberbau. Regeln und Sanktionsmöglichkeiten bis hin zum Ausschluss aus dem Netzwerk ermöglichen und fördern im Idealfall netzwerkinternen Wissenstransfer und netzwerkinterne Zusammenarbeit. Die Einbindung in ein stabiles Netzwerk reduziert dabei die Unsicherheit und schafft so die Basis für Investitionen der einzelnen Betriebe, die auf stabile Netzwerkbeziehungen vertrauen können.

Zentral ist in diesem Zusammenhang, dass die Beziehungen der einzelnen Netzwerkteilnehmer untereinander nicht rein marktlich verlaufen, sondern enger und längerfristiger angelegt sind. Mehr noch, als Teil der gemeinsamen (Meta-)Organisationsform Netzwerk kann die Zusammenarbeit sogar zu einer Austausch und Zusammenarbeit fördernden gemeinsamen Netzwerkidentität der einzelnen Mitglieder führen, ohne gleich die jeweilige Eigenständigkeit und Autonomie aufzuheben.

Aber auch abseits von Netzwerken verschiedener Betriebe rund um eine fokale Unternehmung (wie zum Beispiel in der Automobilindustrie) können Netzwerke entstehen und Sinn machen: Je komplexer die zu erbringende Leistung, desto größer sind die Möglichkeiten für und mittels Netzwerkstrukturen.

---

7 Vgl. zu einer Darstellung der Probleme General Motors' mit ihrer Outsourcing-Strategie: Jarillo (1993), 83 ff

## implikationen für politisches handeln

Abgesehen von betriebswirtschaftlichen Überlegungen der an Netzwerken beteiligten Unternehmen, haben regionale Netzwerke auch große Bedeutung für politisches Handeln. Fest steht, dass "Netzwerke" zwar bisweilen von selbst entstehen, hier aber durchaus Raum für politische Gestaltung besteht. Bildung, Infrastruktur und andere "weiche" Standortfaktoren wie Kinderbetreuung, Kultur- und Freizeitangebot sind eine Basis für Netzwerke. Hier wird auch deutlich, dass staatliche Institutionen (wie eben Universitäten, Fachhochschulen etc.) bisweilen eine unersetzbare Rolle als Rahmenbedingung und gleichzeitig Teil einer regionalen Netzwerkstruktur spielen.

Ein regionales Netzwerk ist für die darin eingebetteten Betriebe klarerweise auch ein Standortfaktor. Ein Netzwerk lässt sich auch in Zeiten der Kommunikationstechnologie nicht einfach in ein Billiglohnland verlegen. Gleichzeitig sind Monokulturen wie der Automobil-Cluster rund um Steyr besonders konjunktur- und krisenanfällig. Ein befruchtendes Nebeneinander auch branchenverschiedener und/oder branchenübergreifender Netzwerkstrukturen soll daher durchaus handlungsleitende Maxime von Standortentwicklungspolitik sein.

Die Bandbreite regionaler Bildungsangebote auf fast schon unternehmensspezifische (Fachhochschul-)Angebote zu beschränken ist in diesem Sinne ein (leider immer häufiger vorkommender) Fehler. Gerade weil wirtschaftliche und gesellschaftliche Entwicklungen nur in einem sehr engen Ausmaß vorausplanbar sind, ist Vielfalt im Ausbildungsangebot die beste Absicherung aktueller wirtschaftlicher Stärke. Und im Bereich der Flexibilität und der Vielfalt des Bildungsangebotes sind herkömmliche Universitäten, sofern sie mit ausreichenden finanziellen Mitteln versorgt sind, Fachhochschulen immer noch bei weitem überlegen. Denn in der relativ offenen und breiten Struktur ist es einfacher möglich, auf gesellschaftliche Entwicklungen zu reagieren und mit bisherigem Wissen und Erfahrungen zu kombinieren. Im Bereich der Fachhochschulen besteht hier oft nur die Möglichkeit der Auflassung und/oder Neugründung ganzer Lehrgänge. Abseits damit verbundener organisatorischer und bürokratischer Hürden zwingt das auch regelmäßig zu weitreichenden Prognosen über künftige (Aus-

)
Bildungsnachfrage, die sich schon in der Vergangenheit als schwierig oder zyklisch herausgestellt hat.
Damit soll nicht die Sinnhaftigkeit von Fachhochschulen generell bezweifelt werden, aber die Bedeutung klassischer Hochschulen insbesondere für tendenziell freiere und bis zu einem gewissen Grad selbstorganisierende Netzwerkstrukturen betont werden. Die Reduzierung der Universitätsstandorte in Österreich im Zuge einer "Standortbereinigung" hätte jedenfalls für den Wirtschaftsstandort fatale Konsequenzen, die auch durch eine Fachhochschuloffensive nicht ausgeglichen werden könnten. Diese Erkenntnis folgt auch - nicht nur - aus der Analyse der Anforderungen und sinnvollen Rahmenbedingungen regionaler Netzwerkökonomien.
Zusätzlich zu konkreten staatlichen Aktivitäten in und rund um ein spezifisches regionales Netzwerk ist Netzwerk-Politik auch Standortpolitik im weiteren Sinn: Gerade die bereits erwähnten "weichen" Standortfaktoren wie Kinder- und Altenbetreuung, Kultur- und Freizeitangebot sind neben einer schlanken und effizienten Verwaltung eine wesentliche Unterstützung bei der Entstehung und Entwicklung regionaler Netzwerkökonomien.
Abseits dessen sind es gerade Netzwerkstrukturen jenseits großer fokaler Unternehmungen, die oftmals öffentlich-staatlicher Strukturen bedürfen, um ihr Potential zu entfalten. In sozial oder ökologisch wünschenswerten Bereichen besteht Bedarf und Möglichkeit für Initiativen der öffentlichen Hand, ein Netzwerk anzustoßen und das Netzwerkmanagement zu übernehmen. Das bereits angeführte Beispiel eines Verwertungsnetzwerks hat durch die bessere Nutzung von Ressourcen auch positive ökologische Auswirkungen und es stellt sich die Frage, warum lokale Abfallentsorgungszentren (zum Beispiel in Linz die "Linz Service" der stadteigenen "Linz AG") nicht auch abseits ihrer Entsorgungsfunktion das Management eines Verwertungsnetzwerks zur zwischenbetrieblichen Nutzung betrieblicher Abfall- und Kuppelprodukte als Aufgabe übertragen bekommen.
Im konkreten Fall der "Linz Service" würde zur bereits ausgeübten Entsorgungs- und Verwertungstätigkeit noch eine Management-Funktion hinzutreten: Durch Erfassung der regionalen Stoffströme und

den zentralen Betrieb einer Abfallbörse würde in manchen Bereichen die Aufgabe der "Linz Service" in einer reinen Vermittlungsrolle zwischen den Betrieben bestehen.

## implikationen für gewerkschaftliches handeln

Vor neue Herausforderungen wird durch Netzwerkstrukturen auch die klassische Arbeitnehmervertretung gestellt. Wobei auch für Gewerkschaften eine negative und eine positive Sichtweise denkbar ist: Klar ist die gewerkschaftliche Organisation von Mitarbeitern in einem großen Integrierten Konzern einfacher. Eben diese Einfachheit hat aber schon bisher nicht nur zu einem überproportionalen Organisationsgrad, sondern auch einer teilweise überproportionalen Berücksichtigung der Interessen von Mitarbeitern in Großbetrieben geführt. Da die gewerkschaftliche Schwäche bei kleineren und mittleren Betrieben spätestens im Zuge der ersten großen Outsourcing-Wellen in der 80er Jahren ohnehin Thema ist und seit den 90er Jahren auch prekäre Beschäftigungsverhältnisse (geringfügige und Teilzeitarbeit, freie Dienstverträge) verstärkt ins Zentrum gewerkschaftlicher Aufmerksamkeit gerückt sind, bringen regionale Netzwerke keine neuen Bedrohungen.
Und bedenkt man, dass die Verbindung der einzelnen kleineren Betriebe eines regionalen Netzwerks durchaus enger ist und ein gemeinsames Netzwerkmanagement ein auch emotional verbindendes Element darstellt, bilden Netzwerke vielleicht auch potentielle Grenzen für betriebsübergreifende gewerkschaftliche Organisationsformen. Damit einher müssen wahrscheinlich aber auch netzwerkbezogene Dienstleistungen und Vertretungsaktivitäten gehen, um eine Mitgliedschaft attraktiv zu machen. In diesem Sinne könnten Netzwerkstrukturen durch das verbindende Element der gemeinsamen Netzwerkzugehörigkeit der Mitarbeiter sogar eine Chance für die Arbeitnehmervertretung darstellen, ihre Schwäche in kleineren Betrieben etwas zu reduzieren.
Die aktuelle Organisation der Gewerkschaften in Branchenverbänden könnte in diesem Zusammenhang von Vorteil sein, da dadurch bereits einiges an (Vertretungs-)Know-How sinnvoll gebündelt vorhanden ist. Eine Möglichkeit, dies besser zu nutzen, könnte sein, innerhalb der Branchen regionale Netzwerkstrukturen zu identifizieren und diese

gezielt zu bearbeiten.

## implikationen für parteipolitisches handeln

Die soweit analysierten Netzwerkstrukturen fordern aber auch zur Analyse von aktuellen Parteistrukturen geradezu heraus. Denn wenn als wesentliche Kriterien von regionalen Netzwerken die Autonomie der Mitglieder, die Offenheit und die Komplexität gelten, so gelten diese Kriterien mit Einschränkungen auch für Parteistrukturen. Im folgenden ein kurzer Versuch, dies an Hand der sozialdemokratischen Partei in Oberösterreich zu zeigen. Die Zahl der (zumindest formal-organisatorisch) autonomen und dennoch eindeutig im organisatorischen Parteinetzwerk integrierten "Knoten" ist groß und in der Regel am 1. Mai marschierenderweise zu bewundern:
Von den Natur- und Kinderfreunden über die Arbeitsgemeinschaft für Sport und Körperkultur in Österreich (ASKÖ) mit seinen unzähligen Untergruppen, die Sozialistische Jugend (SJ), die Aktion Kritischer SchülerInnen (AKS), der Verband Sozialistischer StudentInnen (VSStÖ), der Bund Sozialdemokratischer AkademikerInnen und Intellektueller (BSA), die Fraktion Sozialdemokratischer Gewerkschafter (FSG) bis hin zu der SPÖ zumindest nahestehenden Unternehmen, Einrichtungen und Verbänden wie diversen Wohnungsgenossenschaften, der Wirtschaftshilfe für Studierende (WIST) oder dem Arbeitersamariterbund (ASB).
Schon allein ein koordiniertes Zusammenarbeiten dieser Verbände und Teilorganisationen (nicht nur aber auch zu Wahlkampfzeiten) erfordert Netzwerkmanagement. Zusätzlich wäre aber auch zumindest im städtischen Bereich eine Verlagerung der Parteistruktur von ausschließlich gebietsbezogenen Sektionen hin zu einer Mischstruktur aus Gebietssektionen und gleichwertigen Themen-/Fachsektionen denkbar, die auch innerhalb der Parteigrenzen eine Art Netzwerkmanagement erforderlich machen würde. Auf Landesebene zeichnet ja schon heute die Autonomie der einzelnen Bezirksorganisationen ein im wesentlichen auf Angeboten, Anreizen und Überzeugungsarbeit basierendes Netzwerkmanagement funktionierende Landesgeschäftsstellen aus.
Anleihen von regionalem Netzwerkmanagement bieten sich gerade

auch deshalb an, da eine wirkungsvolle Vernetzung breiter Teile nur innerhalb einer Region realistisch erscheint. Erste Schritte in diese Richtung wären ein verbessertes Datenmanagement und themenbezogene, organisationsübergreifende Aktivitätserhebungen. Darauf aufbauend könnten in der Folge Kooperationen angeregt werden.
Eine wesentliche Komponente ist aber bei sämtlichen Vernetzungsaktivitäten unabdingbar, sollen sie zum Erfolg führen: Anreize motivieren, Zwänge schrecken ab. Damit Netzwerkmanagement erfolgreich ist, muss es *freiwillige* Kooperation der Netzwerkmitglieder fördern. Anreize, zum Beispiel durch anteilige Finanzierung gemeinsam von mehr als zwei Organisationen unternommenen Aktivitäten (Bildungsveranstaltungen, Publikationen etc.) wären hier eine Möglichkeit.

## Fazit

Die Beschäftigung mit Netzwerken und regionalen Netzwerkökonomien hat auf zwei Ebenen Konsequenzen:
Die erste Ebene ist die des praktischen politischen Handelns, wo eine Identifikation und Förderung von Netzwerkstrukturen sowohl auf staatlicher als auch auf gewerkschaftlicher Seite Handlungsoptionen eröffnet, die es zu nutzen gilt. Denn erst die Erkenntnis, mit Netzwerkstrukturen konfrontiert oder ein Teil eben dieser zu sein, erlaubt zielgerichtetes politisches Handeln.
Hier finden sich auch die meisten konkreten Implikationen für mögliche Reformen der Parteistruktur und eine (teilweise dringend notwendige) verbesserte Zusammenarbeit der verschiedenen SPÖ- und SPÖ-nahen Organisationen.
Die zweite Ebene ist die der abstrakten politischen Schlussfolgerungen, die sich aus dem Netzwerkphänomen ziehen lassen: Komplexe wirtschaftliche und gesellschaftliche Prozesse erfordern adäquates Handeln und enttarnen monokausale Erklärungs- und Handlungsmuster regelmäßig als unzureichend. Bei Unternehmen führt dieser Umstand zu wirtschaftlichen Problemen bzw. Scheitern, im Falle der Politik zu einem Glaubwürdigkeitsverlust der Politik im allgemeinen und zum Scheitern der aktuell in Verantwortung befindlichen Partei.

"Adäquates Handeln" meint aber sehr wohl ein Handeln. Denn die Komplexität von Netzwerkstrukturen entlässt den Staat und dessen politische Vertretung keineswegs aus ihrer Handlungsverantwortung. Sie entlastet die Politik nur von ihrem bisweilen selbst zugeschriebenen Allmachtsanspruch. Davon befreit und der eigenen Grenzen bewusst, ist politisches Gestalten in und rund um Netzwerkstrukturen nicht nur möglich, sondern sinnvoll und notwendig.

## links zum thema

www.initiative-fuer-beschaeftigung.de
*Sozialpartnerschaftliche Initiative, die in Deutschland regionale Netzwerke aufbauen hilft.*

www.ranjaygulati.com/new/research/stratnet.pdf
*Frei verfügbarer wissenschaftlicher Artikel zum Thema "Strategische Netzwerke".*

www.perflex.de / www.isf-münchen.de/pdf/perflexhandbuch.pdf
*Netzwerk von Mittelständlern in Deutschland, die auch Mitarbeitertausch praktizieren.*

## literatur

*Capra, Fritjov (2002):* Verborgene Zusammenhänge: Vernetzt denken und handeln - in Wirtschaft, Politik, Wissenschaft und Gesellschaft. Bern: Scherz Verlag

*Hartmann, Frank/Taschwer, Klaus (2004):* Gute Theorie lamentiert nicht: Peter Sloterdijk positioniert sein "Sphären"-Projekt in Kontrast zu "Empire" und erläutert eine Ethik der Großzügigkeit. In: "telepolis"-Magazin: http://www.telepolis.de/deutsch/inhalt/co/17554/1.html (letzer Besuch: 07.06.2004)

*Jarillo, Carlos J. (1993):* Strategic Networks: Creating the Borderless Organization. Oxford: Butterworth Heinemann

*Malinsky, Adolf H. (1999):* Regionales Stoffstrommanagement: Stoffstromorientierte Grundzüge. In: Umweltmanagement im 21. Jahrhundert - Aspekte, Aufgaben, Perspektiven. Wiesbaden: Gabler

*Porter, Michael E. (1999):* The Competitive Advantage of Nations. In: Bartlett, Christopher/Goshal, Sumantra (2000): Transnational Management: Text, Cases and Readings in Cross Border Management, S 216-239

*Probst, Gilbert J. B. (1987):* Selbstorganisation - Ordnungsprozesse in sozialen Systemen aus ganzheitlicher Sicht. Berlin-Hamburg: Paul Parey

## diskurs: netzwerke

### über "politische implikationen regionaler netzwerke" diskutieren christian forsterleitner und michaela mader mit dem autor leonhard dobusch

Michaela Mader: Zum Einstieg eine kurze Verständnisfrage: Was sind "fokale Unternehmungen"?

Leonhard Dobusch: Fokale Unternehmungen stehen im Zentrum eines Netzwerks, sofern das Netzwerk ein Zentrum hat. Bekanntestes Beispiel für eine fokale Unternehmung wäre Toyota, wo der Konzern im Zentrum eines Netzwerks aus mehreren Tausend Zulieferbetrieben steht..

Christian Forsterleitner: Was mich interessieren würde: Netzwerke sind nicht zentral geplant und als Negativbeispiel bringst du die Planwirtschaft in der UdSSR. Polemisch gefragt: Wenn Intervention nicht funktioniert, warum sich dann damit beschäftigen? Wenn man der Netzwerkdynamik sowieso ausgeliefert ist.

LD: Das Entscheidende ist der Unterschied zwischen Planung und Intervention. Die Gesellschaft und die Organisation der Bedürfnisbefriedigung als komplexestes (soziales) Netzwerk ist eben nicht planbar. Deshalb sind Interventionen aber noch lange nicht wirkungs- und sinnlos. Im Gegenteil, auch Nicht-Intervention hat Folgen. Man kann also nicht Nicht-Intervenieren. Das stimmt auch für weniger komplexe Prozesse wie sie zum Beispiel in regionalen Netzwerken ablaufen. Zentrale Planung jedes einzelnen Austauschprozesses funktioniert schon bei der Herstellung komplexer Produkte wie Autos nicht mehr. Um wieder Toyota als Beispiel zu nennen: Es wäre für Toyota unmöglich, den Überblick über sämtliche Austauschbeziehungen sämtlicher ihrer mehr als 3000 Zulieferfirmen behalten zu wollen, und da sind wir noch weit von zentral geplanter Optimierung entfernt.

CF: Wie baut man ein Netzwerk auf?

LD: Meiner Meinung nach gibt es da zwei grundsätzliche Unterscheidungen. Auf der allgemeinen Ebene kann man sagen: Netzwerke sind da. Als Politiker oder Politikerin kann ich nun ein Netzwerk identifizieren, und dort, wo es Sinn macht, agieren oder intervenieren. Auf der konkreten Ebene regionaler Netzwerke und um die SPÖ als Beispiel zu nehmen, könnte man behaupten, die Sozialdemokratie ist de facto ein Netzwerk, das teilweise schlecht funktioniert oder sein Potential nicht einmal ansatzweise ausschöpft. Denn eine Landesorganisation muss die Bezirke vernetzen und es ist dabei nicht sinnvoll und möglich (abgesehen von praktischen Widerständen) allen Bezirken genau vorzugeben, was sie tun sollen. Hier können nur Anreize geschaffen werden, die die Zusammenarbeit sinnvoll und stärker machen. Nicht über Zwang, sondern über Anreize. Außerdem können gezielt Strukturen wie Fördertöpfe oder Veranstaltungen geschaffen werden, die Kooperation und Vernetzung der einzelnen Teilorganisationen fördern. Je mehr Leute das Netzwerk nutzen, desto mehr Eigendynamik entwickelt sich.

MM: Mir ist aufgefallen, dass die meisten Beispiele für Netzwerke im Artikel außerhalb stark formalisierter Bereiche wie der öffentlichen Verwaltung liegen. Sind Netzwerke in diesen Bereichen überhaupt möglich und sinnvoll und wenn ja, was muss man machen, um Netzwerke in oder ergänzend zu bestehenden Strukturen zu implementieren, ohne die spezifischen Eigenschaften eines Netzwerks zu verlieren?

LD: Wesentlich ist die Autonomie der Teilnehmerinnen und Teilnehmer in einem Netzwerk. Es ist zwar wieder ein Beispiel aus dem Unternehmensbereich, aber Siemens als Konzern ist auch relativ stark formalisiert und kommuniziert nicht unbedingt ein Selbstverständnis als Netzwerk nach außen, aber in der Realität bilden die mehrere Hundert selbstständigen und im Konzern zusammengefassten Unternehmen ein Netzwerk. Ein anderes Beispiel ist die Stadt Linz, die im Zuge der Reorganisation ihrer Verwaltung (Dienst-)Leistungserbringung auch verstärkt auf Autonomie und Verantwortlichkeit der Einheiten setzt und sich so immer mehr zu einem Netzwerk hin entwikkelt. Die Reorganisation von Hoheitsaufgaben als "Produkte" mit Zielvorgaben oder die Geschäftsgruppenbudgetierung sind hier nur zwei wegweisende Beispiele. Je eigenständiger die Teilbereiche, desto mehr ist Netzwerk-Management erforderlich.

MM: Aber sind das Netzwerke?

LD: Kommt darauf an. Siemens sieht sich selbst nicht unbedingt als Netzwerk, gilt aber in weiten Teilen der Organisationsforschung sehr wohl als solches. Aber klarerweise ist die Netzwerk-Perspektive nur eine von vielen möglichen Perspektiven, ein und dieselbe Organisation zu betrachten und zu analysieren.

CF: Hier möchte ich mit ein wenig Kritik einhaken: In der Organisationsforschung ist der Netzwerkansatz in Mode. Aber er ist eben nur einer von vielen Ansätzen, eine Organisation zu betrachten. Warum also soll die Netzwerkperspektive mehr als nur eine Modeerscheinung sein?

LD: Mode oder nicht - es sind die Argumente, die zählen. Kann ich aus einer Betrachtung etwas ableiten, ergeben sich aus einer bestimmten Perspektive besondere, vielleicht neue Implikationen? Aber ich stimme durchaus zu, dass die Netzwerkperspektive nur eine von mehreren möglichen ist. Ein Aspekt ist beispielsweise, dass Netzwerke Komplexität nicht einfach leugnen oder wegreduzieren. Netzwerke versuchen Komplexität als solche zu erkennen und damit umzugehen.

CF: Spannend ist meiner Meinung nach besonders die nicht monokausale Denkweise der Netzwerkperspektive.

LD: Und auch, dass sie Menschen einerseits nicht aus ihrer Verantwortung entlässt, sie aber andererseits auch nicht sich selbst überlässt. Netzwerke bedeuten Kooperation und Autonomie. Die TeilnehmerInnen sind dazu angehalten, im Netzwerk zu kooperieren und gemeinsam ein möglichst gutes Ergebnis zu erreichen und sind andererseits trotzdem für ihren eigenen Bereich verantwortlich. Diese Ambivalenz macht die Netzwerkperspektive spannend. Und nur weil etwas in Mode ist, ist es nicht schlecht.
MM: Ich habe beim Netzwerkbegriff Assoziationen vor allem mit jener

Art von Unternehmen, die sich nach außen in einem Netzwerk zusammenschließen und nicht so sehr die Vernetzung innerhalb eines Unternehmens oder einer Organisation.

LD: Die Grenzen einer Organisation sind immer bis zu einem gewissen Grad willkürlich. Wieder am Beispiel SPÖ: Sind Mitglieder ein Teil der Organisation oder nicht? Wie werden Mitglieder in Entscheidungen eingebunden? Organisationsentwicklung beschäftigt sich deshalb in der SPÖ fast ausschließlich mit Funktionärinnen und Funktionären. Das kann für Teilbereiche durchaus Sinn machen. Bezieht man allerdings die Mitglieder in den Fokus ein, stellen sich sofort andere Fragen, zum Beispiel wie könnte man die Mitgliedschaft aufwerten, eine wichtige Frage. Es kommt einfach darauf an, wo man für die konkrete Frage die Grenze zieht. Und je nach Standpunkt befindet man sich innerhalb oder außerhalb der Organisation. Für die Netzwerkperspektive ist diese Entscheidung nun nicht mehr so maßgeblich, weil sich eben auch Organisationen außerhalb der herkömmlichen Organisationsgrenzen innerhalb der Netzwerkgrenzen befinden können.

MM: Aber was ist mit den vielen Menschen, denen es zum Beispiel in einer Partei bzw. einem Parteinetzwerk an der Netzwerkkompetenz fehlt?

LD: Meiner Meinung nach hat hier schon ein Umdenken eingesetzt. Aber dass es immer wieder Menschen geben wird, die lieber monokausalen Ansätzen und Erklärungsmustern folgen, ist auch klar.

CF: Ich glaube, Michaela meint, die Mitglieder und sonstigen TeilnehmerInnen einzubeziehen, ist für viele schwer vorstellbar. Der vorherrschende Ansatz ist eben monokausal, Netzwerke sind nicht monokausal - das ist das Problem für die (potenziellen) TeilnehmerInnen eines Netzwerks.

LD: Es geht eben um eine (Organisations-)Kultur, und eine Kultur zu verändern ist das Schwierigste. Aber die Geschichte hat gezeigt, dass Kulturen veränderbar sind und sich ständig verändern. In vielen

Bereichen sind monokausale Erklärungsmuster einfach nicht mehr adäquat und diese Erkenntnis wird sich durchsetzen. Vielleicht nicht von heute auf morgen, aber auf lange Sicht.

MM: Und wahrscheinlich ist auch jetzt ein guter Zeitpunkt, um die Organisationskultur einer Partei wie der SPÖ zu verändern. Jetzt gerade kommen viele Junge, sie haben die Chance, die Kultur zu verändern.

LD: Wir sind mitten in einem Generationswechsel. Die großen FunktionärInnenmassen sind bereits in Pension. Neue FunktionärInnen haben teilweise eine andere Motivation, warum sie in der SPÖ aktiv sind, als es ihre VorgängerInnen hatten. Das bedingt einerseits automatisch Änderungen der Organisationskultur und macht andererseits gezielten Wandel auch leichter.

MM: Zum Abschluss noch etwas, das mich auch im Zusammenhang mit meinem eigenen Beitrag über Daseinsvorsorge interessiert: Sind funktionierende öffentliche Dienstleistungsnetzwerke gemeinsam mit NGOs eine mögliche Antwort auf das herrschende Privatisierungsdogma?

LD: Ein Netzwerk, das über die Verwaltungsgrenzen hinausgeht, impliziert, dass es nicht rein öffentlich ist. Das kann - und in manchen Bereichen muss das - die Antwort sein. Denn einerseits können regionale Netzwerke nicht nur nicht einfach ins Ausland verlagert werden, sie können auch nicht einfach privatisiert werden. Und andererseits kann sich die öffentliche Hand in einer Netzwerkstruktur auf die Bereiche konzentrieren, wo sie besser und/oder notwendiger ist. Plakativ: Die Stadt Linz kann Gehsteige von Privaten errichten lassen, aber sie muss sich selbst um die zentralen Aufgaben der Daseinsvorsorge kümmern. Dort, wo es Schnittmengen mit NGOs und Privaten gibt, sind Netzwerke mit ihrem kooperativen Ansatz sicher eine Option.

*"Wohin man auch sieht, alle jagen nach Profit*
*Anstatt reinem Sauerstoff zuviel Kohlenmonoxid!*
*Doch ehe dir dein Herz zerbricht, hier kommt die gute Nachricht:*
*Du und ich und sonst noch ein paar Leute*
*Wir sind auf der guten Seite!"*

(Sportfreunde Stiller / "Auf der guten Seite")

# formale privatisierung als mittelweg zwischen privat- und gemeinwirtschaft

## "nicht fisch, nicht fleisch" oder "zwei fliegen mit einer klappe"?

*Markus Eidenberger*

Die Diskussion um das Thema Privatisierungen ist ein echter politischer Dauerbrenner. In den Wahlkämpfen zu den oberösterreichischen Wahlen im Jahr 2003 spielte sie sowohl auf Landesebene (Vollprivatisierung der voestalpine AG) als auch auf der Stadtebene (Privatisierung der Linz AG) eine entscheidende Rolle. Nicht erst in diesen Auseinandersetzungen schwang eine große Portion Emotion und Ideologie mit. Schon seit Jahrzehnten sind oftmals objektive ökonomische Abhandlungen bunt durchmischt mit ideologischen Allgemeinplätzen und Polemiken, bis in die Betitelung diverser Beiträge (z.B. "Staat lass nach"[1]).

Die Sozialdemokratie hat sich in den genannten Wahlauseinandersetzungen klar gegen Privatisierungen positioniert und damit offensichtlich die Gefühlslage vieler Menschen getroffen. Andererseits bekennt sich die SPÖ Linz dazu, dass kommunale Aufgabenstellungen in ausgegliederten privatwirtschaftlichen Organisationsformen erledigt werden, wie das zum Beispiel bei der Linz AG der Fall ist und beim Allgemeinen Krankenhaus derzeit geprüft wird.[2] Vielfach wird in der wissenschaftlichen Literatur dieser Vorgang als "formale Privatisierung"

---

[1] Hawlik, Johannes / Schüssel, Wolfgang (1985): Staat lass nach - Vorschläge zur Begrenzung und Privatisierung öffentlicher Aufgaben

[2] Vgl. Oberösterreichische Nachrichten, 9.7.2004, S 4: Stadt Linz will das AKH ausgliedern - Noch wird geprüft, von Anneliese Edlinger.

bezeichnet und lediglich als Vorstufe zur "materiellen Privatisierung", also zum Verkauf an Private gesehen, ja sogar als "Fehlentwicklung oder Übergangserscheinung" bezeichnet. Wo immer eine Marktlösung möglich sei, sei die materielle Privatisierung die ökonomisch effizientere Lösung. Wo sie nicht möglich oder politisch nicht erwünscht sei, müsse das entsprechende Leistungsangebot (Preise, Mengen, Qualität, Zugang) ohnehin so stark reguliert werden, dass die Vorteile der privatwirtschaftlichen Organisationsform "dahinschwinden". Die betreffende Aufgabe könne dann "genauso gut weiterhin mit den bestehenden, aber reformierten Verwaltungsstrukturen wahrgenommen werden"[3]. Die SPÖ Linz lehnt eine "materielle Privatisierung" etwa der Linz AG aber kategorisch ab.
Ziel dieses Artikels ist es, Argumente für und gegen eine formale, aber nicht materielle Privatisierung abzuwägen und auf dieser Basis schließlich Rahmenbedingungen herauszufinden, unter denen sie nicht nur eine "Übergangslösung" ist, sondern dauerhaft Sinn macht.

## warum gemeineigentum oder wenn der markt versagt

### konservative ideologie: marktfetischismus und subsidiaritätsprinzip

Die Konservative in Österreich und in ganz Europa hat in den letzten Jahren mit einigem Erfolg versucht, die private Wirtschaft als generell besser als die öffentliche Wirtschaft darzustellen und ein Hinterfragen dieser Behauptung zu vermeiden. Ideologische Basis dieser Einstellung scheint zumindest in Österreich eine Mischung aus dem christlich-sozialen "Subsidiaritätsprinzip" und dem Marktfetischismus der neoliberalen Wirtschaftstheorie zu sein.
Der Inhalt des "Subsidiaritätsprinzips" ist im wesentlichen, dass "der einzelne [..] leisten [solle], was er aus eigener Kraft kann; die Gemeinschaft dürfe ihm dieses Tätigkeitsfeld nicht entziehen, sie sei jedoch im Bedarfsfall zur Hilfestellung verpflichtet"[4]. Konsequenz dieses Prinzips ist eine Art "Beweislastumkehr" zu Ungunsten von öffentlichen

3 Gantner, Manfried / Schneider, Friedrich (1994): Budgetausgliederungen - eine polit-ökonomische Analyse, Arbeitspapier Nr. 9411 des Instituts für Volkswirtschaftslehre an der Johannes Kepler Universität Linz, Linz, S 17

4 Von Loesch, Achim (1987): Privatisierung öffentlicher Unternehmen: Ein Überblick über die Argumente, Nomos Verlag, Baden-Baden, S 68

Unternehmen: Nicht die Privatisierer müssen argumentieren, warum sie privatisieren wollen, sondern die Privatisierungsgegner müssen glaubhaft machen, warum ein Unternehmen staatlich bleiben soll. Kommt dann noch die neoliberale Theorie hinzu, die im vollständigen Wettbewerb privater Unternehmen den besten Weg zu wirtschaftlicher Effizienz sieht und staatliche Wirtschaftspolitik auf die Aufgabe reduziert, die optimalen Rahmenbedingungen für vollständigen Wettbewerb zu schaffen, dann wird Privatisierung zum Dogma, ausgedrückt durch Polemiken wie "mehr privat, weniger Staat"[5].
Dabei anerkennt selbst die neoliberalste ökonomische Theorie, dass es Fälle gibt, in denen der Marktmechanismus versagt. Im Wesentlichen sind das "öffentliche Güter" im ökonomischen Sinn und Fälle von "natürlichen Monopolen".

## öffentliche güter

"Öffentliche Güter" sind solche Produkte und Leistungen, die sich durch zwei Besonderheiten auszeichnen. Erstens, die so genannte "Nicht-Rivalität im Konsum". Das bedeutet, dass "mehrere Personen gleichzeitig das Gut nutzen können, ohne die anderen Nutzer zu beeinträchtigen"[6] (abgesehen von Kapazitätsgrenzen). Es ist eben kein Problem, wenn zu zum Beispiel 15 Fahrgästen in einem Bus noch eine 16. oder 17. Person dazukommt. Und vor allem: Die zusätzlichen Nutzer verursachen keine oder fast keine zusätzlichen Kosten. Die neoliberale Theorie geht jedoch davon aus, dass sich bei vollständigem Wettbewerb der Preis immer bei den "Grenzkosten" einpendelt, also bei den Kosten, die genau ein zusätzlicher Nutzer verursacht. Im Fall der "Nicht-Rivalität im Konsum" wären diese aber Null oder fast Null. Der "Marktmechanismus" kann nicht funktionieren, der Staat muss sich in irgendeiner Form darum kümmern, dass das Gut zur Verfügung gestellt wird.
Zweites Merkmal eines öffentlichen Guts ist die "Nicht-Ausschließbarkeit vom Konsum". Das heißt, dass es aus technischen Gründen oder aus Kostengründen nicht möglich ist, jemanden vom Zugang zu einem Produkt oder einer Leistung auszuschließen.[7] Es ist zum Beispiel nicht möglich, einzelne von der Benutzung des Straßennetzes einer Stadt aus-

5 Österreichische Volkspartei (1989): Mehr privat, weniger Staat - das Privatisierungsprogramm der Österreichischen Volkspartei

6 Lehner, Gerhard (2003): Volkswirtschaftliche Aspekte von Ausgliederungen, in: Gröhs, Bernhard u.a. (Hrsg.): Ausgliederungen - Privatwirtschaftliche Aktivitäten der öffentlichen Hand, S 43

zuschließen. Aufgrund von technischen Fortschritten nimmt die Zahl der Güter mit technischer "Nicht-Ausschließbarkeit" ab (z. B. Road Pricing im Fall von Straßen etc.). Viel wichtiger sind die Fälle, in denen es aus politischen Gründen nicht erwünscht ist, jemanden vom Konsum eines Gutes auszuschließen. Niemand darf z. B. vom Zugang zu sauberem Trinkwasser abgeschnitten werden.
In diesem Zusammenhang spricht man auch von "positiven externen Effekten". Das heißt, dass nicht nur der unmittelbare Nutzer eines Gutes von der Nutzung profitiert, sondern auch andere.[8] Nicht nur der einzelne Fahrgast profitiert von der Existenz einer Buslinie, sondern auch der Arbeitgeber, das Kino, das Kaufhaus, das er damit erreicht. Diese "positiven externen Effekte" treten natürlich auch dort auf, wo die eigentliche Leistungserstellung nicht kostendeckend erfolgen kann, z. B. bei wenig ausgelasteten Nebenlinien. In diesen Fällen versagt der Marktmechanismus, die Leistung würde nicht erstellt und damit würden auch die positiven externen Effekte nicht erzielt. Wiederum muss der Staat dafür sorgen.

## natürliche monopole

Von einem "natürlichen Monopol" spricht man in Fällen, in denen ein einziges Unternehmen die gesamte Nachfrage nach einem Gut zu günstigeren Kosten produzieren kann, als zwei oder mehrere Unternehmen das könnten.[9] Das kann dann vorkommen, wenn aufgrund von sehr hohen Anfangsinvestitionen die Produktion der ersten Leistungseinheit sehr teuer ist, während die Produktion zusätzlicher Leistungseinheiten vergleichsweise billig ist. So eine Situation tritt häufig dann auf, wenn es um den Aufbau von Netzen geht, z. B. eines Telefonnetzes, Stromnetzes, Gasnetzes, öffentlichen Verkehrsliniennetzes. In diesen Fällen muss ja vor der Produktion der "ersten Leistungseinheit" das gesamte Netz aufgebaut werden; der Betrieb selbst verursacht vergleichsweise weniger Kosten.
Abgesehen davon, dass der parallele Aufbau von mehreren teuren Netzen in den meisten Fällen gesamtwirtschaftlich ineffizient ist (es

7 Vgl. Kraus, Hans S. (1997): Privatisierung öffentlicher Aufgaben: Perspektiven zur Gestaltung innovativer Organisationsformen, S 19 ff

8 Vgl. Kraus (1997), S. 24.

9 Vgl. Gurlit, Wieland (1995): Auswirkungen und Erfolgsfaktoren der Privatisierung staatlicher Unternehmen: Eine Analyse des Verkehrssektors in OECD-Ländern, S 44

wäre ja z. B. ebenso absurd, zwei parallele Autobahnen von Linz nach Wien von zwei unterschiedlichen Anbietern zu bauen[10]), führt so eine Situation auch zu einem besonderen Verdrängungswettbewerb: Der erste Anbieter kann, wenn er sein Netz einmal aufgebaut hat, aufgrund der geringen laufenden Kosten die Preise vorübergehend so stark senken, dass kein weiterer Anbieter eine Chance hätte, in diesem Wettbewerb zu bestehen.[11] Es würde also sozusagen "automatisch" in jedem Fall ein Monopol entstehen, mit allen negativen Folgen eines Monopols: Überhöhte Preise, künstliche Verknappung des Angebots, geringe Investitions- und Innovationsanreize für den Monopolisten. In dieser Situation scheint es logisch, dass statt einem "unausweichlichen" privaten Monopol ein staatliches sinnvoller ist, in dem Preisgestaltung, Angebot und auch Investitionen und Innovationen politisch gesteuert werden können. Vor allem dann, wenn es um Produkte geht, die für die gesamte Gesellschaft von essenzieller Bedeutung sind, wie das bei Elektrizität, Wasserversorgung, öffentlichem Verkehr etc. der Fall ist.

## "weil nicht sein kann, was nicht sein darf": versuche, das marktprinzip zu "retten"

Wie gesagt zweifelt auch die neoliberale Wirtschaftstheorie die grundlegende Existenz von öffentlichen Gütern und natürlichen Monopolen nicht an. Die Logik des Vorranges von Marktlösungen verlangt aber danach, alle denkbaren anderen Lösungen der Leistungserstellung durch den Staat vorzuziehen. Die "Zauberformel" im Bereich der netzwerkgebundenen Industrien ist die Trennung von Netzerstellung und Netzbetrieb. Also z.B.: Trennung von Schienenbau und Zugbetrieb, Trennung von Stromleitungsnetz und Stromverkauf, Trennung von Gasnetz und Gasverkauf. Die früheren staatlichen Monopolisten sollen gezwungen werden, ihre Leitungen privaten Alternativanbietern zu öffnen. Diese Lösung kann aber auch in der Logik des Neoliberalismus nur dann funktionieren, wenn echter Wettbewerb herrscht. Daher muss anfangs die "marktbeherrschende Stellung" des ehemaligen staatlichen Monopolisten gebrochen werden, was üblicherweise über ein Konvolut an Regulierungsbestimmungen versucht wird: Preisregulierung,

---

10 Vgl. Reimon, Michel / Felber, Christian (2003): Schwarzbuch Privatisierung - was opfern wir dem freien Markt?, Verlag Ueberreuter, S 172

11 Vgl. Klodt, Henning / Laaser, Claus-Friedrich / Lorz, Jens Oliver / Maurer, Rainer (1995): Wettbewerb und Regulierung in der Telekommunikation, S 307

Lizenzierung, Netzzugangsbestimmungen, Kontrahierungszwänge etc. Ist dann der ehemalige staatliche Monopolist nur mehr "ein Anbieter unter vielen", dann soll die materielle Privatisierung der logische Schlusspunkt sein.
Eine Privatisierung, die einen derartigen Aufwand verlangt, um überhaupt durchführbar zu sein, sollte sich einmal einer umfangreichen volkswirtschaftlichen Gesamtkalkulation unterziehen. Dieser "Regulierungszwang" widerspricht ja sehr plastisch der Grundidee einer liberalen, sich selbst überlassenen Wirtschaft. "Es geht ja auch niemand ins Solarium und trägt Sonnencreme auf, damit er nicht braun wird."[12]
Aber angenommen, das Ziel eines echten Wettbewerbs rechtfertige den ganzen Aufwand. Selbst dann hat diese Logik einen Haken: Viele der "neuen Alternativanbieter" sind selbst ehemalige staatliche Monopolisten. Bei einer materiellen Privatisierung kommen oft nur sie als potenzielle Käufer in Frage. Außerdem reichen die Regulierungsbestimmungen oft nicht aus, um echten Wettbewerb herzustellen. Wo tatsächlich Wettbewerb einsetzt, wird er häufig zur Schlacht; vor allem kleinere Anbieter können nicht mehr mithalten, es kommt zu Fusionen und Übernahmen.[13] Statt eines vollständigen Wettbewerbs entwickelt sich so ein "Oligopol", also ein Markt mit wenigen unterschiedlichen Anbietern, die selbst ohne (verbotene) echte Absprachen ein still abgestimmtes Verhalten annehmen können.
Das hat dann ähnliche Auswirkungen wie ein privates Monopol. Ein Beispiel für diese Entwicklung war die Privatisierung von British Telecom: British Telecom war nach der Privatisierung kaum echtem Wettbewerb ausgesetzt, es wurde nur das Monopol durch ein Duopol (mit Mercury als neuem Konkurrenten) ersetzt. Tatsächlich war bei British Telecom "eine substantielle Effizienzsteigerung [..] ausgeblieben."[14] Privatkunden klagten nach der Privatisierung über eine drastische Qualitätsverschlechterung und Verteuerung der British Telecom-Dienste.
Doch selbst wenn es einigermaßen gelingt, Wettbewerb herzustellen, warten weitere Probleme: Im Wettbewerb stehende private Unternehmen sind nun einmal definitionsgemäß gewinnorientiert und analysieren daher ihre Kosten danach, ob ihnen auch ein (in Geld messba-

[12] Reimon / Felber (2003), S 18
[13] Vgl. Reimon / Felber (2003), S 117
[14] Schneider, Friedrich / Schmatzer, Hannes: Privatisierungen in Großbritannien: Eine Fallstudie. In: Schneider, Friedrich / Hofreither, Markus F. (Hrsg / 1990): Privatisierung und Deregulierung in Westeuropa: Erste Erfahrungen und Analysen, S 114 ff

rer) Nutzen gegenübersteht. Diese Rechnung kann für eher langfristige Investitionen in Qualität oder Sicherheit sehr rasch negativ ausfallen. Dieses einfache Prinzip kostete in Großbritannien nach der Privatisierung der Eisenbahnen mehrere Menschenleben: Nachdem die britischen Eisenbahnen für private Anbieter geöffnet wurden, führte deren bedingungslose Gewinnorientierung zu einem unglaublichen Investitionsstau und fahrlässigen Einsparungen im Sicherheitsbereich. Einige schreckliche Unfälle waren die Folge und machten die Liberalisierung der britischen Eisenbahnen zu einem Musterbeispiel für eine misslungene Marktöffnung.[15]

## der markt ist wählerisch: "rosinenpicken" und "cream skimming"

Schließlich wird gerade bei netzwerkgebundenen Leistungen, die auch Eigenschaften von öffentlichen Gütern haben, die Gewinnorientierung privater Anbieter häufig einen für die öffentliche Hand besonders unangenehmen Nebeneffekt haben: Diese haben nämlich den durchaus nicht unverständlichen Hang, Leistungen nur dann zu erbringen, wenn sie für sie lukrativ sind. Bereiche außerhalb der profitablen Teilmärkte, also z. B. abgelegene Gebiete oder Nebenlinien, sind für sie uninteressant. Man spricht von "Rosinenpicken" oder "Cream Skimming". Bisweilen wird versucht, dieses Problem über das bei Liberalisierungen übliche und schon erwähnte Regulierungskonvolut zu erreichen. Meist werden Anbieter mit "marktbeherrschender Stellung" dazu gezwungen, bestimmte "Basisdienste" flächendeckend anzubieten. Da aber das Ziel solcher Regulierungen ja ist, diesen Unternehmen ihre "marktbeherrschende Stellung" wegzunehmen, sind diese Bestimmungen von Anfang an mit einem Ablaufdatum versehen. Will der Staat auch in diesen Bereichen eine Versorgung, so muss er diese letztendlich selbst unter Verlusten zur Verfügung stellen oder die Leistungserstellung durch Private subventionieren. Und das natürlich ohne von den Gewinnen der lukrativen Bereiche profitieren zu können. Dieser Weg bedeutet also eine "Privatisierung der Gewinne und Verstaatlichung der Verluste".[16]
Letzten Endes scheint es also durchaus angebracht, dass für die Erstellung bestimmter Leistungen nach wie vor die öffentliche Hand zuständig ist.

---

15 Vgl. Reimon / Felber (2003), S 11 ff

16 Vgl. Knieps, Günter: Deregulierung in der Europäischen Gemeinschaft: Der Fall der Telekommunikation. In: Schneider, Friedrich / Hofreither, Markus F. (Hrsg. / 1990): Privatisierung und Deregulierung in Westeuropa: Erste Erfahrungen und Analysen, S 154

## korrektur von marktversagen durch formal privatisierte unternehmen?

Hier stellt sich natürlich die Frage, und damit ist wieder die Kernfrage dieses Artikels angesprochen, ob die Ausgliederung in ein privatrechtliches Unternehmen im öffentlichen Eigentum, ob eine formale Privatisierung die staatliche Korrektur dieser Fälle von Marktversagen noch ausreichend ermöglicht. Immerhin ist es ja gerade ein Ziel von formalen Privatisierungen, "unternehmerisches Denken" bei der Leistungserstellung durchzusetzen. Dazu gehört nun einmal auch das Streben nach Gewinn. Es ist durchaus vorstellbar, dass ein Messen des Managements an Ergebnissen Anreize liefert, nicht profitable Bereiche zu vernachlässigen, dort Investitionen zu unterlassen oder Ähnliches. Die Legitimation einer formalen Privatisierung ist also davon abhängig, dass die VertreterInnen des öffentlichen Eigentümers, also die PolitikerInnen in den Aufsichtsräten, ständig die Erfüllung des öffentlichen Auftrags garantieren. Sie müssen dafür sorgen, dass die negativen Auswirkungen des Marktversagens (siehe oben) aufgehoben werden: dass positive externe Effekte lukriert werden, dass öffentliche Güter allen angeboten werden, dass eventuelle negative Monopoleffekte wie überhöhte Preise, künstliche Verknappung des Angebots, Investitions- und Innovationsstau nicht auftreten. Und sie müssen auch öffentlich kommunizieren, dass sie das tun, um die Legitimation des öffentlichen Eigentums zu erhalten.

## warum privatwirtschaftliche organisationsform oder der staat als guter unternehmer

### die ökonomische theorie der bürokratie

Aber warum überhaupt formal privatisieren, warum nicht diese Aufgaben im Rahmen der Verwaltung erledigen? Das wesentlichste Motiv ist die Erwartung größerer Effizienz durch die privatwirtschaftliche Organisationsform. Dahinter steckt auch die Unterstellung, Verwaltungen seien von vorschriftsorientiertem "Verwaltungshandeln" und "Verwaltungsdenken" geprägt, und das sei eben nicht effizient. Als wissenschaftliche These formuliert nennt sich dieses Argument "ökonomische Theorie der Bürokratie". Sie unterstellt, dass Manager vor allem nach Status streben, ausgedrückt in Geld, Macht oder Prestige. In großen Verwaltungen ließen sich "Geld, Macht oder Prestige" häufig nicht am besten durch effizienteren Mitteleinsatz, sondern eher durch die Größe einer Abteilung bzw. des Budgets einer Abteilung steigern. Das heiße, dass nicht sparsamer Mitteleinsatz, sondern geradezu das Gegenteil gefördert werde.[17] Klassisches Beispiel dafür sei das so genannte "Dezemberfieber": Wenn die budgetierten Mittel einer Abteilung noch nicht aufgebraucht sind, so müssen sie gegen Ende des Jahres noch rasch ausgegeben werden, da ansonsten das Budget des kommenden Jahres um den betreffenden Betrag gekürzt werden könne.[18]

So manche Erfahrung zeigt sicherlich, dass kluge Verwaltungsreformen diese Behauptungen zumindest teilweise entkräften können. Dennoch ist es intuitiv nachvollziehbar, dass die größeren Freiheiten der privatwirtschaftlichen Organisationsform effizientere und betriebswirtschaftlich motivierte Handlungsweisen ermöglichen. So zum Beispiel eine flexiblere Aufbauorganisation, die z. B. nicht funktional sondern divisional ist (d. h. an den Produkten und Produktfamilien orientiert), eine bessere Ausnutzung der lukrativen Bereiche durch stärkere Konzentration auf Werbung und Marketing oder ein Führungssystem mit Anreizsystemen.[19]

Besonders die völlig andere Philosophie des betrieblichen Rechnungswesens ermöglicht eine neue Sichtweise der Leistungserstellung. Die in der Verwaltung dominierende kameralistische Sichtweise, die im Wesentlichen dem Prinzip einer jährlichen Einnahmen-Ausgaben-Rechnung folgt, erschwert die positive Darstellung von langfristigen Investitionen eher. Die Unternehmensbilanz hingegen ermöglicht durch die Aufteilung der Investitionskosten über die gesamte Lebensdauer der Investition eine fairere und realistischere Darstellung. Das vorhandene Betriebsvermögen ist aus der Bilanz ersichtlich und die Schulden werden diesem gegenübergestellt, was ebenfalls ein faireres Bild ergibt. Die oftmalige polemische Behauptung der übermäßigen Verschuldung

[17] Vgl. Bartel, Rainer: Theoretische Überlegungen zur Privatisierung. In: Schneider, Friedrich / Hofreither, Markus F. (Hrsg. / 1990): Privatisierung und Deregulierung in Westeuropa: Erste Erfahrungen und Analysen, S 33 f

[18] Vgl. Eschenbach, Rolf / Müller, Christof / Gabriel, Thomas (1993): Privatisierung öffentlicher Leistungen: Beurteilung - strategische Optionen - volkswirtschaftliche Konsequenzen, S 35

[19] Vgl. Gurlit (1995), S. 86 ff

kann so sicher einfacher durch den Verweis auf die damit finanzierten Vermögensgegenstände entkräftet werden.
Schließlich spiegeln sich diese gesetzlichen Vorschriften über das externe Rechnungswesen (die nach außen gerichteten Unternehmensberichte) auch im internen Rechnungswesen wider, also in der internen Kostenrechnung, im Unternehmens-Controlling. Die Leistungserstellung lässt sich so über das Verhältnis vom Output zum Input (was als Rentabilität bezeichnet werden kann) steuern. Das alleine ist schon ein wichtiger Anreiz zu effizientem Mitteleinsatz. Dass dieses Effizienzstreben dort Grenzen hat, wo ein anderes öffentliches Interesse besteht, sollte ja über die Intervention der PolitikerInnen als EigentümervertreterInnen garantiert werden.

## das privatisierungs-paradoxon

Dieser Wunsch nach größerer Effizienz in der Leistungserstellung ist übrigens auch eines der wesentlichsten nichtideologischen Motive für materielle Privatisierung. Allerdings scheint diese größere Effizienz - wie gerade dargestellt - auch durch eine nur formale Privatisierung erreichbar. Ja, es ist sogar eine Voraussetzung für materielle Privatisierung, dass die Anstöße für eine Restrukturierung in Richtung mehr Effizienz schon in der Zeit gegeben werden, in der ein Unternehmen sich noch in öffentlichem Eigentum befindet. Denn ein Unternehmen, das uneffizient ist, das Verluste produziert und auch keine Perspektive für gewinnbringende Zeiten erkennen lässt, ist unverkäuflich, kann also gar nicht materiell privatisiert werden.
Dieser Widerspruch in sich wird auch als "Privatisierungs-Paradoxon" bezeichnet: Durch Vermögensprivatisierung soll mehr Effizienz erreicht werden, die wesentlichen Schritte zur Erreichung dieses Ziels müssen allerdings noch unter staatlichem Eigentum gesetzt werden.[20] Konsequent zu Ende gedacht heißt das, dass eine Vermögensprivatisierung nicht notwendig ist, da eine gut durchgeführte formale Privatisierung alle Potenziale größerer Effizienz ausschöpfen kann!

[20] Vgl. Gurlit (1995), S 84

## warum der staat ein schlechter unternehmer sein soll

Ist also wirklich nur die Organisationsform als AG, als GmbH entscheidend, und nicht die Frage, wer der Eigentümer ist, ob der Staat oder Private? Die "neo-institutionalistische Finanzierungstheorie", die, grob gesagt, versucht, wirtschaftliche Vorgänge über die unterschiedlichen Interessen und Motive der handelnden Personen zu erklären, liefert einen Einspruch. Jede große Kapitalgesellschaft, bei der Eigentümer und Manager nicht mehr dieselbe(n) Person(en) sind, hat das Problem, dass es passieren kann, dass für das Management Entscheidungen vorteilhaft sein können, die für die Eigentümer nicht vorteilhaft sind. Beispiele sind banale Dinge wie das dicke Dienstauto und die großen Gehälter, aber auch subtilere Angelegenheiten wie für das Management prestigeträchtige Investitionen, deren finanzielle Lukrativität aber nicht so sicher ist. Das Management hat durch seine tägliche Arbeit einen Startvorteil, nämlich einen nicht unerheblichen Informationsvorsprung über die Vorgänge im Unternehmen. Um dieses potenzielle Problem zu entschärfen gibt es Institutionen wie Aufsichtsräte, Vollversammlungen, Publizitätspflichten (Vorschriften über die Veröffentlichung von Unternehmensdaten) etc. Die "Theorie der Eigentumsrechte" behauptet nun, dass diese Kontrollmechanismen beim Eigentümer "Staat" tendenziell schlechter wirksam sind.
Denn für die öffentlichen Eigentümervertreter, also für die Politiker, fehle ein wesentlicher Anreiz zur Ausübung dieser Kontrolle, nämlich der finanzielle. Selbst VertreterInnen von institutionellen Investoren (wie Fonds, Banken etc.), bei denen auch nicht ihr privates Vermögen auf dem Spiel steht, hätten einen größeren Anreiz für echte Kontrolle, denn für sie zähle dennoch aus beruflichem Interesse der Marktwert der Unternehmensanteile. Was für den Staat ja tatsächlich zweitrangig ist, denn dieser Wert wäre ja nur dann interessant, wenn er ihn realisieren könnte, also wenn er die Anteile verkaufen könnte. Was er aber nicht will. Der einzige "Druck" auf PolitikerInnen, die Kontrolle effizient auszuüben, seien laut dieser Theorie wahltaktische Überlegungen. Und Wahlen fänden eben nur alle paar Jahre statt, zudem gehe es dabei um eine Vielzahl von Fragen, ja es könne sogar ein gegenteiliges Verhalten zielführend sein. Denn schon die Beschäftigten dieser Unternehmen

selbst könnten ein erhebliches WählerInnenpotential sein, und es sei ja durchaus schon einmal so gewesen, dass in verstaatlichten Unternehmen Beschäftigungspolitik auf Kosten der betrieblichen Rentabilität gemacht worden sei.[21]

Doch gerade der nicht ganz erfolglose neoliberale Propagandafeldzug der letzten Jahre könnte dieses Argument völlig umdrehen: Gerade weil heute erklärt werden muss, warum man nicht privatisieren möchte, gerade weil öffentliche Unternehmen von der Konservativen besonders argwöhnisch betrachtet werden, ist es heute unvorstellbar, dass PolitikerInnen ihre Kontrollpflicht vernachlässigen und nicht auf Effizienz drängen. Es wäre wahltaktisch außerordentlich unklug, etwa eine Finanzkrise oder gar eine Insolvenz eines öffentlichen Unternehmens zu riskieren. Und gerade die politischen Kräfte, die auf öffentliches Eigentum setzen, müssen jeden Tag beweisen, dass dieses effizient ist.

## voraussetzung für nachhaltige effizienz: eigenkapitalausstattung

Um eine solche Finanzkrise erst gar nicht zu ermöglichen, reicht aber Kontrolle in Richtung Effizienz nicht aus. Wenn das öffentliche Unternehmen zumindest in den Teilbereichen, in denen nicht ein höheres öffentliches Interesse dagegenspricht, profitabel sein soll, braucht es die entsprechende Manövriermasse in Form von Eigenkapital. Es muss möglich sein, neue technische Entwicklungen mitzumachen, Investition und Innovation zu fördern. Denn es ist der vielleicht stimmigste Vorwurf gegen den Eigentümer "öffentliche Hand", dass er dazu neigt, dem Unternehmen einerseits Eigenkapital in Form von Dividendenzahlungen zu entziehen, andererseits beim Nachschuss von Eigenkapital in Form von Kapitalerhöhungen knauserig zu sein.[22] Je enger der finanzielle Spielraum von Kommunen wird, desto stärker schlägt diese Tendenz zu. Dabei ist es sicher schon nicht einfach, in Jahren mit Budgetdefiziten Gewinne bewusst im Unternehmen zu belassen und auf Dividenden zu verzichten. Noch schwieriger dürfte es sein, tatsächlich neues Kapital in öffentliche Unternehmen zu investieren, möglicherweise sogar über zusätzliche Budgetdefizite und damit über Kredite. Vor allem in den

[21] Vgl. Bartel (1990), S 31ff sowie Gurlit (1995), S 19
[22] Vgl. Von Loesch (1987), S 84 ff

Bereichen, die nicht direkt öffentliches Interesse berühren, sondern in den profitablen Bereichen, in denen das öffentliche Unternehmen gewinnbringend wirtschaftet, sind Investitionen aus dem öffentlichen Budget sicher schwierig zu kommunizieren. Aber gerade dort, wo das öffentliche Unternehmen in Konkurrenz zu privaten steht, sind solche Investitionen unbedingt notwendig, will man sich eines der Hauptargumente für formale Privatisierungen erhalten: Dass man nämlich nicht Gewinne privatisieren und Verluste verstaatlichen will.
Warum eigentlich nicht das Problem dadurch lösen, dass privates Eigenkapital in Form eines privaten Minderheitseigentümers ins Unternehmen geholt wird? Solange die öffentliche Hand die Anteilsmehrheit hält, kann sie doch weiterhin die gesamte Unternehmenspolitik bestimmen? Dieser Schuss kann schnell nach hinten losgehen: Jeder Kapitalgeber möchte letztlich seine Investitionen samt Zinsen zurückverdienen. Diese Zinsen sollten umso höher sein, je höher das Risiko ist. Da das öffentliche Unternehmen aber eben dazu da ist, auch Unprofitables zu tun, wenn es im öffentlichen Interesse ist, wird jeder private Kapitalgeber dieses Risiko relativ hoch bewerten, einen geringeren Preis für eine höhere Beteiligung oder höhere Fixdividenden fordern. Da ist der Vorteil dieser Finanzierungsform gegenüber der Finanzierung über Kredite relativ rasch dahin. Und wenn die Hereinnahme privaten Eigenkapitals auf voll profitable Bereiche beschränkt ist, begibt man sich rasch wieder ins Fahrwasser der "Privatisierung der Gewinne und Verstaatlichung der Verluste".
Die von der SPÖ in Linz geprägte Philosophie, dass Investitionen in die Zukunft notfalls auch mit öffentlichen Krediten finanziert werden dürfen, muss daher auch für die Kapitalausstattung ausgegliederter Bereiche gelten. Wenn die Sozialdemokratie zu Recht kritisiert, dass Privatisierungen zum Zwecke der Budgetkosmetik nichts anderes als Verschleuderung von Volksvermögen sind (was ja auch Privatisierungsbefürworter wie der Linzer Wirtschaftsprofessor Schneider unterschreiben können[23]), dann muss auch gelten, dass dieses in einem öffentlichen Unternehmen enthaltene Volksvermögen erhalten und ausgebaut werden muss und nicht durch ein langsames Sinken der

[23] Vgl. Schneider, Friedrich (2003): Privatisierungspotential im kommunalen Bereich aus volkswirtschaftlicher Sicht - Privatisierung und Liberalisierung bei staatlichen Unternehmen: Gibt es Grenzen?, Skript zur Vorlesung "Praxis der Ökonomie" Wintersemester 2003/2004, Institut für Volkswirtschaftslehre an der Johannes Kepler Universität Linz, S 20

Eigenkapitalquote verbraucht werden darf. Die derzeitige Eigenkapitalquote etwa der Linz AG (ca. 35 %[24]) dürfte bei manch privatem Unternehmen blanken Neid auslösen; das sollte so bleiben.

## warum die zukunft dieses weges nicht selbstverständlich ist oder gemeinwirtschaft muss wieder "en vogue" werden

### liberalisierungskult ist getarnter privatisierungswahn

Denn der Weg, ehemals öffentliche Aufgaben formal zu privatisieren, aber in 100% öffentlichem Eigentum zu halten, wird auch ohne Finanzierungskrisen in öffentlichen Unternehmen schwer genug zu halten sein. Der neoliberale wirtschaftspolitische Mainstream kämpft verbissen dagegen an. Und er weiß sich zu tarnen! Weder die diversen EU-Liberalisierungs-Richtlinien noch die Verhandlungen zur "Deregulierung" weitgehender Bereiche bislang öffentlicher Dienstleistungen, bekannt unter dem Namen GATS, enthalten auch nur ein Wort zum Thema Privatisierungen: Sie lassen die Eigentumsfrage unberührt! Keine EU-Vorschrift, kein GATS-Abkommen verlangt von einer Kommune, irgendetwas zu verkaufen. Es müssen "nur" private Konkurrenten zugelassen werden.
Dass dennoch die meisten Menschen glauben, die EU schreibe vor, die Telekom, die Post, den Postbus etc. zu privatisieren, zeigt aber den engen Zusammenhang: Eine Liberalisierung, der nicht auch eine Privatisierung folgt, hieße einfach einen Wettbewerb von öffentlichen Anbietern unterschiedlicher Herkunft zu installieren, und das wäre höchstens "eine Karikatur neoliberaler Ambitionen"[25]. Das Ziel ist der Rückzug des Staates. Ist das öffentliche Unternehmen einmal nur mehr "ein Anbieter unter vielen", kann einmal nicht mehr vermittelt werden, welchen "Mehrwert" im Vergleich zu seinen privaten Konkurrenten es für die Öffentlichkeit bieten kann, dann ist ein Verkauf dieses Unternehmens eine fast schon logische Folge. Sicher gibt es auch dann noch Argumente für eine

---

[24] Vgl. Linz AG Homepage: www.linzag.at > Unternehmen > Kennzahlen.
[25] Reimon / Felber 2003, S. 230.

öffentliche Eigentümerschaft: den Erhalt wertvoller Arbeitsplätze im Inland, das weitere Partizipieren an den Dividenden. Aber der in diesem Artikel festgehaltene zentrale Wert und das beste Argument für öffentliche Eigentümerschaft, nämlich dort eingreifen zu können, wo der Markt versagt, wäre dahin.

## fazit: nicht nur effizienzvorteile, auch gemeinwirtschaftliche vorteile kommunizieren!

Wenn es also wie festgestellt sinnvoll ist, öffentliche Aufgaben in AGs oder GmbHs auszulagern, sie aber zu 100 % in öffentlichem Eigentum zu halten, um einerseits von den Effizienzvorteilen der privatwirtschaftlichen Organisationsform zu profitieren, andererseits aber Eingriffsmöglichkeiten dort zu erhalten, wo der Markt versagt, dann muss das auch in seiner Gesamtheit kommuniziert werden.

Das ausgegliederte Unternehmen selbst muss privatwirtschaftlich ausgerichtet werden (wie argumentiert bis hin zu einer nachhaltig angemessenen Eigenkapitalausstattung) und seine Handlungsträger müssen privatwirtschaftlich denken, damit die Effizienzvorteile gegenüber der Verwaltung auch tatsächlich auftreten. Das fördert aber sicher eine Unternehmenskommunikation, die eine Seite der Medaille über Gebühr betrachtet: Die Segnungen der privatwirtschaftlichen Ausrichtung. Ein formal privatisiertes Unternehmen wird kaum eine Gelegenheit auslassen, der Öffentlichkeit wissen zu lassen, dass es effizienter geworden ist, dass es Kosten gespart hat, dass es bei Qualität und Preis mühelos mit privaten Konkurrenten mithalten kann.

Da besteht schon eher die Gefahr, dass es eben nicht selbstverständlich ist, dass auch die andere Seite kommuniziert wird: Dass gewisse Dinge getan werden, die ein privater Konkurrent nicht machen würde. Dass Investitionen und Ausgaben getätigt werden, die sich nicht rechnen, weil der Eigentümer Staat (oder Stadt) das so will, damit z. B. der Bus auch abends noch in eine entlegene Stadtregion fährt, damit z. B. auch technisch schwierigere Stromanschlüsse kein Vermögen kosten, damit z. B. Wasserversorgung nicht an den finanziellen Möglichkeiten der Abnehmer scheitert. Dies sind die Gründe für das Festhalten am

Gemeineigentum, und sie sollten selbstbewusst und aggressiv vertreten werden, damit auch in der öffentlichen Diskussion Gemeinwirtschaft an sich wieder "en vogue" wird.
Und es muss gesagt werden, dass beides, die Vorteile der privatwirtschaftlichen Ausrichtung und die Vorteile der öffentlichen Eingriffsmöglichkeit, nur als Einheit möglich ist. Dass ein "Rückzug auf die Kernkompetenzen der öffentlichen Hand", also z. B. eine Teilprivatisierung profitabler Bereiche, auf die schon öfter zitierte "Privatisierung der Gewinne und Verstaatlichung der Verluste" hinausläuft. Und wenn die SPÖ Linz diesen Weg für Linz als richtig ansieht, muss sie konsequenterweise auch weiterhin klar gegen Liberalisierungstendenzen bei der Daseinsvorsorge auf übergeordneten Ebenen eintreten. Denn, und das hat dieser Artikel hoffentlich gezeigt, das Erhalten gemeinwirtschaftlicher Eingriffsmöglichkeiten hat nicht nur aus sozialpolitischer Sicht Vorteile, sondern es ist auch aus gesamtwirtschaftlicher Sicht effizient.

## links zum thema

www.privatisierungswahn.de
*Texte, Daten und Verweise zum Thema Privatisierung mit Schwerpunkt Daseinsvorsorge.*

www.attac-austria.org
*Homepage des Österreich-Ablegers der globalisierungskritischen NGO "attac".*

www.stopgats.at
*Österreichische Plattform zahlreicher Organisationen gegen das GATS-*

# literatur

*Bartel, Rainer (1990): Theoretische Überlegungen zur Privatisierung, in:* Schneider, Friedrich / Hofreither, Markus F. (Hrsg.): Privatisierung und Deregulierung in Westeuropa: Erste Erfahrungen und Analysen, S. 15. Wien: Manz Verlag

*Eschenbach, Rolf / Müller, Christof / Gabriel, Thomas (1993):* Privatisierung öffentlicher Leistungen: Beurteilung - strategische Optionen - volkswirtschaftliche Konsequenzen. Wien: Manz Verlag

*Gantner, Manfried / Schneider, Friedrich (1994):* Budgetausgliederungen - eine polit-ökonomische Analyse, Arbeitspapier Nr. 9411 des Instituts für Volkswirtschaftslehre an der Johannes Kepler Universität Linz

*Gurlit, Wieland (1995):* Auswirkungen und Erfolgsfaktoren der Privatisierung staatlicher Unternehmen: Eine Analyse des Verkehrssektors in OECD-Ländern, Konstanz: Universitätsverlag

*Klodt, Henning / Laaser, Claus-Friedrich / Lorz, Jens Oliver / Maurer, Rainer (1995):* Wettbewerb und Regulierung in der Telekommunikation, J.C.B. Tübingen: Mohr Verlag (Paul Siebeck)

*Knieps, Günter (1990):* Deregulierung in der Europäischen Gemeinschaft: Der Fall der Telekommunikation, in: Schneider, Friedrich / Hofreither, Markus F. (Hrsg.): Privatisierung und Deregulierung in Westeuropa: Erste Erfahrungen und Analysen, S. 151. Wien: Manz Verlag

*Kraus, Hans S. (1997):* Privatisierung öffentlicher Aufgaben: Perspektiven zur Gestaltung innovativer Organisationsformen, Wiesbaden: Gabler Verlag

*Lehner, Gerhard (2003):* Volkswirtschaftliche Aspekte von Ausgliederungen, in: Gröhs, Bernhard u.a. (Hrsg.): Ausgliederungen - Privatwirtschaftliche Aktivitäten der öffentlichen Hand, S. 37. Wien: Linde Verlag
*Linz AG Homepage: www.linzag.at* > Unternehmen > Kennzahlen. Stand

August 2004.

*Oberösterreichische Nachrichten, 9.7.2004, S. 4:* Stadt Linz will das AKH ausgliedern - Noch wird geprüft, Autorin: Anneliese Edlinger.

*Reimon, Michel / Felber (2003), Christian:* Schwarzbuch Privatisierung - was opfern wir dem freien Markt?, Wien: Verlag Ueberreuter

*Schneider, Friedrich / Schmatzer, Hannes (1990):* Privatisierungen in Großbritannien: Eine Fallstudie, in: Schneider, Friedrich / Hofreither, Markus F. (Hrsg.): Privatisierung und Deregulierung in Westeuropa: Erste Erfahrungen und Analysen, Wien: Manz Verlag, S. 97.

*Schneider, Friedrich (2003):* Privatisierungspotential im kommunalen Bereich aus volkswirtschaftlicher Sicht - Privatisierung und Liberalisierung bei staatlichen Unternehmen: Gibt es Grenzen?, Skript zur Vorlesung "Praxis der Ökonomie" Wintersemester 2003/2004, Institut für Volkswirtschaftslehre an der Johannes Kepler Universität Linz, Linz

*Von Loesch, Achim (1987):* Privatisierung öffentlicher Unternehmen: Ein Überblick über die Argumente, Baden-Baden: Nomos Verlag

## diskurs: formale privatisierung

### über "formale privatisierung als mittelweg zwischen privat- und gemeinwirtschaft" diskutieren jakob huber und michaela mader mit dem autor markus eidenberger

Michaela Mader: Zum Einstieg würde ich dich bitten, dass du ganz kurz auf die beiden zentralen Begriffe Eigenkapitalausstattung und Dividendenzahlung eingehst.

Markus Eidenberger: In Zeiten knapper öffentlicher Budgets ist es besonders verlockend, wenn die öffentliche Hand ein Unternehmen hat, das Dividenden auszahlen kann. Darüber hinaus gibt es aus demselben Grund einen systematischen Anreiz für die öffentliche Hand, keine Kapitalerhöhungen vorzunehmen. Durch das kameralistische System beim öffentlichen Budget schlägt sich ja die ganze Kapitalerhöhung auf das Budget eines Jahres. Für einen privaten Kapitalgeber ist es leichter, der kann das uneingeschränkt als Investition sehen, die ihm im Laufe der Jahre verzinst zurückgezahlt wird. Es ist zwar nicht automatisch so, dass der öffentliche Eigentümer seine Unternehmen mit zu wenig Kapital ausstattet, aber die Gefahr ist systematisch größer. Ich bin aber der Meinung, dass dieser Vorwurf durch konkretes politisches Handeln leicht entkräftet werden kann.

Jakob Huber: Aber wenn der Grund für formale Privatisierung die Flucht aus der Kameralistik ist, muss ich dann nicht die Frage stellen: Ist eine formale Privatisierung notwendig, um mehr Informationen über mein Unternehmen herauszufinden? Warum mach ich nicht einfach eine Bilanz, obwohl es kein Unternehmen ist?

ME: Es würde gehen, aber nur mit viel mehr Aufwand. Bilanz und Kostenrechnung bauen beim ausgegliederten Unternehmen auf der doppelten Buchhaltung auf und die ist anders, als es die öffentliche Hand macht. Die öffentliche Hand müsste doppelten Aufwand betreiben. In der Verwaltung gibt es zum Beispiel keine Abschreibungen, keine Aktivierungen oder Rechnungsabgrenzungen.

JH: Privatisierung ist also keine Notwendigkeit, um auf einer anderen Art rechnen zu können?

MM: Man könnte es aber zumindest punktuell machen, wie zum Beispiel in Linz bei der Vermögensaufstellung.

ME:. Man könnte natürlich, aber beim privatwirtschaftlichen Unternehmen gibt es einfach mit den Rechnungslegungsvorschriften einen umfassenden und verpflichtenden Standard, der dann auch nach innen wirkt.

JH: Ein anderer Aspekt ist der Bereich der öffentlichen Güter. Du argumentierst, dass sich der Preis in einer Wettbewerbssituation bei den Grenzkosten einpendelt. Diese sind aber auch in Industrien mit hohem Fixkostenanteil wie der Stahlindustrie sehr niedrig, trotzdem ist das nicht unbedingt ein öffentliches Gut. Ist das nicht ein theoretischer Schwachpunkt in deiner Argumentation?

ME: In diesem Zusammenhang muss der Begriff "Grenzkosten" umfassender gesehen werden als die betriebswirtschaftliche Definition von "variablen Kosten". Hier sind auch im betriebswirtschaftlichen Sinn "fixe Kosten" enthalten. Wenn ich nur die variablen Kosten als Grenzkosten sehe, und der Preis dort liegt, dann könnte ja in dieser Theorie kein Unternehmen seine Fixkosten decken. Und so gesehen sind z. B. beim Bus bis zu seiner Kapazitätsgrenze die Grenzkosten tatsächlich praktisch null. Das ist einfach ein sehr plakatives Beispiel dafür, dass der einfache Mechanismus, dass sich Angebot und Nachfrage bei einem Gleichgewichtspreis treffen, bei bestimmten Gütern nicht funktioniert.

JH: Beim öffentlichen Verkehr und der Post stimmt die Argumentation. Ist diese Theorie auch auf andere staatliche Bereiche anwendbar? Wo ist die Abgrenzung?

ME: Bei Gas oder Wasser stimmt diese Argumentation sicher nicht, dafür gibt es dort aber wieder andere Merkmale von öffentlichen Gütern. Es ist nicht möglich, eine klare Trennlinie zwischen öffentlichen und nicht öffentlichen Gütern zu ziehen. Es geht eher darum, wie viele Merkmale von öffentlichen Gütern ein bestimmtes Gut aufweist. Schwarz-Weiß-Malerei ist nicht möglich. Ein Beispiel für ein unumstritten rein öffentliches Gut wäre sozialer Friede. Die Definitionen ändern sich aber auch: Vor einigen Jahren waren noch Straßen unumstritten öffentliche Güter; mit neuen technischen Möglichkeiten, wie z. B. dem Road Pricing, verschieben sich die Nuancen. Aber unterm Strich kann man sagen: Güter, die solche Merkmale aufweisen, weisen trotzdem an dem einen oder anderen Ende ein Marktversagen auf. Das heißt, der politische Einfluss muss in diesen Bereichen erhalten bleiben.

JH: Weder die EU noch die Welthandelsorganisation fordern Privatisierungen, sondern nur die Zulassung von Mitbewerbern. In Österreich wird dieser Ansatz ja bereits im Hochschulwesen verfolgt. Provokant gefragt: Warum nicht auch formal privatisierte Universitäten und Fachhochschulen?

ME: Erstens ist Bildung ganz klar ein öffentliches Gut. Was formale Privatisierungen in diesem Bereich betrifft, bin ich skeptisch. Jedenfalls abzulehnen ist eine materielle Privatisierung, aber ich bin auch skeptisch, ob die formale Privatisierung so ein Effizienzplus hat. Handelt es sich bei Bildung um ein Produkt? Für mich nicht. Außerdem: Forschung, als Aufgabe der Universitäten, ist auch kein Produkt. Wenn ich Gas verkaufe oder Elektrizität produziere, kann es Effizienzgewinne geben. Im Hochschulbereich kann es diese Effizienzgewinne zwar auch geben, aber da stehen andere Dinge gegenüber, die das als nicht sinnvoll erscheinen lassen.

MM: Und vor allem sind Universitäten keine Unternehmen. Eine Unternehmensstruktur für Hochschulen wäre ein Wahnsinn, was Mitbestimmung und Demokratie betrifft. Hier wäre eine formale Privatisierung völlig kontraproduktiv. Schon jetzt ist es ja so, dass das Universitätsgesetz Autonomie, aber keine Mitbestimmung verankert hat.

JH: Außerdem kann es zum Rosinenpicken kommen, wie zum Beispiel bei der privaten Medizinuniversität in Salzburg.

MM: Nachdem wir uns ja einig sind, dass im Bereich der Hochschule kein Ansatzpunkt für formale Privatisierung sein kann, möchte ich gerne auf Bereiche zu sprechen kommen, wo das anders sein könnte. Wenn ich den Beitrag richtig verstanden habe, können die Effizienzvorteile einer formalen Privatisierung in einer flexibleren Aufbauorganisation und in der Konzentration auf lukrative Bereiche liegen. So ist es im Beispiel der Linz AG möglich, effizient zu sein und durch lukrative Bereiche wie Strom oder Gas den defizitären Öffentlichen Verkehr zu subventionieren. Wenn ich aber all diese Vorteile auch durch neue Konzepte in der Verwaltung wie "New Public Management" erringen kann, ohne zu privatisieren, wo liegen dann die Vorteile der formalen Privatisierung?

ME: Polemisch formuliert: Was im Verwaltungsbereich neu und innovativ ist, ist in der privaten Organisationsform die Normalität. Schon der grundlegende Unterschied des "Denkens als Unternehmen" ist anders. Die Linz AG ist ein gutes Beispiel: Die Linz AG handelt als Unternehmen. In der Verwaltung ist das etwas Neues. Verwaltung baut auf Gesetzen auf, Unternehmen nicht.

MM: Warum ändern wir nicht die Struktur der öffentlichen Verwaltung dahingehend, diese Vorteile zu nutzen? So könnten doch Effizienzvorteile genutzt werden und trotzdem der öffentliche Auftrag abgesichert werden.

ME: Die Grundidee der Verwaltung ist es ja nicht, Güter und Dienstleistungen zu produzieren. Die Unternehmensstruktur ist hingegen gerade darauf ausgerichtet.

JH: Vielleicht wäre also einfach eine klare Aufteilung notwendig, und zwar in Bereiche, wo der Staat als Hoheitsverwalter und wo er als Dienstleister auftritt.

ME: Verwaltung bleibt Verwaltung, und daran ist nichts Schlechtes, weil sie es bleiben muss. Verwaltung muss Gesetze vollziehen.

MM: Im Sinne des New Public Management sind Leistungen der Daseinsvorsorge aber sehr wohl Produkte, die von der Kommune erbracht werden. In der öffentlichen Verwaltung gibt es starke Bestrebungen, sie ebenfalls nach "Produkten" zu strukturieren. Ich frage deshalb noch einmal nach den Vorteilen der formalen Privatisierung.

ME: Die Leistungen der Linz AG, ihr Auftritt als eigene Marke, ihr Verkauf am Markt hat als logische organisationale Form eine AG, die im Eigentum der Stadt ist. Wieso soll ich das in der Verwaltung lassen, wo ich mit Sicherheit nur mit mehr Aufwand zum selben Ergebnis komme, auch wenn es wohl grundsätzlich möglich ist, dorthin zu kommen. Verwaltung hat einen anderen Ursprung, eine AG kann schon von vornherein das, was man zum Beispiel im Fall der Linz AG wollte. Inklusive der Quersubventionierung des öffentlichen Verkehrs und der Durchsetzung von politischen Prioritäten. Wenn es schon eine solche passende Organisationsform gibt, warum soll ich dann krampfhaft einen anderen Weg suchen?

MM: Mir ist deine persönliche Position noch immer nicht klar. Ich meine, du bist nicht für materielle Privatisierung. Aber was ist mit der formellen Privatisierung?

ME: Ich bin tatsächlich der Meinung, dass sie in bestimmten Bereichen die Möglichkeit bietet, dass man "zwei Fliegen mit einer Klappe schlägt". Die Frage, ob Verwaltung oder formale Privatisierung, sehe ich aber recht pragmatisch: Wenn man sich davon höhere Effizienz erwarten kann, warum nicht? Ich glaube, dass es im Rahmen des heutigen Meinungs-Mainstreams viel wichtiger ist, die Abgrenzung in die andere Richtung zu suchen, also gegen eine materielle Privatisierung. Meine Schlussfolgerung wäre daher, mehr als bisher den gemeinwirtschaftlichen Aspekt zu kommunizieren. Die Linz AG wird als privatwirtschaftliches Unternehmen wahrgenommen, weil sie sich so darstellt, und das ist für sie auch richtig so. Die Stadt Linz, also die Politik, muss in der öffentlichen Kommunikation besser herausarbeiten, warum sie die Aktien zu 100 % weiter behalten will. Und damit ganz allgemein Argumente gegen Privatisierung und für öffentliches Eigentum liefern.

*"Viele Wege führen nach Rom, doch nur einer führt zu dir*
*du sagst ich kenn' ihn schon, bitte zeig ihn mir*
*was soll ich denn in Rom? Da bleib' ich lieber hier."*

(Fettes Brot / "Rom")

# telematikunterstützte verkehrsnetzwerke und eigentum in der kommunalen verkehrs-politik

## über den zusammenhang von verkehrsplanung, telematik und der eigentumsfrage im öffentlichen nahverkehr

*Christian Forsterleitner*

Mobilität ist zu einem Teil für unseren Wohlstand verantwortlich, verursacht aber auch gesellschaftliche Kosten für den Bau von Autobahnen, für neue Straßenbahnen etc. Will man in der Verkehrspolitik nach vorne schauen, muss man über diese Kosten diskutieren. Unterstützt man den Wunsch nach maximaler Individualität (also den Individualverkehr, kurz IV) durch niedrige Preise? Sollen gesellschaftliche Kosten wie Umweltzerstörung, Luftverschmutzung, Unfallkosten und Baukosten in die Berechnungen der Nutzungsgrade der Verkehrsmittel mit einfließen? Bezieht man all diese Kosten in die Kalkulation mit ein, wer soll sie dann tragen? Der einzelne Autofahrer?
In solchen Punkten berührt Verkehrspolitik "heilige Kühe". Sie werden im Folgenden nicht mehr diskutiert, weil sie zwar die übergeordnete Frage über allen regionalen verkehrspolitischen Problemen - nämlich die zu Grunde liegende Verkehrsphilosophie - berühren, aber einer nationalen (wenn nicht sogar transnationalen, d. h. europäischen Entscheidung bedürfen). Es geht hier um den Einsatz der nationalen Steuermittel und um Fragen der Besteuerung, es geht darum, wohin die "großen Brocken" fließen und wer sie bezahlen soll.

Die Situation der mangelnden Kostenwahrheit im IV ist zwar nicht auf regionaler Ebene änderbar, stellt aber eine entscheidende Rahmenbedingung für die regionale Verkehrspolitik dar, weil sie ja gerade dazu führt, dass der IV für den einzelnen scheinbar günstiger als der öffentliche Verkehr (ÖV) ist (bzw. nur um so viel teurer, als er auch subjektiv mehr Nutzen stiftet). Gerade aus diesem Grund ist es notwendig, Preise im ÖV zu stützen bzw. durch die umfassende integrative Planung des öffentlichen Nahverkehrs, wie im Folgenden dargestellt, höheren Nutzen zu stiften, der aber im Wesentlichen nicht durch Preise abgegolten werden kann. Dafür, dass der ÖV mehr Nutzen stiftet, als er das tun kann, wenn er "alleine gelassen" wird, muss die Politik sorgen. Der Individualverkehr soll aber keineswegs außen vor gelassen werden, sondern in dieses integrative Konzept mit einbezogen werden. Es fehlt zwar Kostenwahrheit im IV, die Kosten, die die Gesellschaft tragen muss, entstehen aber dennoch. Logische Konsequenz ist daher der Ansatz der Politik, diese Kosten zu minimieren. Im Folgenden wird eine Strategie vorgestellt, wie das gehen könnte.

## überblick über die linzer verkehrssituation

Betrachtet man Verkehr und Verkehrspolitik in Linz, findet man eine ernste, aber nicht hoffnungslose Lage vor. Die Probleme lassen sich - ohne ins Detail zu gehen - auf einige Ursachen zurückführen:
Erstens hat Linz heute schon die Stellung eines transeuropäischen Knotenpunkts. Schon vor dem Beitritt unserer Nachbarländer zur europäischen Union hat durch verstärkte Integration dieser Staaten und zunehmendem wirtschaftlichem Austausch auch der Verkehr zugenommen. Das Wirtschaftswachstum dieser Länder und die zunehmende Motorisierung der Bevölkerung bringen auch mehr Verkehr.
Zweitens ist Linz Arbeitsplatzgeber für die ganze Region. In Linz arbeiten 190.000 Menschen - und damit mehr als in Linz wohnen (186.000 EinwohnerInnen)[1]. Dieser positive wirtschaftliche Aspekt bringt gleichzeitig eine große Zahl an PendlerInnen nach Linz. Dazu kommt der österreichweit zu beobachtende Trend, dass Menschen aus dem Stadtzentrum in die Umlandgemeinden abwandern und sich vermehrt "Speckgürtel"

[1] Magistrat der Landeshauptstadt Linz (2004): Linz in Zahlen

am Rand der Städte bilden. Da die Umlandgemeinden aber in den meisten Fällen nicht über entsprechende Arbeitsplätze verfügen, befahren zusätzliche PendlerInnen das Straßennetz. Die, die mit öffentlichen Verkehrsmitteln einpendeln, verursachen weniger Kopfzerbrechen, da die bestehenden Verbindungen meist nicht ausgelastet sind.
Drittens steigt generell das Verkehrsaufkommen durch eine Zunahme des Motorisierungsgrades, des Freizeitverkehrs und des individuellen Mobilitätsbedürfnisses. Linz bietet jede gesuchte Infrastruktur, und die Menschen kommen aus sozialen, medizinischen und vielen anderen Gründen nach Linz.
Das führt zu verschiedenen Problemen: Dem Parkplatzmangel in Zentrum und in einigen Wohngebieten, Staus an den Stadteinfahrten, zu Stadtteilen mit starkem Durchzugsverkehr und einer zu Stoßzeiten ausgelasteten innerstädtischen Nord-Süd-Route. Die Eckdaten zur Linzer Mobilität finden sich detailliert in der Publikation Linz in Zahlen und im Linzer Verkehrskonzept[2].
In Linz wird heute ein Konzept verfolgt, das die Ansätze von Verkehrssystem-Management (Optimierung des bestehenden Verkehrsflusses bzw. des Angebots) und des Mobiliätsmanagements (die Beeinflussung der Verkehrsmittelwahl) kombiniert. Für die zukünftige Verkehrspolitik ist es hilfreich, eine übergeordnete Strategie zu formulieren. Der im Folgenden beschriebene Strategieansatz lässt sich wie folgt zusammenfassen:
Für ein besseres regionales Zusammenspiel der verschiedenen Mobilitätsformen sollen intermodale Verkehrsknoten in der Stadt wie auch in der Peripherie gebildet werden. Das bedeutet, dass verschiedene Bereiche des ÖV und IV zu Stationen, Bahnhöfen, Knoten oder wie man diese auch immer benennen möchte, zusammengeführt und optimal miteinander verknüpft werden. Dabei unterstützen telematische Verkehrsinformationssysteme mit Informationen über Fahrpläne, Verkehrsprognosen, kürzeste Wegstrecken etc. Ein möglichst dichtes Netz von Verkehrsknoten, die eine effiziente und möglichst individuelle Kombination verschiedener Verkehrsträger ermöglichen, soll dadurch entstehen. Der Aufbau eines solchen Netzes soll von der öffentlichen Hand und von Betrieben im öffentlichen Eigentum übernommen werden.

[2] Magistrat der Landeshauptstadt Linz (2001): Verkehrskonzept

## vernetzung von intermodalen verkehrsknoten

Die Gesamtheit an Möglichkeiten, die verschiedenen Mobilitätsformen zu nutzen, bildet schon heute ein dichtes Verkehrsnetz. Dieses Netzwerk bewusst zu gestalten und zu optimieren ist die Aufgabe der Verkehrspolitik. Dafür müssen Verkehrsknoten definiert, ausgebaut oder neu geschaffen werden. Bei diesen Knoten sollen durch effiziente Kombinationen verschiedener öffentlicher Verkehrsmittel und Einbindung des Individualverkehrs Synergien nutzbar werden. Solche Verkehrsknoten können sowohl in der Stadt als auch an den Stadtgrenzen errichtet werden. Sie verteilen nicht nur den Verkehr, sondern ermöglichen im Idealfall den Umstieg von ÖV auf IV und umgekehrt. Dafür müssen aber verschiedene Mobilitätsträger koordiniert und vernetzt werden.

Ein Beispiel für ein gelungenes Projekt in diesem Sinne ist der Neubau des Linzer Hauptbahnhofes. Hier wurde nicht einfach eine neue Bahnhofshalle aufgestellt, sondern sämtliche Verkehrsträger mit eingeplant. In der so genannten *Nahverkehrsdrehscheibe Hauptbahnhof* (kurz: NVDS) wurde die Straßenbahn unterirdisch miteingebunden und gleichzeitig das Projekt der Straßenbahnunterflurlegung über mehrere Stationen im Zentrum (von vielen "Mini-U-Bahn" genannt) realisiert. Die Möglichkeit einer Einbindung einer zukünftigen Straßenbahnlinie, die von Westen über Leonding in die NVDS einmünden könnte, wurde gleich mitgeplant und kann jederzeit aktiviert werden. Ein städtebaulicher Planungs-Fauxpas wurde dadurch behoben, dass die LILO, die Linzer Lokalbahn (ein wichtiger Zubringer für Pendler aus der ganzen Region), jetzt ebenfalls in die NVDS mündet. Bisher war der LILO-Bahnhof wenige hundert Meter neben dem Hauptbahnhof situiert. Ein neues Busterminal, 1500 Fahrradabstellplätze, witterungsgeschützte Taxistandplätze, und, um die Attraktivität und den Kundennutzen zu erhöhen, Geschäfte und Restaurants wurden auf mehreren Ebenen realisiert. Für den IV wurden ein Parkdeck mit 340 Parkplätzen, ein Kiss&Ride-Bereich ("Verabschiedungsspur" zum Ein- und Aussteigen) sowie Kurzparkzonen geschaffen. Das gleichzeitig errichtete Landesdienstleistungszentrum, Arbeitsplatz für fast 2000 Menschen, wurde ebenfalls mit eingebunden und bietet damit den Beschäftigten

einen direkten Zugang zur Drehscheibe und den verschiedenen Mobilitätsformen. Mehr als 290 Millionen Euro wurden in dieses intelligente Vernetzungsprojekt investiert[3].
Zusammen mit weiteren Verkehrsknoten, über die ganze Stadt verteilt, entsteht ein dichtes Netz vieler kleiner Verbindungen. Auf diese Weise entstehen auch kürzere Wege für die BenutzerInnen. Es ist klar, dass es weder sinnvoll noch möglich ist, solche Großprojekte an mehreren Stellen der Stadt zu errichten. Bestehende Knotenpunkte, wie der Bahnhof Ebelsberg und der Mühlkreisbahnhof, sollten jedoch verstärkt zur vermehrten Integration verschiedener Verkehrsformen genutzt werden und durch leistungsstarke Angebote mit dem Hauptknoten verbunden werden. Ein Netzwerk - und damit ein attraktives Angebot für die Verkehrsteilnehmer - entsteht nur, wenn viele Knoten ein möglichst feinmaschiges Netz ergeben.
Als Negativbeispiel kann die Anbindung des *Mühlkreisbahnhofes* genannt werden. Damit der Bahnhof an das Straßenbahnnetz Anschluss hat, führt eine eigene Straßenbahnlinie (Linie 3) zum Bahnhof. Trotzdem bleibt diese Anbindung für die BenutzerInnen unattraktiv, weil man, um in den Norden oder Süden der Stadt zu gelangen, wieder auf die Hauptlinie der Straßenbahn umsteigen muss. Die generelle Verkehrsführung in den umliegenden Straßenzügen ist suboptimal (die angespannte Parkplatzsituation sowie die Einbahnführung führen zu chaotischen Szenen), der Bahnhof selbst wirkt lieblos und die verschiedenen Verkehrsformen scheinen eher zufällig als geplant nebeneinander zu existieren. Der Mühlkreisbahnhof könnte eine wichtige Rolle als einer der nördlich gelegenen Knoten spielen, erfüllt aber aus einer Netzwerkperspektive die Anforderungen nicht.
Neue Verkehrsknoten können vor allem bei der Planung von *freiwerdenden innerstädtischen Flächen* gleich mitgedacht werden. Die Umnutzung solcher ehemaliger Gewerbe- und Industriebetriebe bietet die Chance, Verkehr und Wohnbau gleichzeitig zu planen. Die neue Nutzung dieser Flächen ermöglicht städtebauliche Impulse, die den Wegzug in den "Speckgürtel" der Umlandgemeinden bremsen und zu steigenden Einwohnerzahlen führen werden. Linz ist als lebendiger urbaner Lebensraum dabei, wieder für mehr Menschen als Wohnort interessant zu werden. Das renovierte Bauernhaus in der ländlichen

[3] Vgl. Naveg (2004)

Idylle mit den weiten Wegen zur Arbeit, bar jeder Infrastruktur, ist nicht mehr so attraktiv wie noch vor wenigen Jahren. Gerade jüngere Menschen suchen moderne Urbanität. Linz kann dieses attraktive Lebensumfeld bieten. Dazu gehört aber auch die Integration von Mobilitätsknoten. Verkehrs- und Wohnbaupolitik sind hier untrennbar verknüpft und müssen zeitgleich geplant werden.

Für den ebenso wichtigen Anschluss von neuen *Industrie- und Gewerbegebieten* gilt Ähnliches. So könnten beispielsweise bei der Erschließung der b-zone, einem neuen Industriepark auf freigemachten Flächen der voestalpine in bester infrastruktureller Lage, ein solcher Knoten mitgeplant werden. Denkbar wäre hier ein zukünftiger Knoten mit Bahn- und Busanschluss in Verbindung mit einem Parkdeck oder Ähnlichem, der die geplanten Betriebe und Einrichtungen erschließt.

Knoten könnten an der *Peripherie* durch den Ausbau von Zubringerbahnhöfen entstehen. So eignet sich z.B. der Bahnhof Pichling in unmittelbarer Nähe zur neu gebauten SolarCity (einem "auf der grünen Wiese" entstandenen modernen Wohngebiet mit 1500 Wohnungen im Süden der Stadt) für einen solchen Knoten. Parkflächen (Stichwort Park&Ride), geeignete Fahrradabstellflächen statt verwahrloster "Fahrradfriedhöfe" aus den frühen 70er Jahren, Einbindung von Bussen und Taxistandplätzen - ähnlich der NVDS, nur kleiner und auf die lokalen Bedürfnisse zugeschnitten - wären nötige Einrichtungen.

Im *Stadtzentrum* wird das Fahrrad eine größere Rolle spielen. Zwei Drittel der Autofahrten sind kürzer als fünf Kilometer, und im Ortsgebiet kann die Fahrzeit für diese Distanz von Tür zu Tür am schnellsten mit dem Fahrrad zurückgelegt werden[4]. Wenn Knoten geplant werden, sollten Anreize für FahrradfahrerInnen gesetzt werden: moderne Abstellplätze, Fahrradwege, Möglichkeit, das Fahrrad im ÖV mitzutransportieren.

Ein wichtiger Vorteil von Verkehrsknoten liegt im Schaffen von Wahlmöglichkeiten für die Menschen. Diese haben schon vielfach durch ihr Verhalten bewiesen, dass sie nur schwer "planbar" sind, sich also nicht so einfach ihre Form der Mobilität vorschreiben lassen. Nur ein attraktives Angebot, das Selbstorganisation zulässt und fördert statt vorschreibt, macht somit Sinn.

Besonders im Stadtzentrum können Verkehrsknoten verstärkt auf

---

4 VCÖ (1995)

Information und Koordination setzen. Einen ersten Schritt hat man in Linz durch die elektronische Fahrplananzeigen gesetzt, die an Haltestellen über die Wartezeit und Behinderungen informieren. In Zukunft kann über weitergehende Telematik (wie im Folgenden beschrieben wird) auch über alternative Routen, Anschlüsse etc. informiert werden und so ermöglichen, möglichst einfach, bequem und rasch zum Ziel oder dem nächsten Knoten zu gelangen:

## information und innovation mit system

Ein wichtiger Aspekt wird zukünftig sein, wie konsequent Verkehrsleitsysteme vorangetrieben werden. Das aus den klassischen Verkehrsschildern bestehende System, das ein Parkleitsystem, ein Hotelleitsystem, ein Krankenhausleitsystem und ein Leitsystem für öffentliche Einrichtungen beinhaltet, bildet dabei eine wichtige Grundlage. In Zukunft wird es aber darum gehen, Verkehrsflüsse abhängig von der Verkehrslage zu lenken und Informationen über Veränderungen so rasch wie möglich an alle VerkehrsteilnehmerInnen weiter zu geben. Es ist besonders für Städte interessant, so schnell und so umfassend so viele Verkehrsteilnehmer so individuell wie möglich über Behinderungen zu informieren, Ausweichrouten bekannt zu geben, auf den nächstmöglichen Umstieg auf öffentliche Verkehrssysteme hinzuweisen, Fahrplanänderungen und Störungen bekannt zu geben etc.
"Verkehrstelematik" ist das Zauberwort, unter dem sich die intelligenten Verkehrsinformationssysteme (und Mautsysteme) zusammenfassen lassen. Denn der Ausbau der Verkehrswege wird irgendwann - vermutlich aber sehr bald - an seine Grenzen stoßen. Autobahnen können nicht endlos erweitert werden, Bus- und Bahnlinien nicht beliebig ausgebaut und verstärkt werden. Der verfügbare Raum ist endlich. Damit bleibt, sieht man den Wachstumsprognosen entgegen, nur die Möglichkeit durch intelligente Nutzungsmodelle und durch Verkehrstelematik Netzwerke bestmöglich zu nutzen. Die Anfangsphase der kombinierten Nutzung von Telekommunikation und Informatik ist noch stark auf das Auto konzentriert, doch Telematik ist mehr als eine simple

Navigationshilfe, die den Autoatlas ersetzt. "Sämtliche für den Verkehr relevanten Daten würden künftig gesammelt und von Service-Unternehmen aufbereitet. Auf speziellen Telematik-Endgeräten oder mit dem mobilen Infohandy, per Internet oder in den mit LCD-Bildschirmen ausgerüsteten Telefonzellen, überall könne der Verkehrsteilnehmer Reiseinformationen abfragen. Die Belegzahlen von Parkhäusern, die Ankunfts- und Abflugzeiten auf den Airports, Zugfahrpläne und Messe-Öffnungszeiten, Oktoberfest und Bundesliga-Spiel, Ferienbeginn und Jazzkonzerte, Baustellen und Straßenschäden: Tausende von Daten werden erfasst, gebündelt, mit Hilfe mathematischer Rechenmodelle und im Abgleich mit historischen Erfahrungen zu einer Verkehrsprognose aufbereitet, die schon Tage vorher abrufbar sein wird."[5]
Der Aufbau von Verkehrsinformationszentren (Mobilitätszentralen) in OÖ, der derzeit an 6 Standorten (Mobilitätskreise) durchgeführt wird, kann ein Startpunkt für solche Projekte sein, und so die Telematik zu einer echten Verbesserung der Verkehrssituation führen.
Darum braucht es auch ein klares Bekenntnis zu einer raschen Implementierung und Förderung solcher Systeme, im Bewusstsein, dass Investitionen nötig sein werden.
Im Idealfall hält so ein System europaweite Daten für die VerkehrsteilnehmerInnen bereit und erfüllt sowohl die Bedingung für individuelle Lösungen als auch für sinnvolle kollektive Planung. Die Entwicklungen in diesem Bereich werden von verschiedensten Stellen gleichzeitig vorangetrieben. Hier geht es darum, den Anschluss nicht zu verpassen und auch an Lösungen, spezifisch für die Linzer Verkehrssituation, zu denken.
Darüber hinaus gibt es zahlreiche innovative Ideen, wie Mobilität durch Kombination von Verkehrsmitteln optimiert werden kann. Als Schlagworte seien hier nur CashCar (Autobesitzer verdienen Geld dadurch, dass andere ihr Fahrzeug nutzen, wenn sie auf Reisen sind, oder ihr Fahrzeug nicht brauchen), CombiCar (Frau Maier fährt mit dem Zug zur Arbeit und nimmt dann den Wagen von Kollegen Mayr, der ihn nur für den Weg zur Arbeit braucht), Callbikes (z. B. per Telefon erhält der registrierte Kunde einen Code für das Fahrradschloss und kann damit gratis Fahrräder ausleihen und an jeder größeren Kreuzung wieder

---

[5] Wirtschafts- und sozialpolitisches Forschungs- und Beratungszentrum der Friedrich Ebert-Stiftung (2002)

zurückgeben), CarSharing (Autos werden gemeinsam genutzt und ev. mittels Bordcomputer und Chipkarte genau abgerechnet) genannt[6].
Vorreiter ist Linz im Bereich der AST (Anruf-Sammel-Taxis). Sie stehen als "halb-öffentliches" Verkehrsmittel ausserhalb der regulären Fahrplanzeiten zur Verfügung. Eine mögliche Weiterentwicklung wären AST-Linientaxis, die in schlechter erschlossenen Gebieten wiederum die Anzahl individueller Möbilitätsmöglichkeiten erhöhen.
Für die individuelle Nutzung von ÖV gilt: solange der Organisationsaufwand zu groß ist, bleibt eine intermodale Nutzung unattraktiv. Gerade im städtischen Bereich kann dieser Organisationsaufwand (lange Wege von und zum ÖV, Fahrpläne und Information, Routenplanung, Zeitaufwand) gering gehalten werden.
Wenn durch das Verkehrsnetzwerk ein für die BenutzerInnen transparentes Angebot vorliegt, das noch dazu jederzeit abgefragt werden kann, übersteigt der individuelle Nutzen die Kosten. Wenn dann auch noch der öffentliche Verkehr günstiger ist, werden Anreize zum Umstieg geschaffen. Aus gesellschaftlicher Sicht sind solche Anreize notwendig, weil der ÖV volkswirtschaftlich mehr Nutzen stiftet und die Umwelt deutlich weniger belastet. Es besteht die Notwendigkeit, den individuellen Nutzen zu erhöhen. Das funktioniert aber nicht dadurch, dass man das Auto möglichst unattraktiv macht (der Ansatz vieler Grüner), sondern dadurch, dass man den ÖV attraktiver gestaltet, was (wie oben beschrieben) gerade im städtischen Bereich möglich ist.
Heute werden Wege lieber mit Auto zurückgelegt, auch wenn bei Kalkulation aller für den Benutzer entstehenden Kosten (Anschaffung/ Abnützung, Wartung, Versicherung, Reparatur, Treibstoff) bereits heute in sehr vielen Fällen ein Ticket für den öffentlichen Verkehr günstiger käme. Das gilt im besonderen für die Stadt: Stop&Go-Verkehr führt zu höherem Treibstoffverbrauch und größerer Abnutzung, die Unfallhäufigkeit ist besonders zur "Rush Hour" höher, der Zeitaufwand oft deutlich höher als beim ÖV.

[6] VCÖ-Magazin 03/2004

## öffentlicher verkehr: privat ist schlechter als staat

Gefragt ist ein intelligenter Mix aus ÖV und IV mit dem gezielten Aufbau von Netzwerken. Diese Leistung kann aber nur durch die Kombination und Zusammenarbeit von Verkehrsträgern erbracht werden, die nicht Gewinnmaximierung als oberstes Ziel verfolgen, d. h. im öffentlichen Eigentum stehen. In Linz wurde beispielsweise die Nahverkehrsdrehscheibe von einer Gesellschaft errichtet, die je zur Hälfte der Stadt Linz und dem Land OÖ gehört und die Linz AG, die ÖBB, die LILO-Betreibergesellschaft, Post- und Bahnbus etc. in die Planung miteinbezogen hat. Es darf stark bezweifelt werden, ob die Realisierung dieses Verkehrsknotens möglich gewesen wäre, wären alle diese Unternehmen privatisiert, wie es von neoliberaler Seite immer wieder gefordert wird.
Die neoliberale Vorstellung von Verkehrspolitik ist die der vollkommenen Privatisierung und Liberalisierung. Verkauft wird diese Idee unter dem Mäntelchen des Spargedankens. Das zentrale Argument hinter solchen Überlegungen ist aber die aus konservativer Sicht uneingeschränkte Überlegenheit des Marktes. Unter dem Motto "Mehr Privat, weniger Staat" sollen private, gewinnorientierte Unternehmen die Aufgaben bisher im öffentlichen Eigentum stehender Unternehmen übernehmen. Dass es aber gerade im Bereich der kommunalen Dienstleistungen wie bei Abwasser und Kanal, Energieversorgung und nicht zuletzt im Bereich des öffentlichen Verkehrs zu Marktversagen kommt, wird vollkommen ausgeblendet. Anders formuliert: Warum sollte ein privates Unternehmen eine Buslinie betreiben, die unrentabel ist? Warum sollte ein privates Unternehmen Gewinne vollständig reinvestieren, wie es öffentliche tun? Warum sollte es sich bei Ausschreibungen nicht nur für die lukrativen Strecken interessieren? Und warum sollte sich ein privater Anbieter gezielt für Kooperation und Vernetzung der verschiedenen Verkehrsmittel engagieren, andere mitdenken lassen und einem Gesamtkonzept folgen, wenn nicht lukrative Erträge winken (und das tun sie im öffentlichen Verkehrssystem kaum)? Das Ziel privater Anbieter ist immer Gewinnmaximierung. Wäre es das nicht, wären sie schlechte Unternehmer im klassischen ökonomischen Sinn.
Sich in der Abwicklung des öffentlichen Nahverkehrs vollständig auf Private zu verlassen, hat einen besonders gravierenden Nachteil. Es wird

wertvoller Entscheidungsspielraum aus der Hand gegeben. Um beim Beispiel Linz zu bleiben: Wenn der Alleineigentümer der LinzLinien - und das ist die Stadt Linz - der Meinung ist, dass eine Buslinie in einer bestimmten Frequenz notwendig ist, um einen Stadtteil an das öffentliche Verkehrssystem anzubinden, wird es diese Linie auch geben. Und das auch dann, wenn ein privater Anbieter schon längst Linien gestrichen hätte, um die Bilanz zu optimieren. Denn für den öffentlichen Eigentümer ist klar, dass der Verkauf der Fahrscheine allein nicht ausreicht, um die laufenden Kosten zu tragen. Natürlich gäbe es dafür eine Lösung, die ebenfalls aber eine gesellschaftliche Tragweite hat und damit politisch zu entscheiden ist. Es könnten die Tarife erhöht werden. Das würde zum einen dazu führen, dass genau wieder der Teil der Bevölkerung das Nachsehen hat, der nicht auf das Auto ausweichen kann. Zum anderen würde es einen weiteren Teil davon abhalten, den ÖV zu benutzen. In einer Abwärtsspirale würde das wieder dazu führen, dass weniger Geld in den ÖV investiert wird (warum investieren, wenn das Angebot so schon nicht genutzt wird) usw.

## auslastung und grenzkosten

Grenzkosten spielen eine wichtige Rolle im ÖV. Gesellschaftlich sinnvoll wäre es, für eine möglichst gute Auslastung zu sorgen. Ist ein Bus erst einmal angeschafft und die Linie eingerichtet, spielt es keine Rolle (aus Grenzkostensicht), ob eine oder hundert Personen mitfahren. Das private Unternehmen, das über eine Ausschreibung den Zuschlag erhalten hat, wird diesen Auftrag aber nicht zur gesellschaftlichen Zufriedenheit, sondern zum eigenen Vorteil gestalten. Überlässt man ihnen mit der Linie die Preisbildung, werden die Preise über dem aus sozialer Sicht gewünschten Niveau liegen. "Hinzu kommt, dass sich Märkte nur für solche Elemente der Verkehrsinfrastruktur instrumentalisieren lassen, deren Kosten die Summe der Zahlungsbereitschaften potentieller Nutzer nicht übersteigen."[7]. Darüber hinaus ist mit einer mangelnden Investitionsbereitschaft zu rechnen. Für unattraktive Linien werden sich private Anbieter gar nicht bewerben, außer ihnen wird entweder durch Subvention Verlust abgegolten und ein Gewinnaufschlag gewährt, oder

7 Prätorius und Wichert (2004)

bei Abgabe im Paket mit gewinnbringenden Linien der Gewinn vollständig überlassen. Für öffentliche Anbieter bieten die gewinnbringenden Linien die Möglichkeit, Verluste auszugleichen. Wenn man diese gewinnbringenden Linien genau betrachtet, stellt man zusätzlich fest, dass viele davon nur dadurch rentabel sind, weil es unrentable Zubringer gibt.

## warum öffentliche monopole privaten vorzuziehen sind

Die Debatte um Privatisierung im öffentlichen Verkehr lässt den Eindruck entstehen, dass nach erfolgter Privatisierung vor allem durch Konkurrenzkampf verschiedener Anbieter alles billiger und besser wird. Das ist eine gefährliche Irreführung. Der öffentliche Nahverkehr wird ein Monopol bleiben, weil mehrere Anbieter nie gleichzeitig am Markt bestehen könnten. Auch die "liberalisierte Variante" der Ausschreibung endet letztlich im (privaten) Monopol.

Ein öffentliches Monopol ist aber einem privaten immer aus gesellschaftlichen Gründen vorzuziehen, weil Private sich nicht für ihre Taten rechtfertigen müssen und nicht oder kaum gesellschaftlichen Werten verpflichtet sind. Die Politik kann für ihre Fähigkeit oder Unfähigkeit im regelmäßigen Abstand bei Wahlen zur Rechenschaft gezogen werden, Private nicht. Auch die angebliche ökonomische Überlegenheit einer Privatisierung, also der Einführung eines privaten Monopols, ist in Frage zu stellen. Ein Privater ist vielleicht unter Wettbewerbsbedingungen besser, aber nie aus "Menschenfreundlichkeit". Auch neoliberale Ökonomen haben keine Argumente, warum in einer Monopolsituation ein privates Unternehmen überlegen sein sollte. Dafür gibt es zahlreiche Gründe, warum ein privates Monopol Nachteile bringt (siehe oben).

Beispielhaft für die Auswirkungen solcher Politik sei die vollständige Deregulierung des Busverkehrs 1986 im Großraum London genannt. Bis 1992 ist die Zahl der Fahrgäste um 22 % zurückgegangen, die realen Fahrpreise bis 1996 um 25 % gestiegen[8]. Das Ziel einer öffentlichen Verkehrspolitik besteht aber in der Verbesserung der Gesamtsituation, in der Vernetzung, in einer Verkehrspolitik im Sinne der Menschen. Weiterführende Infos über die Auswirkungen von Privatisierung und Liberalisierung finden sich in diesem Buch im Artikel "formale privatisie-

8 ÖGPP (2002)

rung als mittelweg zwischen privat- und gemeinwirtschaft" von Markus Eidenberger.

## fazit

Wenn man erkennt, dass der Einsatz telematischer Verkehrssysteme in einer kürzeren Zeitspanne bevorstehen kann, als viele glauben würden, und die Erkenntnisse aus der Netzwerktheorie und der Selbstorganisation[9] ernst nimmt, ergibt sich eine interessante Perspektive für die Zukunft der Verkehrspolitik. Der Aufbau eines wie oben beschriebenen intermodalen Mobilitätsnetzwerkes in der Stadt ist dann möglich, wenn langfristig geplant wird, technische Entwicklungen genutzt und die öffentliche Hand die Verkehrspolitik nicht ihrem Schicksal überlässt (also privatisiert). Öffentliche Planungshoheit mit Übersicht über die Gesamtsituation und das Bekenntnis, den ÖV nicht in die Bedeutungslosigkeit abgleiten zu lassen, sondern ihn zu fördern, bilden die Grundpfeiler der skizzierten Strategie. Darauf aufbauend folgt die schwierige Aufgabe des Auf- und Ausbaus eines urbanen Netzwerkes, das diesen Namen auch verdient. Die Komplexität entsteht vor allem dadurch, dass viele Verkehrsträger in die Planung einbezogen werden müssen und deren Ineinanderwirken koordiniert werden muss. Die gute Nachricht ist, dass viele notwendigen Bestandteile (oft unbemerkt und ohne Auswirkung) schon angedacht oder realisiert werden. Es fehlt allerdings einzelnen Akteuren eine innovative Gesamtsicht, ohne die so ein Netzwerk nicht zu realisieren sein wird.

9 Vgl. Probst (1987 u. von Foerster (1993)

## links zum thema

www.fes.at
*Friedrich-Ebert-Stiftung mit zahlreichen Texten unter anderem zum Thema Verkehr*

www.vcoe.at
*Verkehrsclub Österreich - Information und Diskussion zum Thema Verkehr in Österreich*

www.naveg.at
*Nahverkehrserrichtungsgesellschaft von Land OÖ und Stadt Linz zur gemeinsamen Realisierung von Verkehrsprojekten*

## literatur

*Bundesministerium für Verkehr (2002):* "Verkehr in Zahlen - Österreich, Ausgabe 2002"

*Magistrat der Landeshauptstadt Linz (2001):* Verkehrskonzept www.linz.at/verkehrskonzept

*Magistrat der Landeshauptstadt Linz (2004):* Linz in Zahlen www.linz.at
Magistrat der Landeshauptstadt Linz (2004): Linz 21, SPG 6 "Wohnen, Verkehr, Raumplanung und -entwicklung"

*Naveg (2004):* http://www.drehscheibe-linz.at, http://www.naveg.at
ÖGPP Österreichische Gesellschaft für Politikberatung und Politikentwicklung (2002): Privatisierung und Liberalisierung öffentlicher Dienstleistungen in der EU , Wien, Teil 1: Eisenbahnen und ÖPNV, S. 16.

*Prätorius, Gerhard & Wichert, Christian (2004):* Die Ergänzung der Haushalts- durch Nutzerfinanzierung von Verkehrsinfrastrukturen

*Probst, G. (1987):* Selbstorganisation; Berlin-Hamburg: Parey;

*Wirtschafts- und sozialpolitisches Forschungs- und Beratungszentrum der Friedrich Ebert-Stiftung (2002):* "Deutschland mobil" - Probleme, Debatten, Lösungen, Seite 26 http://www.fes.de/

*VCÖ Verkehrsclub Österreich,* Straßen zum Radfahren, Wissenschaft & Verkehr, 2/1995, Wien 1995

*VCÖ (2004): Kombinieren:* Für jeden Weg das beste Verkehrsmittel, VCÖ-Magazin 03/2004

*von Foerster, H. (1993):* Prinzipien der Selbstorganisation im sozialen und betriebswirtschaftlichen Bereich; in: ders., Wissen und Gewissen, Frankfurt a.M.: Suhrkamp

# diskurs: verkehr in linz

## über "telematikunterstützte verkehrsnetzwerke und eigentum in der kommunalen verkehrspolitik" diskutieren jakob kapeller und vera lischka mit dem autor christian forsterleitner

Jakob Kapeller: Was mich beschäftigt hat, vielleicht auch, weil ich nicht in Linz wohne und vor allem zur Linzer Universität pendle, wo ist der zentrale Punkt, der rote Faden in deinem Beitrag?

Christian Forsterleitner: Ausgangspunkt ist die Analyse, dass das Verkehrssystem ein Netzwerk ist, das aber noch nicht optimal ausgebaut ist. Es fehlen an manchen Punkten (Verkehrs-)Knoten, das Netzwerk muss besser ausgebaut, Knoten ergänzt und die Funktionsweisen mit Telematik verbessert werden. Verbindendes Element von Telematik und Verkehrsnetzwerkplanung ist das öffentliche Eigentum, das diesen umfassenden und integrativen Ansatz von Verkehrspolitik erst möglich macht.

Vera Lischka: Ich frage mich dabei, wie das mit der Telematik konkret funktionieren soll? Mit dem Laptop in die Telefonzelle klingt nicht sehr realistisch. Außerdem erhöht der verstärkte Einsatz von Telematik zwar Transparenz und Attraktivität, löst aber das Verkehrsproblem nicht.

CF: Das primitivste System von Verkehrslenkung ist ein Park- und Hotelleitsystem, wie es inzwischen auch in Linz existiert. Das ist natürlich noch keine Telematik. Der nächste Schritt wurde in Linz mit der Anzeige der Wartezeit bei den Linzlinien getan. Noch ein Schritt weiter könnte so aussehen: Immer mehr Menschen haben Internet, alle verwenden Handies. Jemand ist am Weg in die Stadt und erhält die Information, dass es heute auf Grund der Verkehrsverhältnisse besser wäre, das Auto in Ebelsberg am Park&Ride-Parkplatz stehen zu lassen und mit den öffentlichen Verkehrsmitteln weiterzufahren. Es kann aber auch sein, dass die Meldung lautet "Alles ist frei, Auto ist am besten". Die

Verknüpfung von Erfahrungswissen und aktuellen Informationen mit individuellen Mobilitätsdaten, wie Standort und zur Verfügung stehende Verkehrsmittel, ist die Neuerung. Somit werden den Menschen Alternativen geschaffen und gleichzeitig das öffentliche Verkehrsnetz attraktiver gemacht.

JK: Wahrscheinlich sind sehr viele mediale Kanäle notwendig, um die Information wirklich anzubringen, Internet, Terminals etc. Gibt es da konkrete Vorstellungen wie das flächendeckend institutionalisiert werden kann?

CF: Grundlegend ist meiner Meinung nach die Verbindung zwischen öffentlichem und individuellem Verkehr. Derzeit stehen schon relativ viele Informationen (GPS) für den Individualverkehr auch mobil zur Verfügung. Aber die Verbindung mit den Daten über den öffentlichen Verkehr steckt noch in den Kinderschuhen. Und das Internet darf nicht unterschätzt werden: Schon heute ist es viel einfacher und bequemer, seine Bahnreise online zu planen und gleich auch zu bezahlen, als mühsam bei der Telefonauskunft anzurufen und sich dann erst wieder am Schalter oder Automaten anstellen zu müssen.

VL: Stichwort Park&Ride. Wie ist das bei der Nahverkehrsdrehscheibe Hauptbahnhof möglich, im neuen Landesdienstleistungszentrum arbeiten über 2000 Menschen, 350 Park&Ride-Parkplätze sind dann wohl nicht ausreichend.

CF: Also einerseits gibt es für die Bediensteten des Landesdienstleistungszentrums noch einmal separate Stellplätze. Und außerdem wird es ja gerade für diese Menschen besonders attraktiv, mit den öffentlichen Verkehrsmitteln zu fahren.

JK: Und manchmal ist auch keinen Parkplatz zu finden ein Anreiz, öffentliche Verkehrsmittel zu nutzen.

CF: Da gefallen mir Anreize, wie die sinnvolle und praktische Verbindung zahlreicher Verkehrsmittel in mehreren Verkehrsknotenpunkten, wie eben der Nahverkehrsdrehscheibe, schon besser. Ganz allgemein ist es aber wichtig, beim Wohnbau die Verkehrsinfrastruktur mitzudenken. Pichling ist hierfür ein gutes Beispiel. Die Straßenbahn ist für den Weg ins Zentrum zu weit, der Bahnhof Pichling ist dafür sehr nahe, und eine Schnellbahnverbindung zum Hauptbahnhof ist von dort einfach möglich.

JK: Die Geschwindigkeit der öffentlichen Verkehrsmittel kann nämlich schon ein starker Grund für die Verwendung des Autos sein: Die Fahrt von Steyr bis zur Linzer Universität dauert mit dem Auto solange wie die Fahrt mit der Straßenbahn vom Bahnhof Linz zur Endhaltestelle Universität. Das ist einfach zu lange. In Urfahr bzw. in Universitätsnähe wäre jedenfallls ein idealer Punkt für einen weiteren Verkehrsknotenpunkt.

VL: Wäre es machbar, einen Anreiz für die Benutzung öffentlicher Verkehrsmittel zu schaffen, indem der öffentliche Verkehr über eine einheitliche Abgabe finanziert wird und dafür die Benützung völlig frei wäre.

CF: Die Idee ist spannend, meines Wissens hat sich die Umsetzung derartiger Vorhaben auf kommunaler Ebene mittels Insellösungen aber alles andere als einfach dargestellt. Aber einen ernsthaften Gedanken wäre dieser Vorschlag sicher wert.

JK: Sozial gerecht wäre es auch, denn je höher die Nutzung des Individualverkehrs desto größer ist regelmäßig der Wohlstand. Die Gratis-Nutzung des öffentlichen Verkehrs wäre somit auch ein solidarisches Modell.

VL: Wobei der ÖV ja nicht wirklich teuer ist.

JK: Siehst du eigentlich ein größeres Potential für das Fahrrad in Linz?

CF: Ja, ich glaube schon. Bemühungen, FahrradfahrerInnen mitzudenken und gleich von Anfang an mitzuplanen sind richtig und sollten nicht belächelt werden. Mit einem besseren Fahrradnetz wird das Fahrrad als

Fortbewegungsmittel auch gleich besser angenommen. Besonders im Zentrum ist das interessant. Und abseits vom Umweltaspekt wäre es auch vielleicht ökonomisch gut, die Menschen vom Donauradweg mit einer guten Fahrradinfrastruktur in die Innenstadt zu locken.

JK: Der spannendste Gedanke des Beitrags ist aber für mich, dass das öffentliche Gut effizienter als das private ist und eine ganzheitliche Nutzenorientierung in manchen Bereichen besser ist als die reine Profitorientierung. Und was du hier für den öffentlichen Verkehr argumentiert hast, ist auch auf manch andere Bereiche übertragbar. Stichwort: Infrastrukturelle Grundsicherung.

CF: Der Verkehr ist hier klarerweise exemplarisch. Ich wehre mich dagegen, dass der Staat unbedingt schlechter als ein Privater wirtschaftet. Dem neoliberalen Mainstream hier entgegenzutreten ist sicher im Bereich des Nahverkehrs notwendig und einsichtig.

JK: Im öffentlichen Verkehr sind die Fixkostenanteile so hoch, da kann bei einer Privatisierung sehr schnell sehr viel kaputt gehen. Das ist also nicht nur ein gutes Beispiel um die Vorteile von öffentlichem Eigentum in vielen Bereichen zu illustrieren, sondern auch ein Bereich, wo das öffentliche Eigentum nicht aufgegeben werden darf.

VL: Was die Verkehrsplanung betrifft, ist vielleicht auch Wien ein gutes Beispiel: Die meisten Wien-BesucherInnen parken sofort am Stadtrand und fahren dann weiter mit der U-Bahn. Auch in Linz sollte ein Park&Ride-System an den Bahnhöfen angestrebt werden.

JK: In Zukunft schaffen wir es vielleicht von einem Parkleitsystem zu einem Verkehrsknotenleitsystem. Von Knoten zu Knoten statt von Parkplatz zu Parkplatz.

*"Wie lange müssen wir nun warten, bis wieder bess're Zeiten starten?*
*Wieviel Zeit muss noch verstreichen, bis wir uns die Hände reichen?*
*Wie lange müssen wir nun warten, bis wieder bess're Zeiten starten?*
*Wieviel Tage müssen denn verfliegen, bis wir uns in den Armen liegen? (...)*
*Wir werden dann nicht mehr die Gleichen sein*
*und irgendwann die Dinge mit ander'n Augen seh'n."*

(Sportfreunde Stiller / "Wie lange müssen wir noch warten?")

# kommunale frauenförderung und gleichstellungspolitik

## allgemeine theorien und methoden am beispiel linz

*Claudia Hahn*

Frauen sind aufgrund ihres Geschlechtes in den verschiedensten Bereichen strukturell diskriminiert.[1] Frau oder Mann zu sein, ist ein entscheidendes Kriterium dafür, welchen Platz wir in der Gesellschaft zu welchen Bedingungen einnehmen.

Was oft als ein "natürlicher" Unterschied gilt, ist in Wirklichkeit gesellschaftlich geprägt. Die unterschiedlichen Eigenschaften und Verhaltensweisen sind erlernt und so verinnerlicht, dass sie uns natürlich erscheinen. Begreift man die Unterschiede zwischen Mann und Frau als sozial "gemachte", resultiert daraus, dass man sie auch verändern kann, und zwar nach den Grundsätzen unserer Gesellschaft: Demokratie, Menschenrechte und soziale Gerechtigkeit.

Geschlecht ist als eine soziale Kategorie zu verstehen, anhand derer unsere Gesellschaft strukturiert ist[2]. "Gender" beinhaltet einerseits Vorstellungen über Frauen und Männer und das Geschlechterverhältnis. Andererseits sind unsere persönliche Identität und unsere sozialen Beziehungen als auch Gesellschaft, Wirtschaft und Politik vom sozialen Geschlecht geprägt und organisiert.

Die Chancengleichheit und die ausgewogene Beteiligung von Männern

[1] Vgl. Cyba 2000

[2] "gender" im Sinne von sozialem Geschlecht, das die gesellschaftlichen Geschlechterrollen bezeichnet im Gegensatz zum biologischen Geschlecht ("sex")

und Frauen, sowohl im öffentlichen als auch im privaten Bereich, ist jedoch ein entscheidender Faktor für die Weiterentwicklung einer Gesellschaft, ein Sinnbild ihres Reifegrades und ein Garant der Demokratie.
Die Umsetzung der Gendergleichheit in die Realität ist eine grundlegende Aufgabe aller Verwaltungen, vor allem der Kommunalverwaltungen. Dies aus jenem Grund, weil die Kommu-nen die direkten Empfänger der Bedürfnisse der Bürgerinnen und Bürger sind. Manuel Royes i Vila, der Präsident der Verwaltung der Provinz Barcelona, meint zu den Kommunalverwaltungen, dass sie die "ideale Bühne für die Wahrnehmung der Rechte und des Miteinanders" bildeten.[3]
Mit einem Projekt namens "Olympia des Gouges"[4] ist es gelungen, für Gemeinden, die Gleichstellungspolitik über all ihre Bereiche betreiben wollen, nützliches und unterstützendes Material für ihre Tätigkeiten zu bieten. Das Projekt selbst entstand aus der Notwendigkeit heraus, Instrumente für die Analyse und Diagnose der Realität von Frauen zu entwickeln und konzeptuelle und methodische Werkzeuge für die Entwicklung von Genderpolitiken zur Gleichstellung von Männern und Frauen auf kommunaler Ebene zu schaffen.

## gleichberechtigung, chancengleichheit, geschlechtsspezifische diskriminierung und gender mainstreaming

Vor der Beschäftigung mit Frauenförderung und Gleichstellungspolitik auf kommunaler Ebene ist es noch wichtig, einige Begriffe zu klären.
Die volle *Gleichberechtigung* zwischen den Geschlechtern (soll nicht als "Gleichheit" in dem Sinne verstanden werden, dass Frauen und Männer die gleichen Eigenschaften aufweisen) setzt voraus, dass Frauen und Männer gleichermaßen von den Gütern, Ressourcen und Chancen ihrer jeweiligen Gesellschaft profitieren und daraus Nutzen ziehen können, dass beiden Geschlechtern dieselben Chancen und Möglichkeiten offen stehen. Dies erfordert Veränderungen der institutionellen Rahmenbedingungen und in den sozialen Beziehungsgefügen, in denen

3 Vgl. Diputació de Barcelona 2003: 10 f
4 Durchgeführt vom Oficina Tècnica del Pla d'Igualtat (Technisches Büro des Gleichberechtigungsplans) der Verwaltung der Provinz Barcelona, der Stadtverwaltung München (Deutschland) und der Provincia della Spezia (Italien), mit Unterstützung der Europäischen Kommission.

die Ungleichheiten Bestand haben.

Das Empowerment von Frauen ist die Handlungsbasis zur Erreichung der vollen Gleichberechtigung. Auf der 4. Weltfrauenkonferenz in Peking 1995 wurde das Prinzip der vollen Gleichberechtigung von Frauen und Männern ("Gender Equality") gegenüber dem Konzept der Gleichwertigkeit ("Gender Equity") durchgesetzt.[5]

Männer und Frauen sollen die gleichen Chancen haben, im wirtschaftlichen, politischen, sozialen und kulturellen Leben nach ihrer freien Entscheidung teilhaben zu können. *Chancengleichheit* heißt nicht Gleichbehandlung und es kann sie erst geben, wenn die tatsächliche Gleichstellung von Frauen und Männern in allen gesellschaftlichen Bereichen erreicht ist. Partizipationschancen dürfen nicht durch das Geschlecht bestimmt werden, sondern müssen für alle gleich sein und nach individuellen Entscheidungen genutzt werden können.

In keinem Land der Erde ist die Gleichberechtigung von Frauen und Männern vollständig verwirklicht. So bleiben das wirtschaftliche Potenzial und die Leistungsfähigkeit von Frauen unterbewertet und ungenutzt. Auch wenn in den letzten 20 Jahren vor allem in den Bereichen Bildung und Gesundheit Erfolge erzielt wurden, ist die Gesamtsituation weiterhin bedrückend.[6] *Geschlechterspezifische Diskriminierungen* verschärfen Armut, sind ein Verstoß gegen die Menschenrechte und hemmen die soziale und ökonomische Entwicklung. Beispiel hierfür sind etwa die Ungleichheitsstrukturen am Arbeitsmarkt, die mit teilweise erheblichen Benachteiligungen für Frauen verbunden sind[7].

Chancengleichheit von Frauen und Männern ist auch das Ziel von *"Gender Mainstreaming"*[8], und will man über kommunale Gleichstellungspolitik diskutieren, ist der Begriff mittlerweile unumgänglich. Die Herausforderung der Genderpolitiken liegt in der Entwicklung dieses "Mainstreaming"- oder Transversalitätsansatzes, der vorschlägt, die Genderperspektive in alle Bereiche des kommunalen Wirkens aufzunehmen.[9]

Die Definition des Europarats 1998 sieht Gender Mainstreaming in der

5 OECD/DAC 1998

6 BMZ 2001

7 Vgl. Bundesministerium für Wissenschaft, Bildung und Kultur: 13

8 Vgl. Bundesministerium für Wissenschaft, Bildung und Kultur 2001: 16 f

9 Vgl. Diputació de Barcelona 2003: 12

"Organisation, Verbesserung, Entwicklung und Evaluierung der Entscheidungsprozesse, mit dem Ziel, dass die an der politischen Gestaltung beteiligten Akteurinnen und Akteure den Blickwinkel der Gleichstellung zwischen Frauen und Männern in allen Bereichen und auf allen Ebenen einnehmen."

Auch auf kommunaler Ebene ist die Umsetzung des Ziels "Gleichstellung von Frauen und Männern" in diesem Sinne als eine Querschnittsaufgabe zu betrachten, die alle Aufgaben der kommunalen Verwaltung umfasst und Bedürfnisse und Interessen von Frauen (und Männern) von Anfang berücksichtigen soll. Die "Agenturen" für diese Aufgabe sind eigene Fachdienststellen, Gleichstellungsstellen oder Frauenbüros.[10]

Grundsätzlich geht es bei Gender Mainstreaming erstens darum, eine geschlechtssensible Perspektive zu integrieren, weil die bisherige allgemeine Perspektive bislang meist eine männliche war, und geschlechtsspezifisch unterschiedliche Problemlagen und Bedürfnisse häufig nicht wahrgenommen wurden. Zweitens geht es darum, Frauen und Männer in den Blickpunkt zu stellen, weil der Fokus auf das Verhältnis von Frauen und Männern im Vergleich gerichtet sein sollte und die Geschlechterfrage kein alleiniges "Frauenproblem" ist. Weiters muss Chancengleichheit als Querschnittsthema integriert werden, weil unsere Gesellschaft in allen Bereichen geschlechtsstrukturiert ist und Fragen des Geschlechterverhältnisses so in allen Bereichen relevant sind. Viertens müssen alle Akteurinnen und Akteure in die Verantwortung genommen werden, weil sich alle in ihrem Aufgaben- und Tätigkeitsbereich mit der Geschlechterfrage auseinandersetzen sollen und für die Umsetzung von Gender Mainstreaming verantwortlich sind (sein sollten). Fünftens sollten alle Vorhaben vorab auf geschlechtsspezifische Wirkungen überprüft werden, ob sie mögliche unterschiedliche Auswirkungen auf Frauen und Männer haben könnten oder geschlechtsspezifische Ungleichheiten reproduzieren. Sechstens soll es für jeden (Teil)Bereich und jedes (Teil)Ziel ein jeweils konkretes Chancengleichheitsziel geben.[11]

## förderung von frauen auf kommunaler ebene und

[10] Vgl. Landeshauptstadt München, Gleichstellungsstelle für Frauen: 4

[11] Vgl. Bundesministerium für Wissenschaft, Bildung und Kultur (2001), S 15

## kommunale gleichstellungspolitik

Die Frage, wie Frauenförderung und Gleichstellungspolitik auf kommunaler Ebene betrieben werden kann, soll hier vor allem im Kontext der Gender Mainstreaming Strategie diskutiert werden und nicht im Sinne von spezifischer Frauenförderung. Einzelne Frauenförderungsmaßnahmen bewirken unmittelbar sehr viel, sie können aber nicht zu langfristigen strukturellen Veränderungen beitragen. Die Gender Mainstreaming Strategie ist der geeignete Ansatz, tatsächliche strukturelle Ungleichheiten zu erkennen und zu beseitigen. Gender Mainstreaming ist eine Ergänzung und Vertiefung von Frauenförderung und kein Ersatz, spezifische Maßnahmen zur Förderung von Chancengleichheit müssen jedoch in die Mainstreaming Strategie eingebettet sein.

Zur Erreichung des Zieles "Chancengleichheit" ist es notwendig, Strategien und Werkzeuge zu verbessern und neu zu entwickeln und eine Dynamik zu schaffen, die das vernetzte Arbeiten zwischen den öffentlichen Kommunalverwaltungen und Frauenorganisationen fördert.

Gleichstellungspolitik auf kommunaler Ebene erfolgt idealtypisch auf drei Ebenen: Erstens ist es wichtig zu wissen, wie sich die Ungleichheit zwischen den Geschlechtern (gesamtgesellschaftlich und im eigenen Wirkungsbereich) manifestiert und mit welcher Art von politischen Maßnahmen diese abgebaut werden können. Danach geht es darum, zu entscheiden, welche Organisationsform geeignet ist, um in Institutionen die Gleichstellungspolitik voranzubringen. Es muss an dritter Stelle schließlich gefragt werden, welche Rolle der Zivilgesellschaft bei der Förderung von politischen Maßnahmen zukommt (Vernetzung mit Frauenorganisationen).[12]

Für Kommunalverwaltungen gilt es, Strukturen zu fördern, die Gleichstellungspolitik betreiben. Neben Frauenbüros und/oder Frauenbeauftragten sind das Frauenprogramme und Fraueninitiativen. Nachhaltige Veränderungen der Geschlechterverhältnisse erfordern die Beteiligung aller gesellschaftlichen Kräfte. Dabei spielen Frauenorganisationen, die Frauen sensibi-lisieren und gesellschaftlich mobilisieren, insofern eine zentrale Rolle, als sie bei der Umsetzung von Gleichstellungspolitik in der Verwaltung die Bedürfnisse der Frauen ken-

[12] vgl. Diputació de Barcelona 2003: 16

nen, deren Forderungen vermitteln können und die Umsetzung der Maßnahmen beobachten und prüfen können. Ein weiteres Kernthema ist eine bewusste städtische Personalpolitik.

Auf politischer und institutioneller Ebene der Regionalentwicklung bedeutet Gender Mainstreaming, in alle Vorhaben und Maßnahmen eine geschlechtssensible Perspektive zu integrieren, und die unterschiedlichen Bedürfnisse von Frauen und Männern als Zielgruppen regionaler Entwicklung zu berücksichtigen. Es heißt aber gleichzeitig auch, das Verhältnis von Frauen und Männern als AkteurInnen zu betrachten und eine ausgewogene Beteiligung zu fördern.[13]

Alle Maßnahmen zur Gleichstellung sollen, beginnend mit der Planung, kontinuierlich daraufhin überprüft werden, wie sie sich auf Frauen und Männer auswirken und entsprechend überarbeitet werden, sollten sich Hinweise auf Benachteiligungen herauskristallisieren. Aber auch die vorhandenen Maßnahmen müssen im Hinblick auf ihre Wirkungen auf Frauen und Männer überprüft werden und bei sichtbaren geschlechtsspezifischen Nachteilen reformiert werden.

Die Chancengleichheit von Männern und Frauen muss als Ziel in Leitbildern, Entwicklungsplänen und ähnlichem verankert werden und es müssen darüber hinaus Maßnahmen zur Verfolgung dieses Ziels ergriffen werden.

Will man also qualifizierte Gleichstellungspolitik betreiben, ist ein basisnahes Vorgehen zielführend, so ist insbesondere auf der kommunalen Ebene auf den räumlichen Bezug zu achten.[14] Kriterien sind hier vor allem die räumlichen Gegebenheiten, der institutionelle Rahmen und die Ausstattung des Frauenbüros und/oder der Gleichstellungsstelle. Im jeweiligen Kontext ist es erst möglich, die kommunale Gleichstellungspolitik zu bewerten.

## umsetzungsstrategien kommunaler gleichstellungspolitik

Für die Umsetzung von Gender Mainstreaming sind bestimmte Voraussetzungen notwendig:[15] Der politische Wille, die nötigen Ressourcen und das erforderliche Wissen müssen vorhanden sein. Elementare Voraussetzung ist die Verpflichtung zur Umsetzung von

[13] Vgl. Bundesministerium für Wissenschaft, Bildung und Kultur 2001: 27

[14] Vgl. Landeshauptstadt München, Gleichstellungsstelle für Frauen: 6 f und Diputació de Barcelona 2003: 15

Gender Mainstreaming auf hoher politischer und administrativer Ebene, wobei es einer verbindlichen und konkreten Zielformulierung und einer klaren Prioritätensetzung bedarf. Ist dieses klare Bekenntnis vorhanden, müssen dementsprechende personelle und finanzielle Ressourcen bereitgestellt werden. Voraussetzung ist auch das notwendige Wissen über Strukturen und Mechanismen geschlechtsspezifischer Ungleichheiten und das jeweilige Fachwissen aus den einzelnen Bereichen, inklusive der der jeweiligen Stellung entsprechenden personellen Ressourcen.

Die Instrumente zur Verwirklichung von Gleichstellung müssen sich an den unterschiedlichen Bedarfs- und Bedürfnislagen orientieren. Es gibt nicht "die" Strategie zur Umsetzung von Gleichstellung, das ist aufgrund der Komplexität der Aufgabe gar nicht möglich.

Nötige Strukturveränderungen in der kommunalen Verwaltung können sowohl durch einzelne Maßnahmen als auch durch Projektarbeiten erreicht werden, müssen jedoch in einen ständigen und strategisch angelegten Reformprozess eingebunden sein[16]. Mögliche Bereiche der (politischen) Einflussnahme sind etwa der Zugang zum Arbeitsmarkt, Lohngleichheit, Vereinbarkeit des Arbeits-, Familien- und Privatlebens, Koedukation und Werterziehung, paritätische Demokratie.

Zentrale Elemente in der Umsetzung von Gender Mainstreaming auf institutioneller Ebene sind also: Aktionspläne, Verfahren der Umsetzung, eine Unterstützungsstruktur für die Umsetzung und Monitoring und Evaluierung.

*"Best Practices"* sind in diesem Sinne solche bestimmten Praxen, Vorgehensweisen oder Verfahren, die in Hinblick auf die Erreichung bestimmter Ziele als optimal bewertet werden und sich so zur Orientierung der eigenen Gleichstellungspolitik anbieten.[17] Das schon erwähnte Projekt "Olympia des Gouges" beinhaltet Maßnahmen der einzelnen Partner, die als Best Practices einzustufen sind. Diese Projekte können als Hilfe für Akteurinnen und Akteure auf kommunaler Ebene dienen, die Gleichstellungspolitik umsetzen möchten.

*Frauenbüros*, eine in mittlerweilse vielen Gemeinden praktizierte Umsetzungsstrategie, entstanden in vielen (deutschen) Städten auf Initiative eines breiten Bündnisses an Frauen aus verschiedensten Frauenorganisationen. Sie sahen es vor allem als ihre Aufgabe, Reformen

[15] Vgl. Bundesministerium für Wissenschaft, Bildung und Kultur 2001: 20

[16] Vgl. Landeshauptstadt München, Gleichstellungsstelle für Frauen: 8

[17] Vgl. Diputació de Barcelona 2003: 23ff

in der Verwaltung anzustoßen, um den Forderungen der Bürgerinnen gerecht zu werden und die Arbeit in den Verwaltungen auf ein sich veränderndes gesellschaftliches Umfeld auszurichten. Anfänglich war die Einengung auf begrenzte frauenpolitische Themen und Einzelprojekte an der Tagesordnung und oft wurde die Verantwortung der Umsetzung von Gleichstellung an die Frauenbüros abgeschoben.

Die Zuständigkeit der Frauenbüros heute bezieht sich auf alle frauenrelevanten Fragen und Angelegenheiten. Frauenrelevant sind jene Fragen, welche die Arbeits- und Lebensbedingungen von Frauen in anderem oder stärkerem Maße berühren als die von Männern. Es handelt sich im Sinne der Gender Mainstreaming Strategie um eine Querschnittsfunktion, die fachübergreifend alle Bereiche der Kommunalpolitik und Kommunalverwaltung berührt.[18] Frauenbüros haben in der Praxis ihrer Frauenförderungspolitik einen komplexen Handlungsansatz entwickelt. Relativ neu ist die Idee, sich mit Instrumenten und Kriterien für eine geschlechtergerechte Haushaltsplanung - sogenanntem *"gender budgeting"*[19] zu beschäftigen. Die Planung eines Haushalts ist ein wichtiges demokratisches Instrument zur Gestaltung des Gemeinwesens. Die Haushaltsentscheidungen greifen aktiv in Wirtschaft und Gesellschaft ein und reproduzieren und zementieren so bestehende Geschlechterverhältnisse, wenn sie "geschlechtsblind" getroffen werden.[20]

Gender Budgeting ist eine Strategie im Rahmen des Gender Mainstreaming in der Finanz- und Wirtschaftspolitik und verlangt keinen separaten Haushalt für Frauen, sondern die Einbeziehung der Geschlechterperspektive in alle Phasen und Bereiche von Haushaltspolitik. Mittels Gender Budgeting kann man die (un)mittelbaren Auswirkungen von öffentlichen Einnahmen und Ausgaben auf die soziale und wirtschaftliche Situation von Frauen und Männern messen und so transparent machen, wie viel und was eine Gemeinde zur Gleichstellung von Frauen und Männern unternimmt. Gleichzeitig sind die entsprechenden Zahlen Grundlage für zukünftige Prioritätensetzungen. Wie die vorhandenen Ressourcen in Zukunft verteilt werden sollen, sollten auch die Bürgerinnen und Bürger mit entscheiden.

Eine geschlechtssensible Wirtschaftstheorie ist Voraussetzung für den

---

[18] Vgl. Landeshauptstadt München, Gleichstellungsstelle für Frauen 2003: 4 ff

[19] Vgl. Landeshauptstadt München 2003 und Beigewum 2002

[20] Z. B. finanzpolitische Bevorzugung von männerorientierten Bereichen und/oder die finanzpolitische Vernachlässigung frauenorientierter Bereiche.

geschlechtsbewussten Blick auf das (kommunale) Budget. Einen guten Überblick über Gender Budegt-Initiativen in insgesamt 42 Ländern gibt eine Publikation der Gleichstellungsstelle für Frauen der Landes-hauptstadt München[21].
Die verschiedenen Instrumente der Haushaltsanalyse, -planung und -erklärung aus einer Geschlechterperspektive sind: geschlechterbewusste Bewertung politischer Strategien, nach Geschlecht aufgeschlüsselte Nutzerinnen und Nutzer-Abfrage und Analyse bezüglich individueller wirtschaftlicher Prioritäten, nach Geschlecht aufgeschlüsselte Nutzenanalyse der öffentlichen Ausgaben, des Steueraufkommens (und sonstiger Einnahmen), des Einflusses öffentlicher Haushalte auf Zeitnutzung, ein geschlechterbewusster Ansatz einer mittelfristigen Finanzplanung und ein geschlechterbewusster Haushaltsentwurf.
In der Praxis gibt es natürlich viele Hürden zu bewältigen: so werden etwa aussagekräftige Daten über die Verteilung der Finanzen, welche Ziele den Entscheidungen zu Grunde liegen, welche Personengruppen betroffen sind und welche Wirkungen beabsichtigt sind, benötigt.
*Genderaudits* sind eine Kombination aus Methodik und Instrumentarium, um die bestehende Situation, die Probleme und die Entwicklung der Ungleichheit zwischen den Geschlechtern im Rahmen eines bestimmten institutionellen und sozialen Kontextes zu analysieren. Instrumentarien sind die Analyse der sozialen Realität der Frauen, der Grad der Sensibilisierung der Organisationen, die Gleichstellungspolitik umsetzen sollen und die Beteiligung von und Vernetzung mit Vereinen.[22]
*Gender Training* schließlich ist eine Methode der Sensibilisierung zu Geschlechterfragen, deren Durchführung noch ein sehr junges Feld darstellt, das sich aber schnell ausweitet. Es hat seinen Ursprung in der Entwicklungspolitik, als Methode zum Erlernen genderbewusster Analyse- und Planungsmethoden. Heute wird es als wichtiges Instrument zur Umsetzung von Gender Mainstreaming gesehen, ist aber auch ein Beitrag zu einem umfassenden emanzipatorischen Lernprozess.[23]

## frauenförderung und gleichstellungspolitik in linz

21 Vgl. 18 ff

22 Vgl. Diputació de Barcelona 2003: 17 ff

23 1997 entstand im Rahmen des NRO-Frauenforums (einem Zusammenschluss von Frauen aus entwicklungs- und frauenpolitischen NGO's und Wissenschaft) ein Netzwerk. Zum Weiterlesen vgl. Netzwerk Gender Training 2004

In Linz gibt es ein dichtes Netz an Einrichtungen für Frauen. Viele davon werden über Subventionen, Beteiligungen an bestimmten Projekten und durch fachliche Zusammenarbeit unterstützt. Beispiele sind das autonome FRAUENzentrum, das Frauenhaus Linz, das Linzer Frauen Gesundheitszentrum, der Verein für Frauen und Qualifikation (VFQ) und das Projekt "woman" des Vereins für Sozialprävention und Gemeinwesenarbeit (VSG).[24]

Die Linzer Politikerinnen und Politiker haben sich im September 2000 für ein kommunales Rahmen-Gleichbehandlungsprogramm ausgesprochen. Die Gleichbehandlungsbeauftragte der Stadt Linz setzt sich seit April 2000 für die Gleichbehandlung im Magistrat Linz ein und ist mit allen Belangen der Gleichbehandlung und Frauenförderung in ihrem Vertretungsbereich befasst. In der Linzer Kommunalpolitik gibt es seit 1992 den Frauenausschuss als Organ des Linzer Gemeinderates. Die wohl wichtigste Einrichtung als Bindeglied zwischen (Linzer) Frauen, Politik und Verwaltung wurde ebenfalls 1992 mit dem Linzer Frauenbüro geschaffen.

Die offizielle inhaltliche Klammer der Gleichstellungsmaßnahmen bildet das *"Rahmen-Gleichbehandlungsprogramm der Stadt Linz"*, das sich zwar auf die gesetzlichen Vorlagen des Oberösterreichischen Gemeinde-Gleichbehandlungsgesetzes bezieht, dieses aber jedoch in seinen Inhalten übertrifft. Es versteht Chancengleichheit als Aufgabe jeder und jedes Ein-zelnen und sieht die Verantwortlichkeit jeder Mitarbeiterin und jedes Mitarbeiters für die Umsetzung in der Organisation (Innenwirkung) und in der jeweiligen direkten Arbeitsumwelt (Außenwirkung).

Der Magistrat bekennt sich klar und eindeutig zur beruflichen Gleichstellung von Männern und Frauen unter Beseitigung beruflicher Benachteiligung aufgrund des Geschlechts und gezielter Förderung von Frauen. Weitere Ziele des Programms zur Erreichung von Chancengleichheit für die Stadt Linz sind gleiche Entlohnung für gleiche Arbeit, regelmäßige Öffentlichkeitsarbeit und anhaltender Dialog, um Organisationsteilnehmerinnen und -teilnehmer zu sensibilisieren und den Umdenkprozess zu fördern. Es gibt weiters ein klares Bekenntnis zur geschlechtergerechten Schreibweise in allen Publikationen, zur

[24] Alle Einrichtungen von A bis Z finden sich auf der Homepage der Stadt Linz unter www.linz.at

Frauenförderung in der Personal- und Organisationsentwicklung, zur frühzeitigen Einbindung potenzieller weiblicher Nachwuchsführungskräfte und zur Umsetzung bedarfsgerechter Maßnahmen zur Vereinbarkeit von Beruf, Familie und persönlicher Lebensplanung der Mitarbeiterinnen und Mitarbeiter. Ein weiterer Teil des Programms sind die Schaffung innovativer Arbeitszeitmodelle und die Übertragung der Verantwortung für die Gleichstellung an alle Mitarbeiterinnen und Mitarbeiter. Frauen und Männer sollen laut Gleichbehandlungsprogramm in städtischen Kollegien, Interessensvertretungen und Kommissionen gleichberechtigt vertreten sein. Ziel des Programms war letztlich auch die Schaffung der erforderlichen Institutionen (Gleichbehandlungsbeauftragte, Gleichbehandlungskommission und Koordinatorinnen/ Koordinatoren), um die Durchsetzung des Gleichbehandlungs- und Frauenfördergebotes zu gewährleisten.[25] Mittlerweile gibt es auch einen Bericht über die ersten drei Jahre der Umsetzung des Rahmenprogramms[26].

Zentraler Bestandteil der Linzer Gleichstellungspolitik sind die Mitarbeiterinnen des *Linzer Frauenbüros*, durch deren Engagement viele Frauenprojekte in Linz erst ermöglicht werden. Sie verstehen sich als Ansprechpartnerinnen für alle Linzer Frauen, Anlaufstelle für ratsuchende Frauen, und als eine Vernetzungsstelle zwischen Frauen, Politik und Verwaltung.

Schwerpunkte der Arbeit des Frauenbüros sind die Orientierung an den Bedürfnissen und Interessen von Frauen, Engagement für die Beseitigung struktureller Benachteiligungen, Förderung von Frauen in der Entwicklung ihres eigenen Potenzials und Frauenlobbying.

Das Angebot erstreckt sich auf Projekte für Frauen, Projektberatung und Kooperationen für Frauenvereine und Einzelpersonen, Unterstützung in frauenspezifischen Belangen, Erstberatung und Weitervermittlung an die jeweils zuständige Einrichtung, Bereitstellung von Kontaktadressen, Intervention bei generellen Frauenthemen, Öffentlichkeitsarbeit und Publikationen, um eine breite Basis für Frauenthemen zu schaffen.

Politisch ist das Linzer Frauenbüro die ausführende Dienststelle des *Frauenausschusses* des Linzer Gemeinderates, der nach der Mandatsstärke der jeweiligen Fraktionen im Gemeinderat paritätisch besetzt wird und für die politischen Weichenstellungen und Vorarbeiten zu frauenpolitischen

---

[25] Vgl. Stadt Linz 2000

[26] Vgl. Stadt Linz, Gleichbehandlungsbüro 2003

Entscheidungen und Maßnahmen verantwortlich ist.
Auf Anregung bzw. auf Grund von Beschlüssen des Frauenausschusses wurden z .B. das Frauenförderprojekt im Magistrat Linz, der Marianne-von-Willemer-Literaturpreis für Frauen oder die Erweiterung im Kulturentwicklungsplan um frauenspezifische Bereiche verwirklicht.[27] Im Jahr 2004 lag der Schwerpunkt des Frauenausschusses auf dem Thema "Gender Budgeting".
Der Frauenausschuss und Frauenbüro haben gemeinsam einen eigenen Frauenaktionsplan zum Thema Chancengleichheit entwickelt:[28] Wesentliche Schwerpunkte sind Maßnahmen zur Förderung des Zugangs von Mädchen und Frauen zu technischen Bereichen, die Chancengleichheit im Berufsleben sowie die Förderung von Frauen in Kunst und Kultur. Ein Teil ist bereits umgesetzt.
Der Frauenaktionsplan enthält unter anderem folgende Projekte, die beispielhaft für Möglichkeiten kommunaler Frauenförderung stehen können: Sensibilisierung Linzer Betriebe zu Frauenförderung[29], Computerprojekt "Evamaus", Kreatives Schreiben fürs www, Förderung von Frauen in Kunst und Kultur, Marianne-von-Willemer-Preis, Kulturentwicklungsplan "Symmetrie der Geschlechter", Arbeitskreis "Weibliche Lehrlinge in männerdominierten Berufen".

## fazit

In der Frauenpolitik geht es nicht um das Problem, irgendwelche Defizite von Frauen zu lösen, sondern es sollen auseinanderklaffende gesellschaftliche Verhältnisse zusammengeführt werden. Ziel sollte eine noch größere Beteiligung von Frauen am (politischen) Geschehen sein. Frauen und Männer sollen gleich in (politischen) Entscheidungsstrukturen beteiligt sein und ihre Interessen gleich vertreten können.
Ein für mich persönlich wichtiges Anliegen befasst sich mit der Verwendung der weiblichen Sprachform in allem Geschriebenen und Gesprochenen, denn was dort nicht vorkommt, existiert auch in den Köpfen nicht. Frauen werden - in unserer Sprache - einfach nicht mitgedacht. Dass die rein männliche Sprachform überhaupt so verbreitet ist, ist ein Spiegel unserer gesellschaftlichen Werte und Einstellungen, die

[27] http://www.linz.at/22318_13594.asp
[28] http://www.linz.at/22318_25518.asp
[29] Vgl. Linzer Frauenbüro 2002

durch korrektes Formulieren vielleicht ein bisschen leichter beeinflusst werden können und den Wandel unterstützen. Ein Beginn in die richtige Richtung wäre zum Beispiel ein "BürgerInnenservice".
Weiters sehe ich die größte politische Herausforderung und Chance zur Umsetzung der Gender Mainstreaming Strategie in der Erstellung von "gegenderten" kommunalen Budgets, da meines Erachtens durch die Auswirkungen das gesellschaftliche Zusammenleben nachhaltig verändert werden kann. Gender-Budgets müssen vor allem in Zeiten von massiven Budgetkürzungen für Kommunen darauf ausgerichtet sein, sich die Frage zu stellen, wie gespart werden soll. Es hat sich gezeigt, dass Einsparungen in kommunalen Budgets, wenn sie nicht geschlechtssensibel erstellt wurden, tendenziell stärker zu Lasten von Frauen gehen.
In Linz wurde und wird viel für die Gleichstellung von Frauen und Männern getan. Gleichstellungspolitik stößt dennoch immer wieder auf Widerstände und Hindernisse, so wollen etwa Führungskräfte oft auf Distanz bleiben und sich nicht zu intensiv mit den Aufgaben der Gleichstellungspolitik identifizieren (lassen?). Kenntnisse über mögliche Umsetzungsstrategien von Gleichstellungspolitik sind auf der Führungsebene und bei Beschäftigen in Kommunalverwaltungen oft nicht ausreichend vorhanden. Akteurinnen und Akteure müssen außerdem, wollen sie tatsächlich Gleichstellung verwirklichen, ihre persönlichen Werthaltungen überdenken, was zu emotionaler Abwehr führt. Eine Auswirkung von tatsächlicher Gleichstellung wäre eine (teilweise massive) Macht-Umverteilung, was ebenfalls auf Abwehr stößt.
Eine weitere Gefahr ist, dass Erfolge in der Gleichstellungspolitik dazu führen könnten, dass die Aufgabe für erledigt erklärt wird. Bis tatsächliche Gleichstellung zwischen Frauen und Männern erreicht ist, wird aber noch viel Zeit vergehen. Aber mit den vielen Einrichtungen und bisherigen Errungenschaften in allen Bereichen des gesellschaftlichen Lebens ist Gleichstellung zum Thema geworden und ich bin zuversichtlich, dass es mit den vielen Frauen und Männern, die sich dafür einsetzen, - früher oder später - gelingen wird, die tatsächliche Gleichstellung von Frauen und Männern zu erreichen.

## links zum thema

www.gender-mainstreaming.net
*Seite des Bundesministeriums für Familie, Senioren, Frauen und Jugend der Bundesrepublik Deutschland mit fundierten und aktuellen Informationen zum Thema Gender Mainstreaming.*

www.vernetzungsstelle.de
*Die Vernetzungsstelle für Gleichberechtigung, Frauenbeauftragte und Gleichstellungsbeauftragte sammelt Arbeitsergebnisse zur Gleichberechtigung.*

www.gender-budgets.de
*Die "Initiative für eine geschlechtergerechte Haushaltsführung in Berlin", mit Forderungen, Initiativen, Instrumenten der Budget Analyse, Literaturliste zum Thema Gender Budgets.*

# literatur


*Beigewum (2002):* Frauen macht Budgets. Staatsfinanzen aus Geschlechterperspektive, Wien

*BMZ (2001):* Konzept für die Förderung der gleichberechtigten Beteiligung von Frauen und Männern am Entwicklungsprozess. Gleichberechtigungskonzept, 2. überarbeitete Fassung, Bonn

*Bundesministerium für Wissenschaft, Bildung und Kultur (2001):* Handbuch Gender Mainstreaming in der Regionalentwicklung. Einführung in die Programmplanung, Wien

*Cyba, Eva (2000):* Geschlecht und soziale Ungleichheit. Konstellationen der Frauenbenachteiligungen, Opladen

*Diputació de Barcelona (2003):* Best Practices und Genderaudits. Instrumente für die Kommunalpolitik. Projekt Olympia de Gouges. Barcelona

*Landeshauptstadt München, Gleichstellungsstelle für Frauen (2003):* Kommunale Haushaltsplanung für Frauen und Männer. Gender Budgeting in der Praxis. Konzepte, Erfahrungen, Perspektiven, München
OECD/DAC (1998): DAC Guidelines for Gender Equality and Women's Empowerment in Development Cooperation, Paris

*Netzwerk Gender Training (2004):* Geschlechterverhältnisse bewegen. Erfahrungen mit Gender Training, Königstein/Taunus

*Stadt Linz, Frauenbüro (2002):* Projekt "Sensibilisierung Linzer Betriebe zur Frauenförderung". Ergebnisse der Ist-Analyse zu "Gleichbehandlung und Frauenförderung in Linzer Betrieben", Linz

*Stadt Linz, Gleichbehandlungsbüro (2003):* 3 Jahre Gleichbehandlung im Magistrat Linz. Standortbestimmung, Linz

*Stadt Linz (2000):* Rahmen-Gleichbehandlungsprogramm, Linz

*Wirtschafts- und sozialpolitisches Forschungs- und Beratungszentrum der Friedrich-Ebert-Stiftung, Abteilung Arbeit und Sozialpolitik (2003):* Gender Mainstreaming. Postmoderner Schmusekurs oder geschlechterpolitische Chance?, Bonn

# diskurs: kommunale frauenförderung

## über "kommunale frauenförderung und gleichstellungspolitik" diskutieren markus eidenberger und julia röperkelmayr mit der autorin claudia hahn.

Markus Eidenberger: Das zentrale Thema deines Beitrags ist ja eindeutig der Gender Mainstreaming-Ansatz. Jeden Politikbereich auf mögliche Geschlechterdiskriminierung hin zu durchleuchten erscheint mir besonders auch in der Kommunalpolitik nötig. Dazu habe ich aber auch eine provokante Frage: Ich sehe zwei Gefahren, was diese Bereiche angeht. Eine wird im Beitrag besprochen, nämlich dass Frauen- und Gleichstellungsbüros auf eingeengte frauenpolitische Bereiche eingeschränkt werden und alles was mit Frauen zu tun hat, gleich einmal ungelesen in dieses Büro kommt. Gender Mainstreaming ist hier ja das Gegenteil. Die zweite Gefahr ist dann aber, dass die Generalisierung dazu führt, dass im konkreten nichts herauskommt, weil es dann einfach keine klare Verantwortlichkeit gibt. Ich kenne das aus der Bildungspolitik. Politische Bildung wurde zum Unterrichtsprinzip für alle Fächer erklärt, geändert hat sich dadurch aber erst recht nichts. Wie kann man so eine ähnliche Entwicklung vermeiden?

Claudia Hahn: Gender Mainstreaming als Organisationsprinzip hat sich als die beste Form der Frauenförderung herausgestellt. Damit es funktionieren kann, ist aber klarerweise laufende Evaluation besondes wichtig, denn dadurch werden die einzelnen Abteilungen eben nicht aus ihrer Verantwortung entlassen. Und für diese Evaluationsaufgabe sind wieder zentrale Stellen wie ein Frauenbüro unerlässlich. Spannend ist aber, dass die Angst vor Gleichstellungspolitik dadurch gemindert werden kann, dass bei Gender Mainstreaming auch die männliche Perspektive mitgedacht wird. Man will nicht alle gleich machen und alles in einen Topf werfen. Aber es gibt Benachteiligungen zum Beispiel in der Kindererziehung, wo auch Männer benachteiligt sind.

ME: Da spielt Bewusstseinsbildung eine große Rolle.
CH: Ja, Gleichstellungspolitik hat (auch) eine langfristige Perspektive.

Wenn Frauenförderung ein Teil der Gender Mainstreaming-Strategie ist, dann ist das eine große Chance für eine gesellschaftliche Weiterentwicklung. Diese muss aber von ganz oben getragen werden, Gender Mainstreaming ist eine Top-Down-Entwicklung.

Julia Röper-Kelmayr: Du gehst davon aus, dass die Diskriminierung von Frauen sozial geprägt und erlernt ist und unterscheidest zwischen Gleichberechtigung und Chancengleichheit. Der Unterschied besteht meiner Meinung nach vor allem zwischen dem, von dem alle reden, und dem, was tatsächlich gelebt wird. Das fällt mir auch im täglichen Arbeitsleben auf. Es wird auf Gleichberechtigung hingewiesen, aber nicht gelebt. Es wird immer unter einem vorsichtigen Mantel behandelt. Es gibt sehr viele, die sich beteiligen wollen, aber die Strukturierung, die praktische Durchführung ist viel schwieriger. Welche Kompetenzen hat man, um hier wirklich etwas zu bewegen?

CH: Es ist schwierig, wenn zwar geredet und sogar vorgeschrieben, aber nicht wirklich umgesetzt wird. Es geht um die Vorarbeit. Das Modell "Olympia de Gouges" sagt, dass man immer auf den lokalen Bezug schauen muss. Man muss die jeweiligen Standortfaktoren beachten, es ist nie alles für alle geeignet, aber manche Dinge lassen sich generalisieren und an verschiedenen Orten anwenden. In München gibt es da schon viele Projekte und Vorarbeit. Es sollte hier viel mehr internationale Zusammenarbeit geben.

ME: Das Thema Gender Budgeting war für mich am interessantesten. Die Grundlogik, in Zeiten, wo der Spargedanke dominiert, sich die Budgets in Richtung ihrer geschlechtsspezifischen Auswirkungen anzusehen, ist besonders wichtig. Ein anderer Aspekt herkömmlicher Gleichstellungspolitik, nämlich konkrete gesetzliche Vorgaben und Vorschriften kommt dafür fast ein wenig zu kurz. Was hältst du davon? Vielleicht auch am Beispiel der Frauenquote in der SPÖ?

CH: Grundsätzlich kommt es darauf an, wem man Vorschriften macht. Ich finde das bei Parteien nicht schlecht, weil damit Gleichstellungspolitik ins Bewusstsein der Menschen gelangt. Wenn etwas schon grundsätzlich im Bewusstsein und in der Praxis vorhanden ist, muss man das nicht auch noch mit Regeln verankern. Gerade deshalb aber sind gesetzliche Regelungen in vielen Bereichen sehr sinnvoll, da es die härtere Variante und manchmal den einzigen Weg darstellt. Man kann auch mit Symbolen agieren. Warum heißt das Bürgerservice in Linz nicht BürgerInnenservice, wenn vorgesehen ist, dass geschlechtsneutral formuliert werden soll?

JR: Ich sehe die Gefahr, dass manche das umdrehen. Gewisse Vorschriften sind vorhanden, aber die Meinungs- und Bewusstseinsbildung hängt dem hinten nach.

ME: Das gilt für Männer und Frauen. Sehr viele Frauen haben dieses Bewusstsein selber auch nicht. Ich habe den Eindruck, dass sich das Bewusstsein indirekt proportional zur tatsächlichen Diskriminierung verhält. Ich habe oft gesehen, dass gerade besonders stark diskriminierte kein Bewusstsein dafür haben.

CH: Das ist besonders bei Frauen mit konservativem Weltbild schwierig. Ich glaube, dass das Frauenorganisationen gut zusammenbringen, aber gerade diejenigen, wo es am notwendigsten wäre, sind oft am schwersten zu erreichen. Die größte Chance liegt hier sicher im Campaining und in der Öffentlichkeitsarbeit. Vielleicht bringen auch Diskussionen wie die über RadfahrerInnen-Schilder etwas. Man bekommt in solchen Fällen die Chance, das zu erklären. Dadurch ist es Thema. Denn sobald die Sorge zerstreut ist, dass die Schilder mehr kosten, kann man über Sprache und die Auswirkungen geschlechtsspezifischer Formulierungen sprechen. Dabei habe ich oft erlebt, dass das dann auch eingesehen wird.

JR: Ich glaube, Dinge umzubenennen ist ein wichtiger erster Ansatz. Aber sowohl der Streit um geschlechtsneutrale Schilder als auch, dass man um Maßnahmen wie Gender Budgeting kämpfen muss, zeigt, dass sich hier im Kopf der Menschen etwas ändern muss. In die Richtung, dass das eine Selbstverständlichkeit wird.
ME: Gerade Kommunen haben über ihre Kindergärten Zugang zum frü-

hesten nichtfamiliären Erziehungsraum, einen Raum, wo auch die Geschlechterrollen noch nicht völlig fixiert sind. Nutzt man das bzw. nutzt man das genug?

CH: Teilweise ja, genug sicher nicht. Es gibt beispielsweise ein Projekt zur geschlechtssensiblen Kleinkindpädagogik in städtischen Kindergärten, in dem man männliche Kindergärtner andere, typisch weiblich besetzte Rollen ausfüllen lässt. Aber hier ist das Problem, dass sehr wenige Männer den Beruf des Kindergärtners oder Horterziehers erlernen. Wir wollen in Linz auch hier ein Pilotprojekt beginnen, das für mehr männliche Kindergärtner sorgen soll. Man muss Geduld haben und es ist auch wichtig, die "Eliten", also FunktionsträgerInnen, PolitikerInnen, SpitzenbeamtInnen und vergleichbare Personen, als erstes zu "erziehen", damit von oben herab die Ressourcen geschaffen werden. Gender mainstraming ist hier eben ein Top Down-Modell.

JR: Von der politischen Seite gibt es aber, glaube ich, niemanden, der sich dagegen ausspricht.

ME: Wenn ich eine Gesellschaft mit der Idealvorstellung der Gleichheit anstrebe, impliziert das umgekehrt, dass es jetzt Ungleichheiten gibt. Da ist es ein interessanter Ansatz, dass EntscheidungsträgerInnen, die auch als Vorbild wahrgenommen werden, die Wichtigkeit der Änderung des Bewusstseins der Menschen erkennen sollen, um dadurch einen Hebel für den Rest der Gesellschaft zu bekommen. Ein sehr pragmatischer Zugang.

*"Volksparteien Mittelspur Abgrenzung im Notfall nur zur Fönfrisur*
*Börsengang Abgesang mitgehangen mitgefangen alle bangen*
*Dotcomsterben doch nichts erben Brot erwerben Traum in Scherben - weiter werben*
*Und ein müdes Model zählt voll Frust die Haare auf der Heldenbrust - wieder keine Lust. (...)*
*Hat irgendwer gesagt es wäre Zeit für Helden?*
*Wir kommen um die anderen Helden abzumelden"*

(Wir sind Helden / "Heldenzeit")

# frischer wind in der politischen arena: neue soziale bewegungen

## oder: was parteien von neuen sozialen bewegungen lernen können

*Jakob Huber*

Österreich ist für emanzipative Bewegungen kein guter Boden. Die Errungenschaften der Gewerkschaftsbewegung sind zwar im internationalen Vergleich beträchtlich, jedoch stammen sie größtenteils aus Zeiten sozialdemokratischer Regierungsbeteiligung. Die Studierendenproteste der 60er und 70er Jahre erreichten in Österreich nie das Ausmaß jener in Frankreich oder Deutschland. Während es hierzulande für Demonstrationen eine selten durchbrochene Schallmauer bei 100.000 TeilnehmerInnen gibt, ist das die Schwelle zur Wahrnehmung in Italien. Die Proteste gegen die neoliberale Globalisierung haben in Göteborg oder Genua hunderttausende Menschen angezogen - in Österreich ein Zehntel, was nicht zuletzt auch das Österreichische Sozialforum 2004 in Linz gezeigt hat.
Immerhin: Die erfolgreichste soziale Bewegung in der Geschichte der Republik hat nach der Verhinderung des AKW Zwentendorf eine eigene

Partei gegründet. Und dennoch gibt es vor allem in anderen europäischen Ländern unübersehbare Indizien für den Erfolg von Neuen Sozialen Bewegungen und NGOs. In einer Zeit des staatlichen Rückzugs aus vielen Bereichen der Gesellschaft, steigendem Desinteresse an der Politik und stark rückläufigen Mitgliederzahlen der Parteien scheinen Neue Soziale Bewegungen und NGOs frischen Wind in die politische Arena zu bringen.
Anhand von fünf Thesen soll eine Annäherung an (Neue) Soziale Bewegungen und NGOs diskutiert werden. Im Mittelpunkt stehen in Zeiten des zunehmenden Desinteresses an Parteien und Politik die Erfolgsfaktoren dieser Formen des politischen Engagements und mögliche Lehren für politische Parteien im Allgemeinen und die Sozialdemokratie im Besonderen.

## these 1: tendenzen einer gesellschaftlichen individualisierung sind eine hauptursache für parteien- und politikverdrossenheit, aber auch für den aufschwung der "neuen".

Jede Ursachenforschung bedarf nach sozialwissenschaftlichen Grundlagen einer Beziehung zu den jeweiligen historischen Rahmenbedingungen. Die Individualisierungsdebatte, die im deutschen Sprachraum vorwiegend vom bekanntesten zeitgenössischen Soziologen Ullrich Beck dominiert wird, liefert hier interessante Aspekte[1].
"Individualisierung ist zu einem Schlüsselwort der politischen Auseinandersetzung geworden. An ihm scheiden sich die Geister. Dies deutet darauf hin, dass sich das Konfliktgefüge verschiebt. In den Hintergrund treten die Gegensätze zwischen Arbeit und Kapital, die Gegensätze zwischen Klassen allgemein: und quer dazu bildet sich eine Konfliktlinie heraus: Die Autonomie einer Gesellschaft der Individuen trifft auf den Widerstand einer in Teilen durch das Gespenst der Normauflösung verunsicherten und radikalisierten Mitte." (Ulrich Beck[2])
Scheinbar verliert die Klasse als "subjektive Wahrnehmungsform des sozialen Raumes" für die Menschen an Bedeutung.

---

[1] Die Frankfurter Schule erkennt die gesellschaftlichen Voraussetzung für Becks Individualisierungsthesen, beurteilt diese aber als "Pseudo-Individualisierung" in einer von Uniformierung, Standardisierung und Disziplinierung geprägten spätmodernen Gesellschaft. Die beiden gesellschaftlichen Verlaufsformen treten gemeinsam auf und kontrastieren sich .

[2] Beck, Ullrich: In der "Süddeutsche Zeitung", Ausgabe vom 2.3.1995

Gregor Matjan argumentiert, dass aufgrund der "Zunahme an Widersprüchen über die ökonomische Klassenlage hinaus"[3] die Klasse in gewachsenen kapitalistischen Gesellschaften von Milieus abgelöst wird. Neue soziale Konfliktstränge (jung oder alt, Stadt- oder Landbevölkerung, In- oder AusländerInnen, Gläubige und AtheistInnen) entwickeln sich. Einhergehend damit kommt es zu einer Pluralisierung an Werten und Normen (vgl. Individualisierungsdimensionen nach Beck). Es kann aus Sicht der politischen Parteien von einer (inneren) Differenzierung der Klientels gesprochen werden. Damit wird es für Parteien schwieriger mit einem bestimmten politischen Programm größere, unterschiedliche Teile der Bevölkerung direkt anzusprechen und Angebote und Antworten zu bieten. Offensichtlich wird diese Entwicklung bei einem Blick auf die rückläufigen Mitgliederzahlen der Parteien und ihrer Vor- bzw. Umfeldorganisationen. Ein weiteres Indiz dafür ist, dass sich der Anteil jüngerer Mitglieder und FunktionärInnen auf niedrigstem Niveau befindet. Das Motto der Arbeiter-Innenbewegung, für jede Lebenslage ein sozialdemokratisches Angebot zu stellen, verliert dadurch an (strategischer) Bedeutung.
Andere Tendenzen der Individualisierung betreffen das politische System selbst. Der Staat befindet sich in einem freiwillig geführten "Rückzugsgefecht" und zieht sich aus Teilbereichen der Gesellschaft zurück. Parallel dazu ändert sich auch die Einstellung großer Teile der Bevölkerung - der Staat soll, so der Grundtenor, auf Distanz bleiben. Darüber hinaus wird der Handlungsspielraum für die Politik in einer vernetzten und internationalen Gesellschaft kleiner. Europaweit können Regierungen der lahmen Konjunktur wenig entgegensetzen - daran gekoppelt ist, dass vor allem sozial- und wirtschaftspolitische Versprechen nicht gehalten werden können. Damit die Politikverdrossenheit zu begründen, wäre jedoch zu kurz gedacht.
Das Rückzugsgefecht des Staates führe weniger zu einer Entpolitisierung der Gesellschaft als vielmehr zu einer Entgrenzung der Politik, argumentiert der Münchner Soziologe Ronald Hitzler. "Das je eigene Leben wird zunehmend als gestaltungsfähig und gestaltungsbedürftig und nicht mehr jenseits öffentlicher Interessen begriffen, sondern wird selbst zu Mittel und zum Ziel politischen Handelns"[4] (Politisierung des Privaten). Die Bundesregierung liefert mit dem erklär-

3 Matjan (1995)
4 Hitzler (1995)

ten Ziel, neben der staatlichen und der betrieblichen Altersvorsorge auch eine private Säule aufzubauen, ein aktuelles Beispiel.
Dass es auch auf Seite der Politik(erInnen) zu einer Entgrenzung kommt, legen die neue Politikform "Lobbying" und ihr vor allem auf europäischer Ebene unübersehbarer Zuwachs und der neue Terminus "BeraterInnen-demokratie" nahe. Auch auf nationaler oder lokaler Ebene bilden sich Netzwerke mit anderen gesellschaftlichen Teilbereichen. Nicht zuletzt wird auch das Privatleben von PolitikerInnen vermehrt zum ungewollten Politikum oder zum gewollten Wahlmotiv.
Der Bedeutungsverlust von Klassen als "subjektive Wahrnehmungsform des sozialen Raumes", die zunehmende "Gestaltungsbedürftigkeit" des eigenen Lebens und die Beeinflussung der Politik durch andere Teilbereiche stellen die gesellschaftlichen Rahmenbedingungen für eine wahrnehmbare Pluralisierung an Standpunkten dar. Vor diesem Hintergrund ist der geringe Zuspruch zu Parteien und der Aufschwung neuer AkteurInnen erklärbar. Ähnlich argumentieren Neidhardt/Rucht, dass "eine Pluralität von Bewegungen zur Dauererscheinung des gesellschaftlichen Lebens wird"[5].

## these 2: jede bewegungsform versteht sich als weiterentwicklung ihrer vorgänger. die anpassung an veränderte rahmenbedingungen hat funktioniert. oder: was passiert, wenn veränderung nicht verhindert wird.

Soziale Bewegungen sind - so lange sie den Bewegungscharakter bewahren - enorm flexibel. Sie können sich den gesellschaftlichen Veränderungen und den politischen Rahmenbedingungen wesentlich rascher anpassen als andere politische AkteurInnen. Im Gegensatz dazu haben Parteien und Gewerkschaften (die sich institutionalisiert haben und heute kaum noch als Bewegung gelten) eine immanente Tendenz, den Status quo zu bewahren. Diese Flexibilität sozialer Bewegungen führt zu einer Vielfalt an Bewegungsformen - diese sollen in diesem Abschnitt chronologisch typisiert und die Veränderungen und ihre Ursachen beschrieben werden.

5 Neidhardt/Rucht (1993)

## Soziale Bewegungen "alten Stils"

Obwohl viele der heutigen Generationenkonflikte auf die Studierendenbewegung von 1968 zurückzuführen sind, blieben die 68er gemessen an ihren Zielen relativ erfolglos. Ihre Nachfolger wie die (neue) Frauenbewegung, die Friedens- und Anti-Kriegsbewegung, die Ökologie- und Anti-AKW-Bewegung oder die Eine-Welt- und Solidaritätsbewegung setzten die Arbeit als emanzipative Bewegung fort, jedoch mit einem wesentlichen Unterschied: Nicht mehr die Systemkritik, der Angriff auf das Fundament der Gesellschaft war das Ziel, sondern relativ abgegrenzte Interessen und Politikfelder wie die Gleichstellung der Frau oder die Bewusstmachung der ökologischen Fehlentwicklungen von Industriegesellschaften. Das liegt nicht zuletzt daran, dass sich die sozialen Bewegungen der 70er und 80er Jahre maßgeblich durch desillusionierte Anhängerinnen und Anhänger der 68er Bewegung rekrutierten. Eine mögliche Überlegung dahinter: Wenn wir mit der Forderung nach einer anderen Gesellschaft nicht durchkommen, dann vielleicht mit der Forderung nach einer punktuell anderen Gesellschaft. Es ist auch unbestritten schwieriger, Menschen von alternativen Formen des Zusammenlebens in ihrer Gesamtheit zu überzeugen, als einzelne gesellschaftliche Schieflagen aufzuzeigen.

Wie eng diese sozialen Bewegungen mit den vorangegangenen Studierendenprotesten verbunden sind, zeigt auch ihre "grass-root" Organisierung: Die Basisorientierung jener Bewegungen ist ein wesentliches Merkmal und gilt als Grundpfeiler der Bewegungskultur. Sie äußert sich nicht nur durch das Fehlen formeller Hierarchien, sondern auch durch eine niedrige Organisationstiefe. Charakteristisch für diese Bewegungen ist auch die Ausrichtung auf öffentlichen Protest[6] (z. B. durch Besetzungen) als wesentliche Politikform - ein Merkmal, das bei der 68er Bewegung viel schwächer ausgeprägt war. Direkt damit verbunden ist auch eine relativ starke Massenbasis - während ihre Vorgänger nur unter den Studierenden wirklich dominant waren (andere Schichten wurden nur unzureichend angesprochen), versuchten diese Bewegungen unterschiedliche Milieus anzusprechen.

Getragen wurden alle Bewegungen aber von AktivistInnen der Bildungseliten und der Mittelschichten. In vielen Fällen wurden auch

---

6 Rucht (2001)

"Stellvertreterkriege" geführt: Nur selten hatten die AnhängerInnen und TrägerInnen der Bewegungen ein unmittelbares Interesse an der Umsetzung ihrer Forderungen - ein nur mittelbares und ideelles Interesse wurde vor allem von der oft konservativen Öffentlichkeit abschätzig bewertet. Der Erfolg dieser Bewegungen ist unterschiedlich. Die Abschaffung des § 218 und die Einführung des legalen Schwangerschaftsabbruches ist zweifelsohne ein Verdienst der Frauenbewegung. Selbiges gilt für den verhinderten Bau des AKW Zwentendorf und die Anti-AKW Bewegung. Nachhaltig konnten diese Bewegungen aber vor allem eines erreichen: Bewusstseinsbildung - ohne sie gäbe es heute weder eine Diskussion über die Gleichberechtigung der Frauen und ihre Rolle in der Gesellschaft noch ein Bewusstsein für nachhaltiges Wirtschaften.

## nicht-regierungsorganisationen (NROs) / non-government organisations (NGOs)

Formal betrachtet sind NGOs kein neues Phänomen - die älteste humanitäre NGO, das Rote Kreuz, wurde bereits 1864 gegründet. Freilich hat das "International Red Cross Committee", der internationale Dachverband und die finanzstärkste NGO der Welt, mit den NGOs im heutigen Verständnis relativ wenig gemein. Heute versteht man darunter freiwillige, regierungsunabhängige und nicht profitorientierte Organisationen. Ohne Zweifel sind sie die Weiterentwicklung der sozialen Bewegungen alten Stils. Wie nahtlos der Übergang zwischen Bewegung und Organisation sein kann, zeigen zum Beispiel die Umweltschutzorganisationen "Global 2000" oder "Greenpeace".
Die Basisorientierung (grass-root) der sozialen Bewegungen führte erwartungsgemäß dazu, dass rasche Entscheidungen kaum möglich waren und es durch mangelnde Organisation an Schlagkraft fehlte. Deswegen haben NGOs die aktive Massenbasis ihrer Bewegungen vernachlässigt und im Gegenzug Professionalisierung angestrebt. Während Bewegungen ihre AnhängerInnen mobilisieren konnten, führten NGOs die Trennung zwischen AktivistInnen und UnterstützerInnen ein. Auch die Zielsetzung wurde gegenüber einer Bewegung professio-

nalisiert: NGOs wollen dauerhaft Entscheidungsfindungsprozesse beeinflussen und verstehen sich oft als zivilgesellschaftliche Lobbygruppen mit einem relativ engen Themenspektrum.
Diese Überlegung führte unter anderem auch dazu, dass NGOs ihre Strukturen an die der jeweiligen (staatlichen) Institutionen anpassten.[7] So verfügen Organisationen wie Greenpeace oder Amnesty International über ein sehr dichtes globales Netzwerk, welches die Möglichkeit hat, mit Kommunen, nationalen Regierungen oder supranationalen Institutionen in Kontakt zu treten. Wichtigstes Ziel von NGOs ist EntscheidungsträgerInnen in den unterschiedlichen Gesellschaftsbereichen zu beeinflussen und unter öffentlichen Druck zu setzen (campaigning Funktion). Damit verbunden ist auch ein erstaunliches und für PolitikerInnen oft unverzichtbares Know-how (expertise Funktion). Eine weitere typische Funktion von NGOs ist es, Themen, die in der politischen Auseinandersetzung oder in der Medienberichterstattung nicht zu Wort kommen, Öffentlichkeit zu verleihen (advocacy Funktion).
Durch Organisationscharakter sind auch Fragen der Organisationsentwicklung relevant geworden - was zu einer unüberschaubaren Vielfalt an Organisationstypen geführt hat. Auf dem einen Extrem befinden sich vorwiegend dienstleistende und ausführende NGOs, die oftmals auch Aufträge im Namen des Staates übernehmen (aktuell: Die Ausgliederung der mobilen Altenbetreuung der Stadt Linz an die Volkshilfe). Hier entsteht eine Trennunschärfe gegenüber dem Begriff "Non-Profit Organisation" (NPO). Auf dem anderen Extrem befinden sich politisch aktive und kritisierende NGOs mit teilweise starken Anlehnungen an Soziale Bewegungen - Prominentestes Beispiel dafür ist Greenpeace. Das vergangene Jahrzehnt war für BewegungsforscherInnen geprägt von aufsehenerregenden Erfolgen der professionell agierenden NGOs.

## neue soziale bewegungen / new social movements.

Mit der zunehmenden europäischen Integration erhöhte sich auch die Komplexität des politischen Alltags. Entscheidungen werden heute von einer Vielzahl von externen Faktoren bestimmt: Das beginnt bei der

7 Vgl. Demirovic (1998)

Europäisierung (und allgemeiner Internationalisierung) der Politik, die entscheidende Kompetenzen von der nationalen auf eine europäische Ebene verlagert hat und endet vorerst mit dem Kampf um internationale InvestorInnen zwischen einzelnen Staaten.
Auf globaler Ebene musste eine entgeisterte Zivilgesellschaft feststellen, dass die Weltbevölkerung noch nie so wohlhabend war und es dennoch nicht gelingt, die Entwicklungsländer des Südens an den Wohlstand des Nordens heranzuführen. Die Asienkrise und noch vielmehr das Zerplatzen der New Economy Blase zeigten der Bevölkerung der Industrienationen die Instabilität ihrer entwickelten Wirtschaftssysteme auf. Die Ratschläge des Internationalen Währungsfonds an das trotz Schwierigkeiten aufstrebende Argentinien stürzten das Land in die schwerste Wirtschaftskrise seiner Geschichte[8] und nahmen der Bevölkerung der Südstaaten die letzte Hoffnung in die vorherrschende politische Dreifaltigkeit von Deregulierung, Liberalisierung und Privatisierung. In dieser vernetzten Welt fällt es den politischen AkteurInnen zunehmend schwerer, Lösungen für die brennendsten Probleme zu finden.
Welche Auswirkungen haben diese Entwicklungen auf soziale Bewegungen? Isolierte Betrachtungsweisen - sowohl des Problems als auch der Lösung - verlieren in der beschriebenen vernetzten Welt an Bedeutung. Kein Erklärungsversuch für eine politische Schieflage kommt um die Kritik am politischen und wirtschaftlichen System herum. Neue Soziale Bewegungen reagieren darauf und versuchen ganzheitlichere Erklärungsmodelle und Lösungsvorschläge zu erarbeiten. Damit steht die Neue Soziale Bewegung im Gegensatz zur Studierendenbewegung (keine konkreten politischen Konzepte) und im Gegensatz zu ihren Nachfolgebewegungen und den NGOs (eingeschränktes Themenfeld, "special interest movements") in Konkurrenz zu den politischen Parteien.
Die Globalisierung, wie sie hier beschrieben wurde, führt aber auch dazu, dass Probleme globalisiert werden. Ein nationaler Vorstoß in Sachen Klimaerwärmung ist nutzlos - es bedarf globaler Antworten. Selbiges gilt für nahezu alle politischen und sozialen Probleme unserer Gegenwart: Steuer- und Sozialdumping, Standortverlegungen von Unternehmen, mangelndes Wirtschaftswachstum - die Liste ließe sich

[8] vgl. Beck (2001)

beliebig fortsetzen. Das führt notwendigerweise auch zu einer weiteren Internationalisierung der Neuen Sozialen Bewegung.
Die Nachfolger der Studierendenprotestbewegung - sie lieferte die theoretischen Grundlagen der sozialen Bewegungen - haben aus den "Fehlern" gelernt. Eingegrenzte Themenbereiche und eine verstärkte Ausrichtung auf den öffentlichen Protest sind die wesentlichsten Merkmale. Die niedrige Organisationstiefe verhinderte eine effiziente Beeinflussung der EntscheidungsträgerInnen. Das gelang der neuen Generation der NGOs durch stetige Professionalisierung und die Wandlung zu Lobbygruppen. Die Neuen Sozialen Bewegungen mussten durch die Globalisierung auf neue Rahmenbedingungen reagieren: Ganzheitlichere Analysen, internationalistischere Ausrichtung und eine neue Form der Kooperation und damit der Politik. Letztere ist Thema der folgenden These.

## these 3: neue soziale bewegungen haben ein neues politikverständnis internalisiert - die bewegung der bewegungen. oder: offenheit und pluralismus.

Während bei den sozialen Bewegungen "alten Stils" eine gewisse Verdichtung zu einer kollektiven Akteurin erkennbar war, stellen die Neuen Sozialen Bewegungen nicht einmal den Anspruch, besonders geeint aufzutreten. Vielmehr steht hier der strukturelle Pluralismus im Vordergrund. Die These soll anhand der wohl bekanntesten globalisierungskritischen Organisation, ATTAC[9], untermauert werden.
ATTAC zielte mit der Gründung 1995 in Frankreich auf die Fortsetzungen der Mobilisierungen gegen den Juppé-Plan[10] (1995) und das "Mulitlateral Agreement on Investment" (MAI, 1996). Mittlerweile haben sich Gruppen in 40 Ländern mit insgesamt 60.000 Mitglieder gegründet - Tendenz stark steigend. ATTAC sieht sich weder als NGO noch als Netzwerk oder Bewegung, sondern eine Kombination aus allen Dreien: "Wie man diesen Organisationstypus dann nennt, ist zunächst zweitrangig. Organisationssoziologen werden sich über kurz oder lang dazu

9 Grundlage des Fallbeispiels ist ATTAC Deutschland, da deren Strukturen besser ausgebaut sind und die organisationstheoretischen Ansätze (klarer) zum Ausdruck kommen.

10 Die französische Protest- und Streikbewegung 1995 und 1996 (sog. Dezemberbewegung) richtet ihren Protest gegen die Sparpläne von Ministerpräsident Juppé. Die größte Mobilisierung seit den Pariser Unruhen im Mai 1968.

etwas einfallen lassen", heißt es dazu beinahe lapidar im Selbstverständnispapier von ATTAC[11].

Für eine NGO sprechen der relativ hohe Professionalisierungsgrad (der z.B. durch strategisch geplante Kampagnen deutlich wird) und der kontinuierliche Aufbau von internen Strukturen von Arbeitsgemeinschaften über Orts- und Regionalgruppen bis hin zu regelmäßigen europäischen Treffen. Hingegen sind die grass-root Struktur samt Basisdemokratie und Einbindung aller Interessierten in Entscheidungsfindung und Planung und Durchführung von Aktionen wesentliche Elemente einer sozialen Bewegung.

Das Netzwerk ATTAC wiederum besteht aus den unterschiedlichsten Mitgliedsorganisationen (von Gewerkschaften über NGOs und Bürgerinitiativen bis hinzu kirchlichen Organisationen), die sich aber nicht unterordnen, sondern ihre Partikularinteressen vertreten und einbringen. Vor allem im Vergleich zu anderen Bewegungen fällt auf, dass bei ATTAC Menschen aus sehr unterschiedlichen Milieus aktiv werden: Studierende und SchülerInnen (vermehrt auch ihre ProfessorInnen) finden sich dort ebenso wie interessierte ArbeiterInnen und Angestellte aus vielen Branchen und vereinzelte PensionistInnen und LandwirtInnen. Auch die politischen Einstellungen sind vielfältig: KommunistInnen auf dem Weg zur finalen Systemüberwindung, SozialdemokratInnen und GewerkschafterInnen, GrünwählerInnen und ehemalige AktivistInnen der Öko-Bewegung, aufgeklärte Gläubige aller Konfessionen aber auch Menschen, die keine fixe politische Heimat besitzen.

Man ist stolz auf den Pluralismus der Meinungen und den Pluralismus der Menschen. Der Prozess der Meinungsbildung gestaltet sich dementsprechend schwierig - mittlerweile hat man sich darauf verständigt, dass höchstens 10 % der Anwesenden mit einer Entscheidungsposition nicht einverstanden sein dürfen[12]. Es kommt also zu einem ständigen Abwägen zwischen professioneller Agitation und mobilisierender Bewegung.

An dieser Stelle sollte auch die zweite bedeutende Organisationsform der Neuen Sozialen Bewegungen erwähnt werden: Die Sozialforen. Sie verstanden sich ursprünglich als internationale Gegenveranstaltung zu

---

[11] Selbstverständnispapier von ATTAC Deutschland (2001) unter http://www.attac.de/interna/selbstverstaendnis011101.pdf (download August 2004)

[12] Die Zeit, 29.5.2002: "Im Rausch des Konsenses", URL: http://www.zeit.de/2002/23/200223_attac_xml

den Gipfeln der Welthandelsorganisation und finden mittlerweile in nationalen (Austrian Social Forum, zuletzt in Linz), kontinentalen (European Social Forum, zuletzt in London) und globalen (World Social Forum, zuletzt in Mumbai) Abwandlungen regelmäßig statt. Erfolgreiche Sozialforen wie jenes in Mumbai mobilisierten tagelang über 100.000 TeilnehmerInnen aus der ganzen Welt, um über eine alternative Globalisierung zu diskutieren und die Entwicklung von Gegenkonzepten zu fördern.

Die Sozialforen erinnern an einen Jahrmarkt der politischen Ideen und Visionen - das nur mäßig erfolgreiche Sozialforum 2004 in Linz wurde immerhin von über 200 Organisationen unterstützt. Ähnlich wie bei ATTAC werden auch hier Pluralismus und Offenheit als wesentliche Grundsäulen hochgehalten. Die Sozialforenbewegung versteht sich selbst als Bewegung der Bewegungen, in dem sie die unterschiedlichsten AkteurInnen aus allen Politikbereichen zusammenbringt und versucht zu vernetzen.

Der große Zuspruch zu diesen Neuen Sozialen Bewegungen lässt sich vor allem durch diesen Pluralismus begründen: Es gibt keine Wahrheit, die verkündet wird und es gibt auch keine alleinstehende Strategie oder Antwort auf die Herausforderungen der Globalisierung. Vielmehr wird akzeptiert, dass es unterschiedliche Herangehensweisen ebenso gibt wie unterschiedliche Interessen. Genau dieser Zusammenprall - die Schnittmenge zwischen besorgten LandwirtInnen, überzeugten KatholikInnen und revolutionären KommunistInnen ist denkbar gering - wird aber von den meisten Gruppen als fruchtbar anerkannt. Partikularinteressen sind in diesem Sinne kein Übel, das die Bewegung einschränkt - wie es in anderen Bewegungen betrachtet werden würde. Damit reagieren die Neuen Sozialen Bewegungen auf die, durch die eingangs diskutierten Individualisierungsprozesse veränderten, gesellschaftlichen Rahmenbedingungen.

## these 4: die chancen der neuen sozialen bewegungen

## können gleichzeitig zur größten herausforderung werden. oder: die probleme der neuen.

Mit den nahezu naiv anmutenden Prinzipien Offenheit und Pluralismus ist auch gleichzeitig die Gefahr der Ausnutzung präsent. Sowohl ATTAC als auch die Sozialforenbewegung werden mit dogmatischen Radikalismen von links und rechts konfrontiert. Erst jüngst musste sich ATTAC Vorwürfe, mit Antisemitismus zu liebäugeln, gefallen lassen[13]. Seit den Ausschreitungen von Genua kommt auch kein Sozialforum und keine Gegenveranstaltung zu den Gipfeln der Regierungschefs und Konzerne an einer Abgrenzung zu gewaltbereiten bis gewalttätigen Gruppen vorbei. Und jedesmal fällt es schwer, die eigenen Grundsätze zu verteidigen und sich gleichzeitig von dogmatischen AusreißerInnen zu verabschieden. Die scharfe Trennlinie, die es zu treffen gilt, lautet: Wer Pluralismus nur zur eigenen Profilierung ausnutzt, aber gleichzeitig andere Meinungen nicht akzeptiert, schadet dem gemeinsamen Ziel. Eine scheinbar banale Diskussion, die in jeder Bewegung geführt wird und offenbar geführt werden muss.

Eine weitere Herausfordung betrifft die eigene Zukunft. Die Öko-Bewegung gilt für weite Teile der Neuen Sozialen Bewegung als Negativ-Bewegung. Die Öko-Bewegung hat sich nach ihrem Höhepunkt (bzw. ihrem Niedergang) getrennt: Auf der einen Seite gründeten sich NGOs ohne Mobilisierungsanspruch als Lobbygruppen. Auf der anderen Seite wurde eine Partei gegründet - die leidige Diskussion innerhalb der Grünen ist hinlänglich bekannt. Diese beiden Szenarien sind nicht nur intern unbeliebt - gerade innerhalb der Sozialdemokratie findet sich hier der Grund für Vorschuss-Misstrauen gegenüber sozialen Bewegungen.

Eng damit verbunden ist auch die Gefahr der Vereinnahmung: In Frankreich, dem europäischen Mutterland der Neuen Sozialen Bewegungen, streiten sich die abgewählte Sozialistische Partei, die Liga der Revolutionären Kräfte, die Grünen und - in Österreich unvorstellbar - das konservative UMP-Bündnis um Premier Raffarin und Präsident Chirac um die "altermondialistes" und ihre AnhängerInnen. ATTAC Frankreich Sprecher Nikonoff gibt die Parole aus, die für die gesamte Bewegung wie ein Credo wirkt: "Wir wollen eine Übersetzung in die

---

[13] Die Zeit, 23.10.2003: "Blondes Ächzen", URL: http://www.zeit.de/2003/44/attac

Politik ohne jemals Partei zu werden." In Frankreich scheint das aufgrund des Zuspruchs der Parteien zu gelingen, urteilt der "Zeit"-Redakteur Michael Mönninger[14].
Auch die dritte wesentliche Herausforderung der Neuen Sozialen Bewegungen ist typisch für Bewegungen: Mangelnde Professionalität verhindert Effizienz in der politischen Arbeit und damit letztendlich auch Erfolg. Die unterschiedlichen Ansätze von schlank organisierten NGOs und basisorientierten grass-root Bewegungen lassen sich nur bedingt vereinbaren. Wie es gehen könnte, zeigen ATTAC Frankreich und Deutschland. Wie es auch anders ausgehen kann, zeigt die von Kinderkrankheiten geplagte österreichische Neue Soziale Bewegung. Selten gelingt es den VeranstalterInnen (mangels ausgereifter PR-Strategien) die öffentliche Wahrnehmungsschwelle zu durchbrechen, und selbst dann bleibt für Außenstehende oft nur der nach dem zweiten Mal plump wirkende Generalslogan "Eine andere Welt ist möglich" hängen. Wenn sich dazu noch organisatorische Probleme gesellen, können nicht nur keine neuen Menschen angesprochen werden, auch Enttäuschung unter den bestehenden AnhängerInnen macht sich breit.

## these 5: die sozialdemokratie kann als partei, die selbst aus einer emanzipativen bewegung entstanden ist, viel von den neuen sozialen bewegungen lernen.

Die Sozialdemokratie ist selbst aus einer sozialen Bewegung hervorgegangen, wenn sie nicht sogar die erste emanzipative Bewegung unseres Kontinents war. Im Gegensatz zu konservativen Strömungen hat sie aus ihrem philospophischen Grundverständnis heraus immer die diskursive Auseinandersetzung gesucht - nicht zuletzt steht sie damit in der aufklärerischen Tradition. Die Zeit der großen gesellschaftlichen Entwürfe ist aus Sicht der Soziademokratie einstweilen vorbei und damit ebenso die Zeit der großen Diskussionen. Diese Diskussionen werden - wenn auch in kleinerem Rahmen - von den Neuen Sozialen Bewegungen gesucht und geführt. Die Realität zeigt, dass sie damit mehr Zuspruch finden, als die Sozialdemokratie zurzeit damit finden könnte.
Überspitzt formuliert, ist die Sozialdemokratie in einigen wesentlich

[14] Die Zeit, 13.11.2003: "Chirac Attac". URL: http://www.zeit.de/2003/47/Sozialgipfel

Anliegen auf die Sozialen Bewegungen angewiesen und muss die Diskussionen mit den Bewegungen und NGOs aktiv suchen.

Eine wesentliche Erkenntnis hat Alfred Zauner im Rahmen der Veranstaltung "Organisation als Erfolgsfaktor - Perspektiven der politschen Partei als Nonprofit-Organisation" mit der folgenden Frage benannt: "Welche Organisationsformen, welche Strukturen und Prozesse müssen wir neu gestalten oder möglicherweise neu erfinden, um den politischen Kern, die Identität unserer Partei zu bewahren und gleichzeitig in einer deutlich veränderten Umwelt anschlussfähig zu bleiben?"[15]

Die Zielsetzung "Anschlussfähigkeit" fordert, dass die Organisation (nicht die Personen dahinter) Veränderungen in der relevanten Umwelt, z. B. öffentliche Meinung, zu einem bestimmten Thema wahrnimmt (Resonanzfähigkeit), aber auch Signale sendet, die von der relevanten Umwelt als wichtig wahrgenommen werden (Interventionsfähigkeit).[16] Anders formuliert, muss die Organisation die Fähigkeit von Trendscouts und Trendsettern erlangen - ohne Zweifel sind das hohe Anforderungen an das innerparteiliche Kommunikationsdesign.

Einer der Hauptgründe - wenn nicht der wesentlichste - für den größeren Erfolg der Neuen Sozialen Bewegungen blieb bisher unerwähnt. Die Neuen Sozialen Bewegungen schaffen es auf erstaunliche Weise, "situatives Engagement" zu ermöglichen. Im Gegensatz zu den meisten Parteistrukturen ist für NGOs die Bekämpfung von Ein- und Austrittsbarrieren Teil der alltäglichen Organisationsstrategie. Viele Menschen glauben, dass Engagement für die SPÖ mit a), der Anschaffung eines roten Parteibuchs und b), einem lebenslangen "Glaubensbekenntnis" zur Sozialdemokratie (Stichwort "von der Wiege bis zur Bahre") verbunden ist. Und das setzt voraus, dass man mit allem und jedem einverstanden ist. Selbstkritik und Offenheit sind, so die öffentliche Wahrnehmung, leider keine sozialdemokratischen Tugenden. Leider eilt der Sozialdemokratie ihr Ruf voraus, es gibt aber auch strukturelle Elemente, die diesen Ruf bestätigen. Daher gilt es zum einen bewusst gegenteilige Imagebotschaften zu senden, zum anderen aber auch Strategien zum Abbau von Ein- und Austrittsbarrieren zu entwerfen. Das kann heißen, die Grenze zwischen "aktiv engagiert" sein und "sympathisieren" bewusst aufzuweichen, z.B. durch die gezielte Einbindung von sympathisierenden Nichtmitgliedern zur Mitarbeit an konkreten Projekten oder Initiativen.

Aber auch eine strategische Neuausrichtung der Mitgliederarbeit muss

[15] Zauner (2000)

[16] Ebendort

angedacht werden: Zum einen ist die Rolle einer starken Mitgliederbasis als Voraussetzung für den Erfolg zu hinterfragen. Neue Soziale Bewegungen zeigen, dass die formale Trennung zwischen Mitgliedern und Nichtmitgliedern als politische Basis den Erfordernissen der Zeit oft nicht mehr entspricht. Zum anderen hat sich die Motivation, Mitglied einer Partei zu werden, in den letzten Jahrzehnten grundlegend geändert - historische Erlebnisse, die für politische Bindung sorgten, sind heute nicht mehr gegenwärtig, eine Parteimitgliedschaft verhilft heute nur noch selten zu einem Arbeitsplatz oder einer Wohnung.

Auch die Erwartungen der Mitglieder haben sich dementsprechend verändert - wie ist weitgehend unbekannt. Eine Umfrage der SPÖ Steiermark unter Mitgliedern und Nichtmitgliedern ergab, dass eine Mitgliedschaft dann interessiert, wenn die Partei erstens starke Mitbestimmungs- und Gestaltungsmöglichkeiten, zweitens umfassende Informationen und drittens interessante Serviceangebote anbietet.[17] Demnach muss das zentralistische Denken, dass Entscheidungen von der politischen Führung alleine getroffen werden und die Mitglieder sie dann im Gespräch verkaufen müssen, aufgebrochen werden. Der Aufbau parteiinterner Demokratie durch Urabstimmungen unter den Mitgliedern über zentrale Positionierungen oder Personalentscheidungen auf allen Ebenen wäre sicherlich eine wichtige Reform im Sinne einer zukunftsfähigen Sozialdemokratie. Wer sich für eine Mitgliedschaft entscheidet, hat offenbar auch Interesse an Politik und den Prozessen dahinter - dieses Informationsbedürfnis muss gestillt werden[18]. Interessante Serviceangebote können von Diskussions- und Bildungsveranstaltungen bis hin zu Freizeitangeboten reichen.

Die Sozialdemokratie muss die Fähigkeit entwickeln, rascher Entwicklungen ihrer Interessensgruppen wahrzunehmen und steuernde Signale zu senden. Auch eine Orientierung an den Erwartungen und Interessen von Mitgliedern und SympathisantInnen ist anzustreben - dazu müssen diese aber erst erkannt werden. Vor allem gilt es aber, Eintrittsbarrieren für potentiell Interessierte abzubauen. Es müssen Anstrengungen unternommen werden, nicht länger als Apparat, sondern eher als Bewegung wahrgenommen zu werden.

---

[17] Graf-Götz (1991)

[18] Durch den Einsatz neuer Medien kann dies zu billig und individuell wie nie zuvor geschehen.

## links zum thema

www.wz-berlin.de/zkd/poem/
*Arbeitsgruppe "Politische Öffentlichkeit und Mobilisierung" am Wissenschaftszentrum für Sozialforschung (Berlin)*

www.attac.de/ags
*Übersicht über bundesweite Kampagnen und AGs von ATTAC Deutschland*

www.socialforum.at
*Homepage des Austrian Social Forums (ASF) mit zahlreichen weiterführenden Links zu Thema Neue Soziale Bewegungen.*

## literatur:

*Graf-Götz, Friedrich (2001):* "Projektbericht: Politische Bindungen schaffen. Ein neuer Zugang zum Thema Mitgliederarbeit". Renner-Institut, Wien. URL: http://www.renner-institut.at/download/texte/mitglied.pdf (August 2004)

*Hitzler, Ronald (1995):* "Auf dem Weg in die 'Strukturdemokratie' - zur Extension des politischen Handelns" In: Kurswechsel 1/1995, Wien: Beirat für gesellschafts-, wirtschafts- und umweltpolitische Alternativen (BEIGEWUM)

*Matjan, Gregor (1995):* "Individualisierung als politische Dynamik" In: Kurswechsel 1/1995, Wien: Beirat für gesellschafts-, wirtschafts- und umweltpolitische Alternativen (BEIGEWUM)

*Neidhardt, Friedhelm / Rucht, Dieter (1993):* "Auf dem Weg in die 'Bewegungsgesellschsaft'?" In: Soziale Welt 3/1993

*Raschke, Joachim (1985):* Soziale Bewegungen. Ein historisch-systematischer Grundriss. Frankfurt a.M. / New York: Campus

*Rucht, Dieter (2004):* Antöße für den Wandel - Soziale Bewegungen im 21. Jahrhundert. Vortrag für "Die Bewegungsstiftung - Anstöße für soziale Bewegungen" in Berlin. URL: http://www.wz-berlin.de/zkd/poem /pdf/stiftung_vortrag04.pdf (letzer Besuch: August 2004)

*Schiller, Theo (2001) aus Gabriel, Oscar et al (Hg.):* Parteiendemokratie in Deutschland. Opladen: Bundeszentrale für politische Bildung.

*Zauner, Alfred (2000):* Organisation als Erfolgsfaktor - Perspektiven der politischen Partei als Nonprofit-Organisation. Einleitungsreferat zur gleichnamigen Veranstaltung des Renner-Instituts in Wien. URL: http://www.renner-institut.at/download/texte/zauner.pdf

# diskurs: neue soziale bewegungen

## über "den frischen wind in der politischen arena: neue soziale bewegungen" diskutieren claudia hahn und josef zehetner mit dem autor jakob huber.

Claudia Hahn: Mich würde interessieren, wie du persönlich, Jakob, zu den Neuen Sozialen Bewegungen stehst. Denn der Beitrag ist ab und zu sehr kritisch, dann aber wieder sehr befürwortend.

Jakob Huber: Ich habe versucht, das Phänomen differenziert zu sehen. Jedenfalls finde ich sie auf Grund verschiedener Eigenheiten sehr spannend. Zum einen ist das ihr umfassender Anspruch, der sie von "alten" sozialen Bewegungen wie der Ökologie- und der Frauenbewegung unterscheidet und sie eher in Konkurrenz zu Parteien stellt. Denn Parteien versuchen mit ihrer Weltanschauung ja auch umfassend Antworten zu liefern. Zum anderen geht es ihnen nicht unbedingt darum, eine Meinung durchzusetzen, sie sehen sich selbst als Netzwerk. Aber es gibt eben auch Schwächen wie die mangelnde Professionalisierung. Wobei noch nicht völlig klar ist, was alles "Neue Soziale Bewegung" ist.

CH: Du schreibst, dass attac nur in Frankreich und Deutschland professionell arbeiten und relativ gut funktionieren. Ich stelle die Frage, ob sie wirklich professionalisiert sein wollen? Oder wollen sie nur protestieren?

JH: Sowohl als auch. Einerseits will attac professionell und seriös arbeiten und so teilweise als Lobby fungieren. Genauso gibt es aber auch die "Sturm im Wasserglas"-Diskussionsrunde, wo die Leute sich vor allem selber wiederfinden wollen.

Josef Zehetner: In attac, den Sozialforen und der globalisierungskritischen Bewegung als Ganzes finden sich zwei Typen von NGOs. Einerseits gibt es zahlreiche politische NGOs, die versuchen Leute zu politisieren und zu ideologisieren. Andererseits gibt es auch die Bewegungen "aus der Multitude heraus", wie Negri sagt ("Multitude" ist die basisnahe globalisierte Gegenbewegung zum "Empire" in Negri und Hardts gleichnamiger Globalisierungs-Fibel. / Anm.). Gemeinsam hat die Globalisierungsbewegung, dass sich alle Gruppen gegen einen Sachverhalt wehren wollen. Der gemeinsame scheinbar übermächtige Außenfeind führt somit politische Kaderschmieden und nicht politisch-ideologische Gruppierungen zusammen. Dabei fällt auf, dass viele Gruppierungen Anliegen übernehmen und vertreten, die in der herkömmlichen politischen Auseinandersetzung wenig Platz haben, wie es im Beitrag auch als "advocacy function" beschrieben wird. Findest du Jakob, die SPÖ sollte auch im Bereich des "advocacy" stärkere Anleihen bei der Globalisierungsbewegung nehmen?

JH: NGOs besitzen naturgemäß bei den Menschen, die sie vertreten, eine besonders hohe Glaubwürdigkeit, sie müssen ihre Positionen aber auch nicht mit zahlreichen anderen zu einer homogenen Weltanschauung zusammenfügen. Deshalb wird die SPÖ NGOs in ihrer advocacy-function nie völlig ersetzen können. Dort liegt aber gleichzeitig auch eine Stärke klassischer Parteien: Sie sind integrativ, weil sie sich mit ihrem Veränderungs- oder Bewahrungsanspruch auf sämtliche gesellschaftliche Bereiche erstrecken

CH: Der Beitrag zielt auf die Lernmöglichkeiten für die SPÖ ab. Ein wesentlicher Diskussionspunkt ist dabei die Mitgliederarbeit, verbunden mit dem Anspruch, ein bisschen mehr Dienstleister zu sein. Nicht nur für Mitglieder, sondern auch für SympathisantInnen. Hier liegt auch die Überlegenheit, die größere Flexibilität der sozialen Bewegungen. Du hast auch gefordert, die Trennung von Mitglied und Sympathisant aufzuweichen. Etwas weniger detailreich bist du beim "Wie?".

JH: Es geht darum, Einstiegsbarrieren für Menschen im Umfeld abzubauen. Eine Parteimitgliedschaft wird nicht unbedingt positiv gesehen. Sie gilt als dauerhaft, ohne "Wiederkehr" und viele glauben, sie fordert vollkommene Übereinstimmung und die notwendige Aufgabe eigener Positionen. Gleichzeitig sehen sie wenig Nutzen. Da muss sich die SPÖ überlegen, wie sie diese größtenteils Image-Barrieren abbauen kann. Sehr maßgeblich ist in diesem Zusammenhang, wie SympathisantInnen die Organisationskultur wahrnehmen. Ich glaube, lange Sitzungen, Sesselkleberei und die zu starke Ausrichtung auf die Wohnsektionen sind langweilig. Interessante Diskussionen werden hingegen selten öffentlich geführt oder dringen nicht durch.

JZ: Die Frage ist auch, was bekommen die Mitglieder dafür, dass sie einmal im Jahr nicht einmal so wenig Geld an die Partei überweisen. Welchen Einfluss haben sie?

JH: Die Partei muss Diskussion fördern. Dazu gehört auch ein Mitspracherecht bei wesentlichen Entscheidungen, zum Beispiel über Urabstimmungen. Wie steht ihr dazu?

JZ: Auf Bezirksebene ja, auf Bundesebene wäre das wahrscheinlich eher lähmend. So können Themen auch verschleppt werden.

JH: Mir erscheint es als besonders wichtig, interne Kritikfähigkeit zu schaffen. Die SPÖ soll nicht der Hort der Basisdemokratie werden, aber trotzdem geht mir breite inhaltliche Arbeit und Diskussion ab.

JZ: Eine Chance für die SPÖ ist glaube ich auch, dass die Globalisierungsbewegung wegen zahlreicher Kinderkrankheiten in Österreich noch nicht richtig auf Touren ist. Deshalb kann die SPÖ in diesem Bereich durchaus noch Themen besetzen und sich aktiv einbringen. Mit der inzwischen erfolgten Abkehr vom teilweise neoliberalen Kurs der SPÖ in den 90er Jahren wurde auch ein erster Schritt in diese Richtung getan.

JH: Ein anderer Grund für den mäßigen Erfolg der Globalisierungsbewegung ist, dass Österreich im Vergleich mit anderen Ländern sehr wohlhabend ist. Andere Ländern spüren die Auswirkungen der Globalisierung (schon) stärker. Schließlich gibt es auch keine starke Bewegungskultur. Demos mit über 100.000 Menschen gab und gibt es kaum.

JZ: Stimmt. Die 68er waren ja auch nur ein Lüftchen in Österreich.

JH: Österreich ist sehr konsensorientiert, fast schon konsenssüchtig. Deshalb spricht die doch widerständige Globalisierungsbewegung nur einen engen Kreis an, von dem wiederum sehr viele schon politisch organisiert sind. Denn im Gegensatz zur geringen Bewegungskultur ist der Organisationsgrad in Österreich ja immer noch relativ hoch.

JZ: Eine andere Perspektive, die im Beitrag nicht allzu breiten Raum bekommt, ist der internationale Aspekt. NGOs fassen leichter international Fuß als Parteien, sie haben schneller den nationalen Rahmen gesprengt. So sind viele NGOs auf europäischer Ebene schlagkräftiger und besser vernetzt als beispielsweise die SPE (Sozialdemokratische Partei Europas, Anm.). Und die ist immerhin eine Fraktion im Europäischen Parlament.

JH: NGOs spielen im internationalen Bereich eine größere Rolle. Sie sind auch in der UNO schon lange verankert. Bei großen Verhandlungen wie zum Beispiel in Kyoto werden Expertisen von NGOs berücksichtigt. Ein drastisches Beispiel: In gewissen Regionen in Entwicklungsländern ist es wahrscheinlicher, die Schulbildung von einer NGO als vom Staat zu erhalten. Dass das kein wünschenswerter Zustand ist und nur eine absolute Not- und Übergangslösung sein kann, macht diese Arbeit dabei nicht weniger wichtig.

*"Utopie oder Wirklichkeit,*
*Was bringt die Zeit der Menschheit,*
*Recht und Freiheit oder Hass und Neid,*
*ihr lenkt die Zukunft weil ihr Menschen seid."*

(Die Firma / "Nachricht aus Utopia")

# über utopien

## welche rolle können utopien im kontext von politik, organisation und kritik sinnvoll spielen?

*Jakob Kapeller*

Die inhaltliche Ausrichtung sozialistischer und sozialdemokratischer Organisationen steht heute an einem Scheideweg. Alltagspolitische Sachzwänge und die täglichen Erfordernisse des modernen Polit-Business lassen inhaltliche Grundsatzfragen immer mehr in den Hintergrund treten. Im Gegenzug verlangt eine globalisierte und ökonomisierte Umgebung den politischen Institutionen zusehends schnelleres Handeln, akkurateres Entscheiden und fundierteres Argumentieren ab.
Bedenkt man des Weiteren, dass die Zahl der klassischen "Parteigänger" seit den 70er Jahren stark zurückgegangen ist[1], wird deutlich, dass die Anforderungen im politischen Alltagsbetrieb sukzessive ansteigen - während die Ressourcen der politischen AkteurInnen beständig kleiner werden. In diesem veränderten Umfeld wird es auch zusehends schwieriger, fortschrittliche Politik zu betreiben - schließlich bedingt eine auf gesellschaftlichen Fortschritt zielende Politik umfangreiche Überlegungen und eine kritische Selbstevaluation - da die Zeit, die der politische Betrieb den AkteurInnen überlässt, im Normalfall wesentlich zu kurz ist, um innovative und gerechte Lösungen für die Probleme unserer Gesellschaft zu finden.
Die Auseinandersetzung mit diesem Dilemma fortschrittsorientierter, linker Politik geht unweigerlich mit der Frage einher, wie am besten damit

[1] vgl.: Dachs / Gerlich / Gottweis u.a. (1997): Handbuch des politischen Systems Österreichs: Die Zweite Republik, Wien: Manz, So 233

umzugehen ist. Eine mögliche Strategie, die in fundamentalem Gegensatz zu alltäglichen Sachzwängen und professionellen Polit-Bürokratien steht, versucht dieser Text zu skizzieren: die Beschäftigung mit Utopien.
Der Begriff Utopie kommt aus dem Griechischen und bedeutet etwa soviel wie "Nirgendwo"[2]. Im Allgemeinen wird darunter ein fiktiver, moralisch und technisch weit fortgeschrittener gesellschaftlicher Idealzustand verstanden.[3] Bekannte Utopien sind etwa Platons "idealer Staat", Thomas Morus´ *Utopia* oder auch die "freie Assoziation freier Individuen"[4] nach Karl Marx. Die besondere politische Bedeutung der Utopien liegt darin, dass sie stets von einem eklatanten gesellschaftlichen und/oder technologisch-wirtschaftlichen Fortschritt ausgehen. Oder anders herum ausgedrückt: Wollen wir schnelle, effiziente und professionelle politische Entscheidungen treffen, die zudem noch einen fortschrittlichen Charakter innehaben, könnte die Beschäftigung mit Utopien (oder: mit eklatantem Fortschritt) von Nutzen sein:

"Träume sind wie Sterne.
Auch wenn wir sie nicht erreichen können,
können wir uns doch an ihnen orientieren."[5]

## utopie und politik

Politik hat grundsätzlich diskursiven Charakter - sie beinhaltet nämlich eine philosophisch-gedankliche Auseinandersetzung, die versucht, die bestmögliche Lösung mittels rationaler Diskussion zu ergründen. Einen tatsächlichen "Erkenntnischarakter", im Sinne eines empirischen Wahrheitsgehalts, bringt die politische Auseinandersetzung allerdings nicht mit sich. Die Antwort auf die Frage nach der jeweils *besten* Lösung für ein gemeinsames Problem ist weniger durch Erkenntnis sondern vielmehr durch Meinung definiert - ein Umstand, den schon die alten Griechen erkannt haben.[6]

---

[2] Griech.: u-: Vorsilbe für "nicht, kein"; topos: Ort

[3] Vgl.: Günter Endruweit / Gisela Trommsdorf (Hrsg. / 2002): Wörterbuch der Soziologie, Stuttgart: Lucius & Lucius, S 648-649

[4] Vulgo: "Kommunismus"; folgt nach Karl Marx auf die Entwicklungsstufe Sozialismus bzw. "Diktatur des Proletariats"

[5] Sprichwort

[6] Vgl.: Thomas Heinrichs (2002): Freiheit und Gerechtigkeit, Münster: Westfälisches Dampfboot, S 26-28

Dies zeigt, dass Politik nicht nur einen diskursiven, sondern auch einen normativen Charakter hat. Normativ bedeutet in diesem Zusammenhang, dass die dominierende politische Fragestellung nicht "Wie ist es?" sondern "Wie soll es sein?" lautet. Die Fragestellung "Wie soll es sein?" impliziert die Existenz von subjektiven "Orientierungskriterien". Diese "Orientierungskriterien" nennen wir Werte. Die Frage nach dem bestmöglichen Zusammenleben von Menschen ("Wie soll es sein?") kann nicht empirisch bzw. durch Erkenntnis beantwortet werden, da sie eine von Grund auf normative Fragestellung darstellt. Daher braucht fortschrittliche Politk - um nicht im empirischen "Wie ist es?" des Heute steckenzubleiben - Werte, Meinungen und Utopien, im Sinne oben genanner Orientierungskriterien, um Perspektiven für morgen und übermorgen aufzeigen zu können.

Diese besondere Bedeutung der Utopie in diesem Zusammenhang liegt nicht nur in dem "Prinzip Hoffnung" (c/o Ernst Bloch) - d. h., dass Utopien, im Sinne von Idealbildern, die Möglichkeit einer besseren Welt illustrieren -, sondern vor allem in der riesigen Anhäufung an alternativen Denkansätzen und Strukturierungsvorschlägen, die sie mit sich bringen. So können Utopien beispielsweise auch als "regulative Ideen"[7] funktionieren, die den Menschen verdeutlichen, was sie im Falle einer veränderten Lebensweise gewinnen oder verlieren würden.

Tendenzielles Ziel konservativer Politik ist es hingegen, derartiges "Vordenken" als "krankhaft-visionär" zu brandmarken - schließlich stehen Utopien, da sie im Normalfall einen fortschrittsorientierten Veränderungsanspruch stellen, im diametralen Gegensatz zum konservativen Weltbild. Der kritische Philosoph Andre Gorz bringt dieses Phänomen auf den Punkt, wenn er schreibt: "Wenn die Rechte alle von der Realpolitik abgehobenen Leitideen und Zukunftsvisionen weiterhin als gefährliche Utopien verurteilt, dann trägt sie dazu bei, dass ein Vakuum entsteht, das dann von rechtsextremistischen Utopien von Kameradschaft, Ordnung und Disziplin im totalen Staat ausgefüllt wird."[8]

Es scheint, als hätten konservative Politiker die Bedeutung der Utopien für die Alltagspolitik teilweise am schärfsten erkannt. Schließlich wird es durch die sukzessive Verunglimpfung alternativer Leitbilder und Lebensmodelle auch wesentlich schwieriger, nicht dezidiert-utopische aber alternativ-fortschrittliche Perspektiven für das gesellschaftliche

[7] Vgl. Richard Saage (1997): Utopieforschung, Darmstadt: Primus Verlag, S 35

[8] Andre Gorz (1993): Das Subjekt steht links; aus: Online-Archiv der FAZ (zu finden auf www.faz.net)

und ökonomische Zusammenleben zu artikulieren. Gerade dort sollten wir als SozialistInnen und SozialdemokratInnen aber versuchen anzusetzen - beim Aufzeigen von alternativen Organisationsformen für (Teile) unsere(r) Gesellschaft. Dies zeigt, dass wir uns die Möglichkeiten des utopischen Denkens wieder aneignen müssen, anstatt sie dem politischen Gegner als so genannte Dystopien[9] zu überlassen. An dieser Stelle scheint es sinnvoll, das Schlusswort Max Weber zu überlassen, der in seinen Überlegungen zum Thema Utopie feststellte, "dass das Mögliche sehr oft nur dadurch erreicht wurde, dass man nach dem jenseits seiner liegenden, Unmöglichen griff."[10]

## utopie im organisationalen prozess

Im Rahmen der organisationalen Planung von Non-Profit-Organisationen im weiteren Sinne, aber auch im engeren Rahmen der Parteien und ihren befreundeten Organisationen, lassen sich unterschiedliche Ebenen der Planung unterscheiden. Die langfristigste dieser Ebenen wird im Fachjargon oft mit dem Begriff "normativ-strategische Planungsebene" bezeichnet. Die Formulierung "normativ-strategisch" bezeichnet auch hier wieder die Frage nach dem "Wie soll es (bzw. unsere Organisation) sein?". Die Antwort auf diese Frage wird meist in einer Art organisationalem "Leitbild" formuliert, das den "Sinn" einer Organisation charakterisieren soll. Gleichzeitig dienen Leitbilder als Grundlage für die operative Zielformulierung (d.h. für die Formulierung von Teilzielen).[11]

In der vernetzten Betrachtung von organisationalen Leitbildern und politischer Arbeit lässt sich eine besondere Qualität der Utopien erkennen. Konsultiert man die entprechende Literatur, lässt sich feststellen, dass sich, im Zusammenhang mit Leitbildern, sogar die Betriebswirtschaft bemüht, die "strategisch-normative" Planungsebene mit Begriffen zu erläutern, die dem der Utopie verdächtig nahe stehen:

---

9 Dystopie = negative Utopie; populäre Beispiele für negative Utopien sind Aldous Huxleys "Brave New World" oder George Orwells "1984"

10 Zitat von Max Weber; zitiert nach: Günter Endruweit / Gisela Trommsdorf (Hrsg. / 2002): Wörterbuch der Soziologie, Stuttgart: Lucius & Lucius, S 649

11 vgl.: Schwarz / Purtschert / Giroud / Schauer (2002): Freiburger Management-Modell für Non-Profit-Organisationen, Bern / Stuttgart / Wien: Haupt, S 118-122

"Die *Mission* ist das alles beeinflussende Oberziel, dem sich das restliche Zielsystem unterzuordnen hat."[12]
"Normativ sind *Visionen*, Leitbilder, welche meist in wenigen knappen Sätzen die Werthaltung und das Selbstverständnis [...] festlegen."[13]
So seltsam diese Passagen formuliert sein mögen - sie enthalten doch einen Hinweis darauf, welche wichtige Funktion Utopien im organisationalen Prozess einnehmen können: Nicht als Dogma und auch nicht als "zu entsorgende Altlast", wie etwa in der deutschen SPD, sondern als Leitbild, als Orientierungskriterium und als integrative Vision, die fähig ist, sämtliche Aktivitäten einer Organisation unter gemeinsamen Zielen zu subsumieren.
Neben dieser integrativen "Leitbild"-Funktion bietet die Utopie im organisationalen Kontext noch weitere interessante Implikationen an. So stellen beispielsweise altruistische Motive, d. h. Motive für die eine Erhöhung des Wohlbefindens anderer maßgeblich ist, einen wesentlichen Beweggrund für Menschen, dar sich (ehrenamtlich) zu engagieren. Im Rahmen empirischer Analysen gibt ein Großteil ehrenamtlich engagierter Menschen an, dies aus altruistischen Motiven heraus zu tun.[14]
Hier wird deutlich, dass es möglich ist, derartig motivierte Menschen auch über utopische Ziele anzusprechen, da diese ja eine "Erhöhung des Wohlbefindens" für alle oder viele Menschen impliziert. Empirisch gesehen, korreliert der Anteil an lebenslang ehrenamtlich engagierten Menschen stark mit altruistischen Motiven - vor allem in der Kirche ("bessere Welt im Jenseits") und in der Politik ("bessere Welt im Diesseits") finden sich derartige Biographien.[15] Auch die medial stark präsente Sozialforenbewegung rund um Gewerkschaften, Attac-Gruppen und Ökovereine, die vorwiegend von ehrenamtlichem Engagement getragen wird und einen extremen Zulauf an engagierten freiwilligen Mitarbeitern verzeichnen kann, hat sich einen "utopischen Slogan" auf die Fahnen geheftet: "Eine andere Welt ist möglich."
Diese Überlegungen lassen die Schlussfolgerung zu, dass utopisches Denken Menschen dazu bewegen könnte sich für Politik zu interessie-

---

[12] Christoph Badelt (Hrsg.): Handbuch der Non-Profit-Organisation (2002), Stuttgart: Schäffer-Poeschel, S 198

[13] Schwarz / Purtschert / Giroud / Schauer (2002): Freiburger Management-Modell für Non-Profit-Organisationen, Bern / Stuttgart / Wien: Haupt, S 118

[14] Christoph Badelt (Hrsg.): Handbuch der Non-Profit-Organisation (2002), Stuttgart: Schäffer-Poeschel, S 584-588

[15] Christoph Badelt (Hrsg.): Handbuch der Non-Profit-Organisation (2002), Stuttgart: Schäffer-Poeschel, S 584-588

ren bzw. vielleicht sogar verstärkt zu engagieren - die "ideale" Alternative, als die die Utopie verstanden werden kann, entbehrt eben nicht eine gewisse Attraktivität. Oder anders ausgedrückt: "Wer Visionen hat" solle eben nicht "zum Arzt gehen" (Zitat des ehemaligen sozialdemokratischen deutschen Bundeskanzlers Helmut Schmidt), sondern lieber in die Politik.

Ein letzter hier genannter, relevanter Aspekt der Utopie für die Organisation, ist die Bedeutung von Werten und Visionen für die Leitung[16] von Menschen und Mitarbeitern. Aufbauend auf Max Webers Aussagen zum Thema Herrschaft (Max Weber unterscheidet traditionale, charismatische und rationale Herrschaftsformen[17]) befassten sich ForscherInnen mit dem Phänomen der "charismatischen Führung"[18]. Eine "Quintessenz" dieser Auseinandersetzungen ist, "dass effektive Führer visionär sind, innovative Lösungen für soziale anbieten können, häufig für fortschrittliche, wenn nicht radikale, Änderungen eintreten [...] und tatsächlich bemerkenswerten sozialen und organisationalen Wandel bewirken können."[19] Weitere herausgearbeitete Elemente "charismatischen Führungsverhaltens" sind etwa die Anerkennung und Weckung langfristig geschätzter Grundwerte und Motive sowie das Vorhandensein einer "Vision".[20]

"Vision, innovativ, fortschrittlich, wenn nicht radikal, sozialer Wandel, Grundwerte..." - alles Begriffe, die sich auch zur Charakterisierung des Wortes Utopie eignen würden. Die Schlussfolgerung, die sich hier anbietet, ist allerdings nicht die eine neue utopische "Führungspersönlichkeit" zu generieren - man sollte nicht denselben Fehler machen wie die "charismatische Führungsforschung", nämlich zu kurz zu greifen, die Person zu analysieren, und das soziale Umfeld (nahezu) außer Acht zu lassen. Die Implikation, die diese Überlegungen anbieten, ist vielmehr zweigeteilt.

Erstens: Utopisches Denken beinhaltet charismatische Elemente - wie

[16] Um den in der Betriebwirtschaft verwendeten, aber schlecht gewählten, weil leicht missverständlichen Begriff der "Führung" zu umgehen.

[17] Max Weber (1972): Wirtschaft und Gesellschaft, Tübingen: Mohr, S 122-126

[18] "charismatische Führung" bedeutet, dass sich so viele Personen an die Handlung bzw. dem Charakter einzelner Personen oder Gruppen anlehnen oder orientieren, dass die subjektive Einstellung der Person/Gruppe zum Massenphänomen wird (Beispiele: Mahathma Ghandi, Martin Luther-King, Adolf Hitler, cubanische Revolution, Mohammed...)

[19] House R. / Shamir B. (1995): Führungstheorien - charismatische Führung, aus: Kieser / Reber / Wunderer (Hrsg.): Handwörterbuch der Führung, Stuttgart: Poeschel-Verlag, Sp 878

[20] Vgl.: House R. / Shamir B. (1995): Führungstheorien - charismatische Führung, aus: Kieser / Reber / Wunderer (Hrsg.): Handwörterbuch der Führung, Stuttgart: Poeschel-Verlag, Sp 878 - 897

etwa Visionen, (Grund-)Werte oder positive Veränderungen - und ist dennoch nicht an Personen gebunden. Zweitens: Beinhaltet eine politische Bewegung utopisches Denken, das sie in ihrem sozialen Umfeld auch vertritt, beinhaltet sie - vielleicht - auch (mehr) charismatische Elemente. Oder anders ausgedrückt: Wär uns eine Fernsehdebatte über die "Möglichkeiten des friedlichen Zusammenlebens aller Menschen" nicht viel sympathischer als eine über Abfangjäger?

## utopie ist kritik

Karl Poppers wesentlichster Kritikpunkt an Utopien - von Platons *Politea* bis hin zum sowjetischen Realsozialismus - war, kurz ausgedrückt, ihr dogmatischer Charakter und der damit verbundene totalitäre Herrschaftsanspruch. Obwohl Poppers Kritk durchaus für die Sowjetunion oder den Nationalsozialismus zutreffen mag - wenn er die Schlussfolgerungen auf alle von ihm behandelten Utopien ausweitet, begeht er einen methodischen Fehler.[21] So waren viele, vor allem literarische Utopien, ursprünglich als Kritik an ihrer Zeit gedacht: Ovid verpakkte beispielsweise in den *Metamorphosen* allerhand zynische Kritik an Kaiser Augustus in kurze, utopisch angehauchte Passagen.[22] Sowohl Thomas Morus´ *Utopia*, Platons *Politea* oder die "süße Verlockung sich Staatsverfassungen auszudenken, die den Forderungen der Vernunft entsprechen"[23] (Immanuel Kant) stehen in dieser Tradition, wie auch die - historisch gesehen - "jüngeren" Dystopien, also negative Zukunftsvisionen, wie etwa *brave new world* von Aldous Huxley oder George Orwell´s *1984*. Einige Textpassagen aus dem letztgenannten Werk werden auch in Michael Moore´s neuestem Film *Fahrenheit 9/11* eingeblendet, um der amerikanischen Regierung totalitäre Methoden zu unterstellen. Dies zeigt dass Utopie und Kritik nicht zwangsläufig als Gegensätze fungieren, sondern dass sie - sofern sie Hand in Hand gehen - auch eine effiziente politische Kritik möglich machen.
Auch die "kritische Theorie" hat ein ähnliches Verhältnis zur Utopie. So meint etwa Theodor Adorno, dass "der Utopie nur treu bleibt, wer auf sie verzichtet und sich an die Kritik hält"[24]. Frei interpretiert glaubt also

---

[21] Vgl.: Richard Saage (1997): Utopieforschung, Darmstadt: Primus Verlag, S 48-51
[22] Gerhard Fink (2000) : Ovids Metamorphosen, München /Zürich: Piper, S 12-17
[23] Zitiert nach: Richard Saage (1997): Utopieforschung, Darmstadt: Primus Verlag, S 22

Adorno an eine bessere Welt, die durch sukzessive Kritik an den bestehenden Verhältnissen entsteht. Diese "kritische Dimension" der Utopie ist auch für den politischen Alltag relevant. Zum einen liegt die Bedeutung der utopischen Diskussion in der kritischen Selbstüberprüfung - das eigene Denken und Handeln einer kritischen Prüfung auf der Basis grundsätzlicher Ideale zu unterziehen ist nicht nur Voraussetzung für eine rationale, undogmatische Diskussion, sondern auch Basis für eine Verbesserung und Weiterentwicklung der eigenen Position. Zum anderen eröffnet die Utopie eine doppelte Möglichkeit zur Kritik: So postulierte Thomas Morus´ Roman Utopia nicht nur Kritik an der mittelalterlichen Gesellschaft im England des 16. Jahrhunderts, sondern auch die, angesichts der Bedeutung der Kirche, viel radikalere These, dass ein "paradiesischer Zustand" außerhalb des Himmelreiches möglich wäre und dass Phänomene wie Armut oder Krankheit nicht gottgewollt, sondern veränderbar sind.[25]
So gesehen wird die Utopie zur Alltagskritik. Wahrscheinlich ist diese Erkenntnis nicht in allen politischen Arbeitsfeldern von großer Bedeutung. Dort wo es um Kommunikation, vor allem auch um direkte zwischenmenschliche Kommunikation geht, ist sie aber relevant - denn Utopien bieten immer zeitgleich eine fundamentale Kritik als auch eine neue Alternative an. So antwortet Geordi la Forge[26] - der Chefingenieur des "Raumschiffs Enterprise" - dem Schriftsteller Mark Twain, der durch eine Zeitreise in die Zukunft geschleudert wurde, auf die Frage nach der Höhe seines Salärs mit hochgezogenen Augenbrauen: "Im 24. Jahrhundert arbeiten wir nicht mehr für Geld - wir arbeiten für Selbstverwirklichung." Mit dieser "real gewordenen" Utopie vor Augen verschlägt es dem sonst verbal sehr schlagfertig dargestellten Schriftsteller erst einmal die Sprache.

## resümee

Wie bisher erarbeitet, sind Utopien im Stande einiges zu leisten - sie bilden eine Basis für innovative politische Überlegungen im Rahmen des alltäglichen Politikbetriebes (Kapitel 1), sie haben das Potential als inte-

[24] zitiert nach: Richard Saage (1997): Utopieforschung, Darmstadt: Primus Verlag, S 2
[25] vgl.: Richard Saage (1997): Utopieforschung, Darmstadt: Primus Verlag, S 55-61
[26] Eine Figur aus der Fernsehserie "Star Trek - Die nächste Generation"

grative Leitbilder und intrinsische Motivationsfaktoren, die eigene Organisation zu stärken (Kapitel 2) und sie bieten interessante argumentative Perspektiven an, wenn wir abwägen müssen, ob wir die Kritik der bestehenden Verhältnisse oder die Formulierung einer tragfähigen Alternative bevorzugen (Kapitel 3). In diesem Zusammenhang können die Organisationen der ArbeiterInnenbewegung auf ein großes Reservoir an UtopistInnen, LiteratInnen, PhilosophInnen und ÖkonomInnen zurückgreifen. Allerdings: Die klassischen Utopien (wie auch die Attraktivität des Jenseits) im Sinne eines "Träumen von etwas Besserem" haben in den letzten 50 Jahren starke Konkurrenz bekommen: die Werbung. So beschreibt der Utopieforscher Michael Winter bereits in den 70er Jahren das Dilemma der klassischen Utopien: "Utopier träumen nicht mehr. In den Wohlstandsgesellschaften der modernen Industrieländer sind die utopischen Träume längst zu Werbeslogans verkommen"[27]

Angesichts dieser Überlegung und einer komplexer werdenden Gesellschaft, in der ständig neue Probleme aufgeworfen werden, erscheint es ratsam, auch die eigene "utopische Philosophie" zu erweitern. In diesem Zusammenhang seien die sozialistischen und sozialdemokratischen Organisationen aufgerufen, sich neuen Ufern zuzuwenden. Zwar sollte man keineswegs damit beginnen, Marx und Engels, Lassalle und Bauer aus den Bücherregalen zu entfernen - aber wir sollten sie erweitern und zwar um die utopischen Denker der Antike wie etwa Aristoteles oder der schon zitierte Ovid, weiters die Intellektuellen der Aufklärung wie Kant, Spinoza oder auch Adam Smith, dessen Erbe wir gedankenlos den Konservativen und Liberalen überlassen, ohne zu erkennen, dass er heute wahrscheinlich ein Genosse wäre. Insgesamt gilt es weiter zu denken als bisher, ohne das bisherige zu verlieren oder zu verwässern, wenn wir wollen, dass Fortschritt mehr sein soll als Wirtschaftswachstum, Vernunft mehr als Effizienz und Träume mehr als nur Konsum. Politik ist, wie wir festgestellt haben, normativ und damit abhängig von subjektiven Werten. Wollen wir uns in diesem Wertediskurs durchsetzen werden wir jedes gute Argument brauchen. Auch wenn es von jemandem erdacht wurde, der sich nicht SozialistIn nannte.

In diesem spannenden Diskurs einige Anregungen zu geben, die im klas-

[27] Zitiert nach: Richard Saage (1997): Utopieforschung, Darmstadt: Primus Verlag, S 96

sischen sozialistischen bzw. sozialdemokratischen Kontext eher aus dem Rahmen fallen bemüht sich der letzte Teil dieses Texts.
Während sich die sozialistischen Utopien der Gesellschaft meist vom Standpunkt der verrichteten Arbeit aus nähern, wählen andere Utopisten den genau gegenteiligen Weg: So unterscheidet etwa Aristoteles, aber auch andere griechische Philosophen, zwischen einem *vita activa*[28] - einem von körperlicher Arbeit und Mühsal geprägten Leben - und einem *vita contemplativa*[29], das vorwiegend auf Muße und künstlerisch-philosophisch-politische Auseinandersetzung ausgerichtet ist. Aristoteles selbst begriff, "dass vollkommene Glückseligkeit in der besten Betätigung - der Kontemplation - [liege]"[30] - insofern ließe sich diese Utopie der alten Griechen als ein "Leben ohne labor" (lat.: labor: Arbeit, Mühsal[31]), als ein von Muße, Freizeit, Philosophie, Politik und Kunst dominiertes Leben beschreiben. Einen ähnlichen Ansatzpunkt wählt auch der römische Dichter Ovid, wenn er in den *Metamorphosen* das "goldene Zeitalter" der Menschen beschreibt:
"Das älteste Geschlecht der Menschen war von eigenem Antrieb gut; es brauchte keine Gesetze, keine Richter, keine ummauerten Städte, keine Waffen. In Ruhe und Frieden lebte es in einer Welt des ewigen Frühlings, durch die Ströme von Milch und Honig flossen. Unbestellt trug die Erde reiche Frucht, nichts trübte das Glück dieses Menschengeschlechts. Darum nannte man es das "goldene".[32]
Im goldenen Zeitalter der Menschheit gibt es (noch) keine Arbeit. Aus dieser Perspektive heraus unterscheidet auch Karl Marx die beiden Gegensätze das "Reich der Notwendigkeit" und das "Reich der Freiheit". Da Arbeit auch für Karl Marx Mühsal repräsentierte, setzte er auf eine radikale Arbeitszeitverkürzung um das "Reich der Notwendigkeit" einzuschränken und das "Reich der Freiheit" zu fördern. Wie nahe Marx mit dieser Beschreibung am antiken Verständnis von Muße liegt, zeigt folgendes Zitat:
"[Im Reich der Freiheit werde ich Zeit haben][33] heute dies, morgen jenes

28 Lat.: tätiges Leben
29 Lat.: beschauliches, "entspannendes" Leben
30 Bertrand Russell (2003): Die Philosophie des Abendlandes, München / Wien: Europaverlag, S 202
31 Vgl.: auch das englische labour
32 Vgl.: Gerhard Fink (2000) : Ovids Metamorphosen, München /Zürich: Piper, S 27
33 Sinngemäße Ergänzung des Autors

zu tun, morgens zu jagen, nachmittags zu fischen, abends Viehzucht zu treiben, nach dem Essen zu kritisieren, wo ich gerade Lust habe; ohne je Jäger, Hirt oder Kritiker zu werden".[34]
Auch in der Moderne wurde dieser utopische Gedanke - leicht verzerrt - weitergeführt. In dem 1930 erschienenen Aufsatz "The Economic Possibilities of our Grandchildren" postulierte der britische Ökonomon John Maynard Keynes, dass aufgrund fortgeschrittener Produktivität, bereits im Jahre 2030 der Mangel an nachgefragten Gütern vollständig gelöst sein. Danach würde die Menschheit auf hohem Wohlstandsniveau bei 15 Wochenarbeitsstunden in ein neues Zeitalter eintreten: Von der Mühsal der täglichen Arbeit emanzipiert und von der Dominanz des Geldes befreit, würde die Menschheit geradewegs auf eine "Kulturgesellschaft der befreiten Zeit" (c/o Andre Gorz) zusteuern.[35] Beinahe dieselbe Position nimmt der Philosoph und Mathematiker Bertrand Russell nahezu 30 Jahre später ein, wenn er seinem Text "Lob des Müßiggangs" - etwa für unser Zeitalter - eine Gesellschaft prognostiziert, die auf dem "4-Stunden-Tag" beruht.
Insgesamt kann man es allerdings dabei nicht belassen: Auch in der Sozialphilosophie, die dem utopischen Gedanken zumindest nahe steht, da sie sich, auf normative Überlegungen stützend, mit der Frage nach der "besten" Gesellschaftsordnung beschäftigt, gibt es interessante Denkansätze: Adam Smith beispielsweise - heute als "Ökonom" und liberales Aushängeschild missbraucht - war per Selbstdefinition ein "Sozialphilosoph", der sich primär mit der Realisierung eines "gerechten, aufgeklärten und menschenwürdigen Lebens für alle Menschen" beschäftigte - den vielzitierten "Wohlstand der Nationen" schrieb er nur als "Nebenbuch".[36] Die Aufklärung schenkte eine ganze Reihe großer (Vor-)Denker, von denen nur die wenigsten nicht "visionär" - und damit auch utopisch waren. Auch die schon erwähnten Dystopien (negative Utopien) liefern uns wichtige Denkanstöße: Nicht nur weil sie eindrucksvoll aufzeigen, wie es nie (mehr) geschehen darf - sondern weil sie auch daruaf hinweisen, wie es heute trotz allem geschieht: "1984" ist nicht mehr als eine überzeichnete Militärdiktatur, wie wir sie als Bewegung ablehnen und Max Webers "Das stahlharte Gehäuse des sie-

34 Zitiert nach: Josef Weidenholzer (2003): Arbeit als Fundament des Sozialstaates; aus: Skriptum zur Vorlesung "Grundzüge der Sozialpolitik" an der Johannes Kepler Universität Linz, SozPol, S 2

35 Vgl.: Peter Ulrich (2002): Der entzauberte Markt, Freiburg: Herder, S 64-68

36 Vgl.: Peter Ulrich (1990): Der kritische Adam Smith, Skriptum des Instituts für Wirtschaftsethik an der Universität St. Gallen

greichen Kapitalismus" liefert eine beeindruckende Dystopie des aktuellen kapitalistischen Systems:

"Die heutige kapitalistische Wirtschaftsordnung [...] zwingt dem Einzelnen [...] die Normen seines wirtschaftlichen Handelns auf. Der Fabrikant welcher diesen Normen entgegen handelt, wird ökonomisch ebenso unfehlbar eliminiert, wie der Arbeiter, der sich ihnen nicht anpassen kann oder will"[37]

So gesehen stehen uns eine ganze Fülle utopischer Denker und Gedanken zur Verfügung, wenn es darum geht, tragfähige Strategien für die Zukunft zu erarbeiten. Wir sollten an sie denken.

## links zum thema

www.velbrueck-wissenschaft.de/pdfs/zjoernruesen.pdf
*Frei verfügbarer wissenschaftlicher Artikel zum Inspirationspotential von Utopien.*

www.utopie2000.com
*Homepage, auf der verschiedene Auseinandersetzungen rund um den Themenkreis "konkrete Utopie" vorgestellt werden.*

www2.uibk.ac.at/gfpa/splitter/dokumente/Information%2052.pdf
*Feministische Artikelsammlung mit einem Beitrag zu "feministischen Utopien" am Server der Universität Innsbruck*

[37] zitiert nach: Peter Ulrich (2002): Der entzauberte Markt, Freiburg: Herder, S 69

# literatur

*Badelt, Christoph (Hrsg.) (2002):* Handbuch der Non-Profit-Organisation, Stuttgart: Schäffer-Poeschel

*Dachs / Gerlich / Gottweis u.a. (1997):* Handbuch des politischen Systems Österreichs: Die Zweite Republik, Wien: Manz

*Endruweit, Günter / Trommsdorf, Gisela (Hrsg. / 2002):* Wörterbuch der Soziologie, Stuttgart: Lucius & Lucius

*Heinrichs, Thomas (2002):* Freiheit und Gerechtigkeit, Münster: Westfälisches Dampfboot

*Fink, Gerhard (2000) :* Ovids Metamorphosen, München / Zürich: Piper

*Gorz, Andre (1993):* Das Subjekt steht links; aus: Online-Archiv der FAZ
House, R. / Shamir, B. (1995): Führungstheorien - charismatische Führung, aus: Kieser / Reber / Wunderer (Hrsg.): Handwörterbuch der Führung, Stuttgart: Poeschel-Verlag

*Russell, Bertrand (2003):* Die Philosophie des Abendlandes, München / Wien: Europaverlag

*Saage, Richard (1997):* Utopieforschung, Darmstadt: Primus Verlag
Schwarz / Purtschert / Giroud / Schauer (2002): Freiburger Management-Modell für Non-Profit-Organisationen, Bern / Stuttgart / Wien: Haupt

*Ulrich, Peter (2002):* Der entzauberte Markt, Freiburg: Herder

*Ulrich, Peter (1990):* Der kritische Adam Smith, Skriptum des Instituts für Wirtschaftsethik an der Universität St. Gallen

*Weber, Max (1972):* Wirtschaft und Gesellschaft, Tübingen: Mohr

# diskurs: utopien

## über "utopien" diskutieren jasmine chansri und markus eidenberger mit dem autor jakob kapeller

Markus Eidenberger: In deinem Beitrag schreibst du, tendenzielles Ziel konservativer Politik sei es, utopisches Vordenken als krankhaft visionär zu brandmarken. Eine Gegenthese, die mir dabei einfällt, ist folgende: Ist es nicht möglich, dass es auch eine konservative Utopie gibt in der Form einer sich selbstorganisierenden Zivilgesellschaft mit einem sehr, sehr zurückhaltenden Nachtwächterstaat? Wenn dem so wäre, würde das aber durchaus deine Grundthese über die Sinnhaftigkeit von Utopien im politischen Prozess stützen. Denn schließlich ist es den Konservativen in den letzten Jahren gelungen, sich und die Gesellschaft in Richtung dieser Vision zu bewegen.

Jakob Kapeller: Wo es eine Ideologie gibt, muss es auch Idealbilder geben und Idealbilder stehen einer Utopie sehr nahe. Aber konservative Utopien stellen keinen hochtrabenden Fortschrittsanspruch. Sie zeichnen vielleicht eine Welt der Konzerne oder ein Zurück zur bäuerlichen Idylle, aber keinen radikalen Fortschritt. Wenn man aber konservative Idealbilder betrachtet, und sei es nur die "Frau am Herd", dann muss zwischen Ideologie und dem, was kommunikativ nach außen transportiert wird, unterschieden werden. Denn die konservative Kommunikationsstrategie ist darauf aus, Utopien als unmöglich darzustellen.

Jasmine Chansri: Und den Konservativismus selbst als Utopie zu betrachten, hältst du für verfehlt?

JK: Ja, denn konservativ sein ist meiner Meinung nach grundsätzlich nicht utopisch, weil es ja das Bestehende erhalten möchte. Das impliziert keinen Fortschrtitt. Thomas Morus, der Autor von "Utopia", war auch teilweise sehr konservativ, aber er dachte nach vorne.

JC: Utopie fordert nach deinem Verständnis also immer etwas Unmögliches.

JK: Das wort selber heißt ja "nirgendwo". Ein großer Fehler der Linken war, dass sie Utopien nicht als etwas gesehen hat, woran wir uns orientieren können, sondern als etwas, das wir verwirklichen können.

ME: Könnte der gefühlsmäßige Mangel einer Utopie daran liegen, dass wir aufgewacht sind und sehen, dass wir die Utopie nicht erreichen können? Ich nehme schon einen gewissen Mangel an Utopien und Visionen wahr. Die alte Utopie taugt nicht mehr richtig, sie ist nicht mehr in. Und wir wissen auch um ihre Unerreichbarkeit, was nach deinem Ansatz aber vielleicht nicht unbedingt ein Nachteil wäre. Was Neues ist jedenfalls noch nicht da.

JK: Stimmt. Meine Antwort darauf wäre: Keine neuen Dogmen suchen, sondern versuchen fortschrittlich zu denken.

JC: Vielleicht ist die Antwort, kleine Alltagsutopien zu entwickeln. So war zum Beispiel ein rotes Bundesland Salzburg noch vor zehn Jahren "utopisch". Das erfordert ja auch, sich Ziele zu setzen, sich zu verändern.

JK: Grundsätzlich ist der Begriff Alltagsutopien gut, aber ich hielte es für falsch, größere strategische Ziele so bezeichnen. Mein Ansatz wäre vielmehr, reflektiert mehr utopisches Denken in unsere politische Alltagsarbeit einfließen zu lassen. Auseinandersetzung mit gesellschaftlichen Idealbildern ist geeignet, Perspektiven für morgen zu entwickeln, die irgendwo pragmatisch, im Alltag tragfähig sind - aber nicht abgehobene Dogmen, wo der Lehrsatz im Vordergrund steht. Der Wert liegt nicht in der Utopie, sondern in der Auseinandersetzung mit Utopien.

ME: Ich habe den Beitrag auch als ein Plädoyer für die Utopien-Vielfalt verstanden. Für mich besteht aber der Wert der Utopie auch in ihrer Funktion als Klammer, als Motivation, sich zu engagieren. Liegt darin nicht die Gefahr einer Vielfalt der Utopien, weil diese Klammer ja irgendwo ein Oberziel sein muss. Das muss etwas sein, auf das man sich auch als Organisation oder Bewegung festlegen kann. Wie die vier Grundwerte, die halt keine Utopien, sondern Werte sind.

JK: Dystopien wie Orwells "1984" zeigen, was Freiheit wirklich heißt. Utopia zeigt, was Gerechtigkeit heißen kann. Gerade was die integrative Funktion von Utopien betrifft, können es auch mehrere sein, da sich die Leute auch jetzt aus verschiedenen Gründen engagieren. Mir ist die SPÖ beispielsweise in vielen Bereichen nicht gesellschaftsliberal genug, diese Utopie bringe ich in die SPÖ eher ein. Andere Utopien sind wiederum ein Grund für mich, mich und eine Utopien gerade in der SPÖ und nicht in einer anderen Bewegung einzubringen.

JC: Die Frage ist dann auch, wer bestimmt, welche Utopien als erstrebenswert gelten. Und eine Vielfalt bedeutet, dass auch mehrere Utopien zugelassen werden müssen. Das ist alles andere als einfach und selbstverständlich.

ME: Da bleibt mir nur zu fragen: Wie kommen wir zu neuen Visionen, auch in einer Vielfaltspartei? Müssen wir auf eine charismatische Führungsfigur warten? Wenn nein, wie dann? Jetzt schlage ich sozusagen den Utopisten mit Pragmatismus. Oder ist dein Beitrag nur ein Appell an die handelnden Personen, sich mit Utopien zu beschäftigen.

JK: Erstens ist es natürlich ein Appell, genau das zu tun. Aber ich glaube, dass wir auch mit abstrakten Gedanken und Werten viele Menschen erreichen können. Vielleicht wäre es manchmal leichter, sich den Menschen mit Idealbildern zu nähern, und derartige Idealbilder können charismatische Elemente enthalten. Ein Mensch, der an eine bessere Welt glaubt, wirkt sympathischer. Das könnte auch für Organisationen gelten. Deshalb muss man nicht unbedingt das ganze an Menschen festmachen, im Gegenteil, es gilt, als Organisation wieder glaubhaft utopische Konzepte zu propagieren. Ein gutes Beispiel ist - bei aller angebrachter Kritik - die Sozialforenbewegung und ihr Motto "Eine andere Welt ist möglich!". Es ist diese Botschaft, die wirkt, denn sie hat keine oder nur vereinzelt besonders charismatische Personen.

ME: Im Beitrag kritisierst du, dass utopische Träume vielfach zu Werbeslogans verkommen sind. Ist der Spruch "Eine andere Welt ist möglich!" nicht auch nur ein Werbeslogan?

JC: Natürlich ist das auch eine Werbeslogan. Genauso wie politische Werbung immer auch Werbung ist.

JK: Die klassische Utopie ist das paradiesische Jenseits. Die Kirche hat damit in der Frühzeit der Sozialdemokratie dieser starke Konkurrenz gemacht. Wir waren und sind nicht die Einzigen, die mit Utopien arbeiten. Das Durchkommen mit unseren Utopien ist natürlich schwierig. Was den Spruch der Sozialforen betrifft, so ist das technisch natürlich ein Werbeslogan. Er ist aber sehr integrativ. Da kann sich jeder und jede seinen/ihren Zweck darunter vorstellen.

ME: Stimmt. Er ist ja genial. Deshalb kann ich es aber nicht so schlecht finden, dass Utopien auf Werbeslogans verdichtet werden. Das ist nämlich die Voraussetzung, um sie zu verwenden, zu kommunizieren und mit ihnen durchzudringen.

JK: Es würde jedenfalls etwas bringen, wenn wir uns nicht nur mit utopisch sozialistischer Lektüre beschäftigen. Utopien könnten auch abseits davon eine interessante Schulung, und eine Bereicherung sein.

ME: Aber ein Substrat aus den verschiedenen Utopien zu ziehen, ist notwendig.

JC: Haben wir in einer Wohlstandsgesellschaft vielleicht verlernt, Utopien zu denken? Wie kann die Sozialdemokratie das fördern, intern und extern? Und will die SPÖ das überhaupt?

JK: Ganz konkret in der Alltagspolitik passiert utopisches Denken regelmäßig im Bereich der Dystopien. Im Datenschutz- und Freiheitsbereich argumentieren wir mit der negativen Dystopie des Überwachungsstaats. Außerdem haben wir uns immer sehr stark auf Arbeit fokussiert, die unsere Geschichte und unser Entstehen maßgeblich geprägt hat. Das soll man nicht überwinden, sondern man sollte eine breitere Sicht auf Arbeit bekommen als in ihr ein rein politisch-ökonomisches Kampfobjekt zu sehen. Es gibt auch andere Sichtweisen, nämlich Arbeit als Mühsal oder Arbeit als Selbstverwirklichung.

ME: Das ist ein wichtiger Punkt: Arbeit nicht zu überwinden, sondern Arbeit als Selbstverwirklichung. Arbeitslosigkeit ist nicht nur in materieller Hinsicht ein Schreckgespenst. Aber um noch einmal auf den Aspekt mit der Werbung einzugehen: Auch der utopische Artikel spielt sich sehr stark im Kopf ab. Vielleicht können wir vom Konkurrenten Werbung lernen, dass Utopien, die funktionieren, etwas mit Emotionen zu tun haben. Wir müssen die Vision nicht hinzeichnen, sondern eher das Gefühl, das wir dann haben wollen, transportieren. "Eine andere Welt ist möglich!" transportiert eine große Emotion und heißt eigentlich "Eine bessere Welt ist möglich!". Eine Welt, in der ich mich nicht mehr fürchten muss, usw.

JK: Wir müssen das nicht nur kommunizieren, sondern auch Diskussionen immer wieder auf den Werte-Aspekt lenken. Nicht nur mit Euros und technische Daten, sondern auch mit Gefühlen nach außen gehen. Was die Selbstverwirklichung betrifft, so geht dieser Gedanke in zwei Richtungen: Einerseits, wie können sich Menschen in der Arbeit selbstverwirklichen? Andererseits können wir als Sozialdemokratie vielen Menschen Selbstverwirklichung anbieten. Die Chance zur politischen Selbstverwirklichung.

*"Wir sind jung und wir machen uns*
*Sorgen über unsere Chancen auf dem Arbeitsmarkt*
*Und unser berufliches Fortkommen*
...
*Und wenn jemand kommt*
*Und unsre Situation verschlechtert dann*
*Finden wir das nicht gut und machen uns dann*
*Wieder Sorgen über unsere Chancen auf dem Arbeitsmarkt*

*Das ist alles so ungerecht*
*Denn wir haben immer unsere Hausaufgaben gemacht*
*Und alle Voraussetzungen erfüllt*
*Uns sogar spezialisiert"*

(Peter Licht / "Wir sind jung und wir machen uns Sorgen über unsere Chancen auf dem Arbeitsmarkt")

# atypische beschäftigungsverhältnisse - chance oder fluch?

## analyse des phänomens und der politischen spielräume

*Miriam Köck*

Die Dimensionen von atypischen Beschäftigungsverhältnissen sind vielfältig. Rechtliche, individuelle, sozialpolitische, frauenpolitische, familienpolitische, betriebswirtschaftliche, volkswirtschaftliche und auch gewerkschaftliche Aspekte und Interessen begleiten dieses Thema. Vor allem die Politik muss sich in Bezug auf atypische Beschäftigung viele Fragen stellen. Ist es richtig, einer jungen Mutter ihr Teilzeitarbeitsverhältnis in Hinblick auf eine wahrscheinliche Folge, nämlich eine Ausgleichszulagenpension in 35 Jahren, vorzuhalten, wenn für sie in ihrer ganz persönlichen Lebenssituation Teilzeitarbeit die beste Lösung ist? Hat die Sozialdemokratie in diesem Fall das Recht, auf die langfristigen Auswirkungen mit Vehemenz hinzuweisen, oder mischen wir uns hier in Bereiche ein, die eigentlich der Selbstverantwortung des Individuums zu überlassen sind? Oder ist es vielleicht unsere Pflicht, die junge Mutter bei ihrer Entscheidung für ein Teilzeitarbeitsverhältnis zu unterstützen und die nötigen Rahmenbedingungen zu schaffen, damit diese Wahlentscheidung später nicht zur Existenzbedrohung wird?

## atypische beschäftigung - eine begriffsklärung

WENN *typisches Beschäftigungsverhältnis*, DANN *sozialer Schutz*. In Österreich und auch in den meisten anderen europäischen Staaten ist diese Kausalbeziehung gültig. Normalarbeitsverhältnisse bzw. typische Beschäftigungsverhältnisse sind gekennzeichnet durch "abhängige, vollzeitige und dauerhafte Beschäftigung mit geregelter Normalarbeitszeit, kontinuierlichem Entgelt und Bestandschutzgarantien (Kündigungsfristen und -termine, Kündigungs- und Entlassungsschutz)."[1] Nach dieser weiten Definition fallen unter den Begriff der atypischen Beschäftigungsverhältnisse daher alle Arbeitsverhältnisse, die von den oben genannten Merkmalen abweichen. Ein niedrigeres Stundenausmaß, die Arbeit zu einer ungewöhnlichen Zeit, eine geringere arbeits- und sozialrechtliche Absicherung sind nur einige Merkmale, aus denen man schließen kann, dass es sich um kein normales bzw. typisches Beschäftigungsverhältnis handelt. Atypische Beschäftigungsverhältnisse sind nach dieser Definition vor allem Teilzeitbeschäftigungen, geringfügige Beschäftigungen, befristete Beschäftigungen, die Neue Selbstständigkeit, Freie Dienstverträge, Heimarbeit (Arbeit zu Hause), Tele(heim)arbeit und die Arbeitskräfteüberlassung (Leiharbeit). Bei genauerer Betrachtung, stellt sich heraus, dass es sich keineswegs um eine homogene Gruppe handelt. Der Begriff beschreibt viel eher ein Auffangbecken für verschiedenste Beschäftigungsformen, die - vor allem in Hinblick auf Aspekte der sozialen Sicherheit - qualitativ sehr unterschiedlich ausgestaltet sind. Die Palette reicht von der Teilzeitbeschäftigung, die sich arbeits- und sozialrechtlich einem Normalarbeitsverhältnis stark annähert, bis zur scheinselbstständigen Arbeit auf Abruf.

---

[1] Engelbrecht-Gruber-Risak, Werkverträge & atypische Dienstverträge, 1. Auflage, Wien 2002, S 25

In der Literatur findet sich in Zusammenhang mit atypischer Beschäftigung auch der Begriff des *prekären Arbeitsverhältnisses*. Aber nicht jedes atypische Beschäftigungsverhältnis ist prekär. Atypische Beschäftigungsverhältnisse werden in der Regel dann als prekär beschrieben, wenn sie durch ein "niedriges und nicht kontinuierliches Einkommen, unkalkulierbare Beschäftigungsdauer, ungenügenden sozialen Schutz, mangelnden Zugang zu betrieblicher Mitbestimmung bzw. geringe Karrierechancen gekennzeichnet sind."[2]

## der siegeszug - mögliche erklärungsmuster

Atypische Beschäftigung spielt - in unterschiedlicher Ausprägung und Stärke - in Österreich und auch in Europa schon lange keine Nebenrolle mehr. Seit den 70er Jahren kommt es zu einer "konstatierbaren Ausbreitung von Beschäftigungsformen, die vom sogenannten Normalarbeitsverhältnis abweichen"[3]. Was sind die Gründe für diese Entwicklungen?
Ein Blick auf die historischen Wurzeln unseres Arbeits- und Sozialrechtes zeigt, wie aus einem nicht regulierten System, in dem der Stärkere - also in der Regel der Arbeitgeber - die Spielregeln alleine bestimmen konnte, ein System wurde, das versuchte, die unterschiedlichen Stärkepositionen in ein besseres Gleichgewicht zu bringen. Die im Zuge der industriellen Revolution verelendete ArbeiterInnenschaft versuchte durch ein gemeinsames, solidarisches Auftreten der Übermacht der ArbeitgeberInnen entgegenzutreten. Dies war der Ausgangspunkt für die schrittweise Entwicklung unseres Arbeits- und Sozialrechtes. Triebfeder war nicht zuletzt der Wunsch nach sozialem Frieden. Vor allem in der Ersten und dann wieder in der Zweiten Republik setzte ein Schub von arbeits- und sozialrechtlicher Gesetzgebung ein, der auf breiter Front die Arbeitsbedingungen der ArbeitnehmerInnen und ihre soziale Absicherung verbesserte. Mit der steigenden Arbeitslosigkeit seit den 70ern des letzten Jahrhunderts und der damit verbundenen Schwächung der Position der ArbeitnehmerInnen, gerät das künstlich erzeugte Kräftegleichgewicht durch das zunehmende Infragestellen

[2] Holzinger, Atypische Beschäftigung in Österreich, Wien 2001, S 7 mit Verweis auf Gstöttner-Hofer, Kaiser, Wall-Strasser, Greif, Wien 1997: Die neuen Arbeitsverhältnisse: Grauzonen abhängiger Erwerbsarbeit, in: Was ist morgen noch normal? - Gewerkschaften und atypische Arbeitsverhältnisse, S 13 ff

4 Emmerich Talos, Atypische Beschäftigung, Wien 1999, S 7

von Arbeitsrechten und sozialen Standards ins Wanken. Die *Erfolgsgeschichte* der atypischen Beschäftigungsverhältnisse ist unter anderem auch ein Beleg für diesen Prozess. Auch die Entwicklung der Wirtschaft hin zu differenzierten Produktionsprozessen und der damit verbundene Wunsch nach mehr Flexibilität in der Beschäftigung unterstützt die Entwicklung und den Boom atypischer Beschäftigungsformen. Ein weiterer unterstützender Faktor für die zunehmende Bedeutung atypischer Beschäftigung ist wahrscheinlich auch das Ansteigen der Frauenbeschäftigungsquote - sowohl als (einzig) möglicher (Wieder-)Einstieg in den Arbeitsmarkt, als auch als *lebbare* Form der Vereinbarkeit von Familie und Beruf.

Begleitet wurde diese Entwicklung von einer Renaissance wirtschaftsliberaler Ideologien im Windschatten von Hayek, Reagan und Thatcher. Seit 2000 bestimmt diese Ideologie auch immer stärker die Politik der österreichischen Bundesregierung. Vermarktet wird dieser Wunsch nach mehr Liberalisierung mit Schlagworten wie die *Freiheit des Individuums* und *mehr Selbstverantwortung des Einzelnen*. Und immer öfter melden sich AnhängerInnen dieser Ideologien mit der vehementen Forderung *noch einen Schritt weiter zu gehen*. "Freiheit verlangt, dass die Verantwortung des einzelnen sich nur auf das erstreckt, was er beurteilen kann, dass er in seinen Handlungen nur das in Betracht ziehen muss, was innerhalb des Bereichs seiner Voraussicht liegt und vor allem, dass er nur für seine eigenen Handlungen (und die der seiner Fürsorge anvertrauten Personen) verantwortlich ist - aber nicht für die anderer, die ebenso frei sind."[4]

## typisch frau - atypisch beschäftigt

Hauptbetroffene dieser Entwicklungen am österreichischen Arbeitsmarkt sind die Frauen. Sie drängen - was positiv zu werten ist - wieder stärker in den Arbeitsmarkt. Die Beschäftigungsdaten der letzten 10 Jahre zeigen neben einem Ansteigen der allgemeinen Beschäftigungsquote auch ein Ansteigen der Frauenbeschäftigung. "Die Beschäftigung stieg seit 1997 ständig an und erreichte im Jahr 2003 mit einem Volumen von 3,184.800 einen neuen Höchststand, was fast zur

4 Friedrich August von Hayek, Die Verfassung der Freiheit, 3. Aufl., Tübingen 1991, S 102

Gänze durch die Entwicklung der Frauenbeschäftigung zustandekam, die mit 1,454.100 ebenfalls einen Höchstwert erreichte."[5] Setzt man diese Zahlen in Relation zu den Zahlen atypischer Beschäftigungsverhältnisse, wird klar, dass diese schon lange keine Randerscheinung mehr in der österreichischen Arbeitswelt darstellen. Und eines lässt sich trotz der schwierigen, und nicht immer aufeinander abgestimmten Datenlage mit Sicherheit feststellen: Atypische Beschäftigung ist sehr oft weiblich. Vor allem die Daten zur Teilzeitarbeit und zur geringfügigen Beschäftigung belegen diese These. Nach der Arbeitskräfteerhebung 2000 arbeiteten insgesamt 626.110 Personen in Österreich Teilzeit. Das sind rund 17 % der Erwerbstätigen bzw. 33 % der erwerbstätigen Frauen.[6] Die Entwicklung der geringfügig Beschäftigten ist ebenfalls stark steigend. Unter www.bmwa.gv.at finden sich Entwicklungszahlen seit 1996. Während 1996 148.803 Personen - davon 41.315 Männer und 107.487 Frauen - einer geringfügigen Beschäftigung in Österreich nachgingen, waren im März 2004 bereits 223.459 Menschen (65.703 Männer und 157.756 Frauen) in einem geringfügigen Beschäftigungsverhältnis.[7] Die Zahlen zu den anderen atypischen Beschäftigungsverhältnissen zeigen zwar keine so deutlichen geschlechtsspezifischen Unterschiede, allerdings belegen auch sie den generellen Vormarsch der atypischen Beschäftigung in Österreich.
Emmerich Talos hat bereits 1999 aufgezeigt, dass "die Veränderung in Richtung 'Atypisierung' von Beschäftigungsverhältnissen eine andauernde ist - oder anders gesagt: Dieser international weit konstatierbare Entwicklungstrend am Arbeitsmarkt bzw. im Beschäftigungssystem ist ein unumkehrbarer." [8]

## rechtliche rahmenbedingungen - mögliche konsequenzen

Ein Blick auf die rechtlichen Rahmenbedingungen zeigt, dass bei atypischen Beschäftigungsverhältnissen ein voller arbeits- und sozialrechtlicher Schutz - so wie er beim Normalarbeitsverhältnis gegeben ist -

5 http://www.ams.or.at/neu/ , Kapitel Arbeitsmarktdaten "10 Jahre auf einen Blick (mit 2003)", Stand Juli 2004, Pfad: Arbeitsmarktdaten / Jahresdaten und Zeitreihen / 10 Jahre auf einen Blick (mit 2003)

6 www.oegb.at, Kapitel "Zahl der atypischen Beschäftigungsverhältnisse", Stand Juli 2004, Pfad: Allgemein / Arbeitswelt / Atypisch Beschäftigte / Zahlen und Fakten

7 www.bmwa.gv.at, Stand Juli 2004, Pfad: Home / Themen / Arbeitsmarkt / Arbeitsmarktdaten / Elis / Arbeitsmarkt und Wirtschaft / "Atypische" Beschäftigung

8 Emmerich Talos, Atypische Beschäftigung, Wien 1999, S 8

nicht im selben Ausmaß vorliegt. Sozialer und arbeitsrechtlicher Schutz in Österreich hat viele Facetten: Arbeitslosenversicherung, Krankenversicherung, Pensionsversicherung, Unfallversicherung, Insolvenzschutz, Kollektivvertragszugehörigkeit, ...
Die Einschränkungen im Vergleich zum Normalarbeitsverhältnis sind vielseitig und sehr unterschiedlich geregelt. Sie reichen von der fehlenden Arbeitslosenversicherung, die man/frau auch durch eine Selbstversicherung nicht erlangen kann, über eine fehlende Kranken- und Pensionsversicherung bis zum mangelnden Insolvenzschutz und der Tatsache, dass teilweise Kollektivverträge keine Geltung haben bzw. die vertragliche Grundlage für das Beschäftigungsverhältnis nicht das Arbeitsrecht, sondern das ABGB ist.
Eine genaue Darstellung der zu den einzelnen atypischen Beschäftigungsformen gehörenden arbeits- und sozialrechtlichen Rahmenbedingungen würde aufgrund der Komplexität den Rahmen sprengen. Und genau diese Komplexität lässt die Annahme zu, dass den wenigsten atypisch Beschäftigten zum Zeitpunkt des Vertragsabschlusses alle Vor- und Nachteile der jeweiligen atypischen Beschäftigungsform bekannt sind. Atypische Beschäftigung als Chance der Integration in den Arbeitsmarkt. Oder handelt es sich vielleicht oft nur um die *Illusion einer Chance*, ohne dass die Betroffenen die genauen Nebenwirkungen kennen? Liberalisierungsbefürworter würden an dieser Stelle wahrscheinlich wieder mit der *Selbstverantwortung des Einzelnen* argumentieren, ohne darauf hinzuweisen, dass ein potentiell atypisch Beschäftigter aufgrund des wirtschaftlichen Ungleichgewichts und der arbeitsmarktpolitischen Lage sehr oft - selbst bei Kenntnis der Nachteile - gar keine Wahlmöglichkeit hat.

## heute teilzeit - morgen ?

Die geschlechtsspezifische Segregation des atypischen Arbeitsmarktes - vor allem bei Teilzeitarbeit und geringfügiger Beschäftigung - hat (langfristige) gesellschaftliche Auswirkungen. Wie bereits ausgeführt, gibt es *qualitative Unterschiede* innerhalb der Gruppe der atypischen Beschäftigungen. Vor allem der große Anteil an Teilzeitarbeit mit einer relativ großen arbeits- und sozialrechtlichen Sicherheit könnte zu dem Schluss verleiten, dass die meisten atypisch Beschäftigten als Teilzeitbeschäftigte den typisch Beschäftigten ja ohnehin gleichgestellt sind. Nach der gängigen Literatur werden diese Beschäftigungsverhältnisse in der Regel auch nicht als prekär bezeichnet, da sie ja meistens ein kontinuierliches Einkommen, eine kalkulierbare Beschäftigungsdauer, sozialen Schutz und Zugang zu betrieblicher Mitbestimmung nach sich ziehen. "Insgesamt umfaßt das Konzept der Prekarität die Dimensionen Instabilität, Mangel an Schutz, Unsicherheit sowie soziale und ökonomische Schwäche (siehe Rodgers 1989, S. 3). Nicht die einzelne Dimension, sondern die Kombination der Faktoren macht prekäre Jobs aus. Das bedeutet auch, dass das Ausmaß der Prekarität der diversen Beschäftigungsformen beträchtlich variiert."[9] Unter den Gesichtspunkten, dass Frauen in Teilzeitjobs nur sehr geringe Karrierechancen haben und vor allem, dass aufgrund der Einkommenssituationen oft nicht nur die gegenwärtige Lebensgestaltung schwierig ist, sondern auch die Aussicht auf eine eigenständige, über der Ausgleichszulage liegende Alterssicherung in vielen Fällen unwahrscheinlich ist, sollte dieser Gedanke neu überdacht werden. Pensionsreformen, die den Durchrechnungszeitraum stark verlängern ohne entsprechende Abfederungen zu enthalten, werden bereits in einigen Jahren dazu führen, dass viele Frauen mit dem Problem der *Armut im Alter* real konfrontiert sein werden. Eine solche Situation ist wohl als prekär zu bezeichnen. Von den langfristigen Auswirkungen der anderen atypischen Beschäftigungsverhältnisse, die meist eine deutlich schlechtere soziale Absicherung als die Teilzeitarbeit haben, ganz zu schweigen.

## warum atypisch - unterschiedlichste motive

Bei diesen Aussichten sind vor allem die Motive, atypische Beschäftigungsformen anzubieten bzw. von ArbeitnehmerInnen, diese anzunehmen, ein wichtiger Bestandteil der zu führenden politischen Diskussion. "Der verschärfte Konkurrenzdruck, dem sich viele Unternehmungen ausgesetzt sahen, und die konstant hohe Arbeitslosigkeit der 80er (und 90er) Jahre, die eine höhere Akzeptanz für risikoreiche Vertragsbe-

9 Emmerich Talos, Atypische Beschäftigung, Wien 1999, S 419 mit Verweis auf Rodgers

dingungen bei den Arbeitssuchenden erzwungen hat, bilden gemeinsam die Grundlage für den Versuch vieler Unternehmen, durch den Einsatz mindergeschützter Beschäftigungsformen Kosten zu senken. Die vorliegenden Fallstudien und Betriebsbefragungen machen deutlich, daß dabei zwei Erwägungen dominieren:

- Die Personaldecke soll schneller und quantitativ präziser an den jeweiligen Bedarf angepasst werden können.
- Es soll ein betriebliches Erprobungsfeld für neues Personal ohne verbindliche Zusage bestehen."[10]

Auf Seiten der ArbeitnehmerInnen sind mögliche Motive für die Wahl eines atypischen Beschäftigungsverhältnisses vor allem die ansonsten drohende Arbeitslosigkeit, der Wunsch nach Vereinbarkeit von Familie und Beruf, die Möglichkeit, kurzfristig bzw. ohne starke Bindung an einen Arbeitgeber mit allen daraus auch resultierenden Arbeitnehmerverpflichtungen zu arbeiten und oft auch die Illusion von Freiheit, die Anbieter von atypischen Beschäftigungsverhältnissen teilweise suggerieren. Vor allem junge Menschen schätzen die Rechtsansprüche, die mit einem typischen Beschäftigungsverhältnis verbunden sind - eine Alterssicherung in der fernen Zukunft, die betriebliche Mitbestimmung, den Urlaubsanspruch - oft nicht so hoch ein, wie die Möglichkeit, relativ frei und unkompliziert *etwas dazu zu verdienen.*

## die conclusio - diskussion differenzieren

*Ein kleiner Teil der atypisch Beschäftigten ist zu Recht glücklich. Ein bereits größerer Anteil wird zumindest in Zukunft unglücklich sein, und ein großer Teil ist bereits heute schon als atypisch Beschäftigter unglücklich.*

In ihrer momentanen Ausgestaltung bieten atypische Beschäftigungsverhältnisse für bestimmte Gruppen die erwünschten Vorteile und Handlungsfreiräume. Für die meisten Menschen - und hier im Besonderen für Frauen - überwiegen allerdings die Gefahren und langfristig negativen Auswirkungen, die atypische Beschäftigungsverhältnisse mit sich bringen. Von Vorteil sind atypische Beschäftigungsverhältnisse nur für ganz wenige Gruppen von ArbeitnehmerInnen. So zum Beispiel für bereits versicherte Personengruppen oder Menschen,

[10] Emmerich Talos, Atypische Beschäftigung, Wien 1999, S 421 f mit Verweis auf Matthies, H. u.a. (1994): Arbeit 2000, Reinbeck

bei denen kurzfristig der Zuverdienst und nicht die sozial- und arbeitsrechtliche Absicherung im Vordergrund steht. PensionistInnen und - mittlerweile auch nur mehr eingeschränkt - StudentInnen können diese Vorteile atypischer Beschäftigungsverhältnisse für sich nutzen. Schwieriger wird die Diskussion bereits beim Thema Teilzeitarbeit nach der Geburt eines Kindes. Auch wenn in diesem Lebensabschnitt die Teilzeitarbeit von der Frau oft gewünscht wird, hat sie doch - vor allem nach der letzten Pensionsreform im Jahr 2003 - weitreichende Konsequenzen. Aufgrund der Größe der relevanten Zielgruppe muss in Zukunft besonders auf die Auswirkungen von Teilzeitbeschäftigung geachtet werden. Bei den atypischen Beschäftigungsformen mit deutlich schlechterer arbeits- und sozialrechtlicher Absicherung stellt sich die Situation naturgemäß noch weit trister dar. Bei einem Durchrechnungszeitraum von 40 Jahren oder mehr in der Pensionsversicherung wird in Zukunft jedes Arbeitsjahr und seine Bemessungsgrundlage wichtig sein.

Was sich auf der Beitragsseite für den Einzelnen in niedrigen Pensionen und Sozialleistungen auswirkt, hat aber inzwischen auch bedrohliche Dimensionen für die Finanzierung der Sozialsysteme angenommen: atypische Beschäftigung führt nicht zuletzt zu massiver Beitragserosion, beispielsweise in der sozialen Pensionsversicherung.

Die Betrachtung der atypischen Beschäftigungsverhältnisse und auch der politischen Konsequenzen daraus müssen aufgrund der Vielfalt der erfassten Beschäftigungsformen und der sehr unterschiedlichen Interessenlagen entsprechend differenziert erfolgen. Ziel der Politik muss es sein, Rahmenbedingungen zu schaffen, die den nötigen Bewegungsspielraum dort ermöglichen, wo atypische Beschäftigung wirklich gewünscht und sinnvoll ist. In Bereichen, wo arbeitsrechtliche und sozialrechtliche Garantien bewusst zum Nachteil der ArbeitnehmerInnen unterlaufen werden, muss stärker gegen diese Entwicklung angekämpft werden. Nicht nur im Sinne der betroffenen ArbeitnehmerInnen, sondern auch im Hinblick auf die Erhaltung und nachhaltige Finanzierung unseres Sozialsystems.

## kein patentrezept - möglicher ideenmix

Ein alleiniges Wundermittel, das alle zufrieden stellt, wird es also nicht geben. Auch wird es in diesem Bereich immer um eine Interessenabwägung zwischen zwei Seiten gehen. Für die Sozialdemokratie muss das Hauptaugenmerk auf der Wahrung des Kräftegleichgewichts zwischen ArbeitgeberInnen und ArbeitnehmerInnen und der Entwicklung von sozialer Chancengleichheit liegen. Trotzdem muss es auch für Unternehmen in Österreich die Möglichkeit geben, im Rahmen einer gewissen Flexibilität des Arbeitskräfteeinsatzes wettbewerbsfähig zu sein.

Eine klare Forderung für die zukünftige Entwicklung von atypischen Beschäftigungsverhältnissen ist der Stopp einer weiteren Liberalisierung von Arbeits- und Sozialrechten zum Nachteil der ArbeitnehmerInnen. Das bedeutet allerdings nicht, dass Flexibilisierungen des Arbeitsmarktes, die Arbeitsrechte und soziale Absicherung der ArbeitnehmerInnen berücksichtigen, partout abzulehnen sind.

In der Diskussion um die Weiterentwicklung von atypischen Beschäftigungsverhältnissen ist es vor allem wichtig, dass die unterschiedlichen Interessensgruppen die selbe Sprache sprechen. Änderungen des Systems sollten daher in Zukunft auch von der Politik unter dem Gesichtspunkt *total cost of employment* diskutiert werden. ArbeitgeberInnen tun dies ganz selbstverständlich, in dem sie alle kostenrelevanten Aspekte (Lohnnebenkosten, arbeitsrechtliche Ansprüche, Ausbildungs- und Schulungskosten,...) eines Beschäftigungsverhältnisses beleuchten. Da in den meisten Fällen die Kosten den Ausschlag für eine Entscheidung geben, sind sie in dieser Diskussion der Knackpunkt. Entscheidungen, die auf einer *Ausschnittsbetrachtung* beruhen, wie sie die Politik gerne vornimmt, bringen nicht das gewünschte Ergebnis.

Derzeit ist es für Unternehmen billiger in atypische Beschäftigung auszuweichen. Der Wunsch der ArbeitgeberInnen nach einer Probierphase, die Unternehmen für die Wahl des richtigen Arbeitnehmers brauchen, bzw. Spielräume, um die nötige Flexibilität zu haben, sind nachvollziehbar. Wenn dies allerdings dazu führt, dass atypische Beschäftigungsverhältnisse Normalarbeitsverhältnisse ersetzen, muss der Staat wieder stärker steuernd eingreifen. Ein möglicher Ansatz: Atypische Beschäftigung als flexibles, kostengünstigeres System für einen bestimmten Zeitraum. Danach Anhebung der Kosten auf das Niveau eines Normalarbeitsverhältnisses. Die genaue Umsetzung eines solchen Modells muss allerdings wohl überlegt werden. Es hat wenig Sinn durch solche Regelungen ArbeitnehmerInnen ihre vielleicht einzige Chance auf einen Arbeitsplatz zu nehmen.

Bei der Suche nach sinnvollen Maßnahmen ist es auch wichtig, auf Unternehmen in Österreich hinzuweisen, die verantwortungsvoll mit atypischen Beschäftigungsverhältnissen umgehen. Die Entwicklung eines Gütesiegels für solche Betriebe und ein damit verbundenes steuerliches Anreizsystem könnten mehr Unternehmen in Österreich dazu veranlassen, die Qualität ihrer Beschäftigungsformen zu überdenken. In diesem Zusammenhang ist es Aufgabe der Politik, auf die Vorteile, die Normalarbeitsverhältnisse für die Arbeitgeberseite haben, deutlicher hinzuweisen. Die MitarbeiterInnen als wichtigstes Kapital spielen mit ihrer Motivation, Identifikation mit dem Unternehmen und ihrer Loyalität eine zentrale Rolle. Auch die Kosten einer hohen Fluktuation im Betrieb, zum Beispiel durch einen intensiven Rekrutierungs- und Einschulungsaufwand und den Verlust von Know-how, sind hier zu berücksichtigen.

In vielen Bereichen hätte die öffentliche Hand einen großen Einfluss auf die Beschäftigungsformen in Unternehmen, Vereinen, bzw. im eigenen Betrieb. Es ist Aufgabe der öffentlichen Hand, diesen Einfluss auch geltend zu machen, zum Beispiel bei der öffentlichen Auftrags- bzw. Subventionsvergabe. In diesem Zusammenhang können auch die Kommunen durch die vielen öffentlichen Aufträge, die sie vergeben, steuernd eingreifen. Die intensive Diskussion um soziale Kriterien bei der Vergabe zeigt bereits in die richtige Richtung.

Eine weitere wichtige Rolle spielen natürlich auch die Gewerkschaften und die Interessenvertretung von atypisch Beschäftigten. Es gibt bereits viele positive Ansätze, die allerdings in Zukunft in Hinblick auf die Größe der Zielgruppe noch weiter verstärkt werden müssen.

In diesem Zusammenhang muss auch die Informationsarbeit für ArbeitnehmerInnen in Bezug auf atypische Beschäftigung weiter intensiviert werden. Das Wissen um die Vor- und Nachteile stärkt die Entscheidungsfähigkeit des Einzelnen.

Hauptmotiv für Frauen, eine atypische Beschäftigung zu wählen, sind vor allem Betreuungspflichten gegenüber den Kindern bzw. der Elterngeneration. Der qualitativ hochwertige Ausbau der Pflegevorsorge und vor allem der institutionellen Kinderbetreuung sind wichtige Entwicklungsschritte zu einer echten Wahlfreiheit für Frauen.

## links zum thema

www.interesse.at/flex/
*Work@flex ist eine Interessengemeinschaft für alle, die gewollt oder ungewollt in wenig regulierten Vertragsverhältnissen arbeiten*

europa.eu.int/comm/employment_social/index_de.html
*Homepage der Europäischen Union zum Thema Beschäftigung und Soziales*

www.fempowerment.at
*Fempowerment ist eine Gemeinschaftsinitiative mit dem Ziel der Qualifizierung von Frauen, insbesondere von atypischen Beschäftigten.*

## Literatur

*Engelbrecht, Helmut / Gruber, Bernhard / Risak, Martin (2002):* Werkverträge & atypische Dienstverträge. Wien: Manz

*Holzinger, Elisabeth (2001):* Atypische Beschäftigung in Österreich. In: AMS Report 19, Wien

*Talos, Emmerich (1999):* Atypische Beschäftigung. In: Talos, Emmerich (Hrsg.) (1999): Atypische Beschäftigung. Internationale Trends und sozialstaatliche Regelungen. Wien: Manz

*von Hayek, Friedrich August (1991):* Die Verfassung der Freiheit. Tübingen: Verlag Mohr

# diskurs: atypische beschäftigung

## über "atypische beschäftigungsverhältnisse - chance oder fluch?" diskutieren andreas ortner und julia röper-kelmayr mit der autorin miriam köck

Julia Röper-Kelmayr: Du beschreibst in deinem Beitrag einen starken Anstieg der atypischen Beschäftigungsverhältnisse. Gibst du die Schuld an diesem Boom in erster Linie den ArbeitgeberInnen, die sich einen Vorteil erhoffen oder den ArbeitnehmerInnen, die sich in ihren konkreten Lebenssituationen einen Vorteil erhoffen?

Miriam Köck: Der Boom der atypischen Beschäftigung ist schon maßgeblich auf Verhalten bzw. Angebot von ArbeitgeberInnenseite zurückzuführen. Es spielt zwar auch die ArbeitnehmerInnenseite eine Rolle, besonders im Bereich der Teilzeitarbeit, wenn es um die Vereinbarkeit von Beruf und Familie geht. Hauptverantwortlich sind aber klar die Begehren der ArbeitgeberInnen.

JR: Ein Aspekt liegt aber darin, dass in den letzten Jahren die Reallöhne teilweise sogar gesunken und Familien oft auf ein Zusatzeinkommen angewiesen sind. Atypische Beschäftigungsverhältnisse erscheinen dann oft als gute Möglichkeit für den Wiedereinstieg ins Berufsleben.

MK: Teilweise ist das richtig, aber es ist nicht der Zustand, den ich mir wünsche. Momentan sind die Rahmenbedingungen so gestaltet, dass vor allem Frauen ein Vollzeit-Arbeitsverhältnis aufgrund von Betreuungspflichten gar nicht ausüben können. Jetzt sind Einäugige unter den Blinden KönigInnen, aber sie sind trotzdem einäugig. Ein Teilzeit-Arbeitsverhältnis oder eine andere atypische Beschäftigung ist sicher besser als gar keine Beschäftigung, die Sozialdemokratie kann sich damit aber nicht zufrieden geben.

Andreas Ortner: Sehr spannend gefunden habe ich, das Verhältnis bzw. die Beziehungen zwischen atypischer Beschäftigung, "ordentlichen Jobs" und Schwarzarbeit. Siehst du da Verknüpfungen? Können einzelne

Bereiche andere ersetzen? Oder wird auf Grund der Existenz des einen das andere gefördert? Machen atypische Beschäftigungsverhältnisse teilweise höherqualifizierte Arbeit erst möglich oder ersetzen sie höherqualifizierte, herkömmliche Beschäftigung?

MK: Die ArbeitgeberInnenseite argumentiert damit, dass gute Jobs, die in der Regel durch Männer ausgeübt werden, durch die flexiblen und schlecht abgesicherten atypischen Beschäftigungsverhältnisse erst leistbar werden, Stichwort "Standortsicherung". Das ist aber sicher auch ein stark ideologisch motiviertes Argument, das vor allem die Verhandlungsmacht von Unternehmen im Einzelfall und in ihrer Gesamtheit stärken soll. Unternehmer schauen halt auf die Kosten. Viele auch für Unternehmen wichtige Bereiche wie Motivation, Loyalität, geringe Fluktuation, wenige Krankenstände werden da aber gerne übersehen, weil sie monetär weniger leicht erfassbar sind.

AO: Darin liegt aber auch die Antwort, wie atypischer Beschäftigung begegnet werden muss. Der Flexibilitätsgedanke ist in weiten Bereichen ein Marketing-Schmäh, damit der/die ArbeitnehmerIn die Krot schluckt. Atypische Beschäftigung boomt in Wirklichkeit, weil sie sich für die ArbeitgeberInnenseite rechnen oder zumindest scheinbar rechnet. Aber die ArbeitnehmerInnen kosten dem Sozialstaat nicht weniger, eher im Gegenteil, da sie ja weniger Beiträge leisten, aber weiterhin Leistung konsumieren. Die Folgekosten für den Sozialstaat müssen überlegt und die ArbeitgeberInnen zur Kasse gebeten werden. So wie es bei den Werkverträgen geschehen ist, die gingen zurück, weil sie kostenwahrer gemacht wurden. Aber: Gibt es bei zu starker Reglementierung nicht gleich wieder viel mehr Schwarzarbeit?

MK: Eine schwierige Frage. Bis zu einem gewissen Grad darf man sich davon nicht schrecken lassen. Viele ArbeitgeberInnen können sich Schwarzarbeit in Hinblick auf ihre Qualitätsansprüche gar nicht mehr leisten. Es gibt da unterschiedliche Schätzungen, ich traue mir selbst keine Prognose zu. Bis zu einem gewissen Grad ist Schwarzarbeit ein Totschlag-Argument. Die Vorteile einer stärkeren gesetzlichen Regulierung würden glaube ich überwiegen.
JR: Wie können wir die Menschen besser informieren? Den Leuten ist es

oftmals nicht bewusst, was sie da eigentlich für Verhältnisse eingehen.

MK: Ein freier Dienstvertrag wird zum Beispiel nach dem ABGB abgeschlossen, also auf einer rechtlichen Grundlage aus der Zeit vor dem Arbeitsrecht. Das ist ein unglaublicher Rückschritt. Denn im Arbeitsrecht gibt es viele zwingende Regelungen zum Vorteil der ArbeitnehmerInnen, die so umgangen werden.

JR: Viele Probleme liegen ja auch erst in der Zukunft, vor allem was die schlechteren Aufstiegschancen und Pensionen betrifft.

MK: Schon die Gegenwart ist voll von Problemen: Wie die grundsätzliche Frage, ob man davon überhaupt leben kann.

AO: Und die Flexibilität ist vor allem die Flexibilität der ArbeitgeberInnen.

MK: Dazu kommen die Frage der sozialen Absicherung, der Krankenversicherung, des Insolvenzschutzes oder der Altersvorsorge. Atypische Beschäftigung birgt viele Gefahren, die den ArbeitnehmerInnen oft nicht bewusst sind. Deshalb zurück zur Frage: Wie ist bessere Aufklärung möglich? Es fehlt eine Solidarisierung, weil die Vertretung in diesem Bereich erst in den letzten Jahren in das Bewusstsein der Gewerkschaften gerückt ist.

AO: Die Zielgruppe ist richtig. Die Frage ist nur der Weg, der muss zeitgemäß sein. Es sollte jedenfalls auch ein Weg sein, der Werbung macht für ordentliche Beschäftigungsverhältnisse. Für junge Leute wirken herkömmliche Beschäftigungsverhältnisse, Stichwort "9 to 5", eng und verstaubt. Das muss man bekämpfen.

MK: Sicher, ArbeitnehmerInnen wissen teilweise viel zu wenig. Aber ich bin auch überzeugt, dass selbst bei Kenntnis der Nachteile viele trotzdem die Angebote annehmen würden. Das hängt auch oder vor allem mit dem Angebot am Arbeitsmarkt zusammen. Da hilft oft das aufgeklärteste Bewusstsein gar nicht.
AO: Aber letztlich ist selbst die Ursache dafür teilweise eine marketing-

technische, weil allen immer eingeredet wird, dass die Wirtschaft so schlecht da steht. Diese Angst treibt Menschen dazu, auch schlechtere Angebote anzunehmen.

MK: Das hat sicher einen Einfluss, aber die nackten Zahlen zeigen es einfach. Die Arbeitslosigkeit steigt und dadurch der Druck, auf die Konditionen der ArbeitgeberInnen einzusteigen, ebenso. Unsere Arbeitsrechte sind so entstanden, dass sich Leute zusammengefunden und sich solidarisiert haben. Im Zuge der neoliberalen Strömungen haben sich die ArbeitnehmerInnen wieder viel mehr auseinanderdividieren lassen. Das hat ihre Schlagkraft verringert. Es ist eine Frage von Organisation und von gemeinsamem Auftreten.

AO: Eine Idee, die mir noch abgeht ist, inwieweit man atypische Beschäftigung dadurch bekämpfen könnte, indem man den Faktor Arbeit steuerlich zu Gunsten einer Belastung von Vermögen und Kapital entlastet, um die Kostenschere zwischen atypisch und ordentlich beschäftigt nicht so weit auseinandergehen zu lassen.

MK: Ich meine, das wäre sicher ein Weg, allerdings auch ein schwieriger. Was man mit solchen Maßnahmen erreichen könnte, wäre eine bessere Verteilung der Lohn- und Lohnnebenkosten auf die verschiedenen Beschäftigungsformen.

JR: Was kann man jetzt wirklich konkret machen? Moralische Appelle oder rechtliche Absicherungen?

MK: Problematisch ist, dass die Palette der atypischen Beschäftigungsverhältnisse sehr breit ist. Teilzeitarbeit ist zum Beispiel arbeitsrechtlich sehr gut abgesichert, freie Dienstverträge hingegen nicht. Bei letzterem sind rechtliche Regelungen unbedingt notwendig. Außerdem brauchen wir wirklich eine stärkere Interessensvertretung dieser Gruppen. Die Zuwächse der Mitgliedszahlen der "work@flex"-Gruppe bei der GPA stimmen dabei optimistisch.

JR: Und ich finde auch, dass Anreize gesetzt werden könnten, um

ArbeitgeberInnen zu helfen, die verantwortungsvoll mit atypischer Beschäftigung umgehen.

MK: Das Problem ist in diesem Zusammenhang zu definieren, was ein "verantwortungsvoller Umgang" im Bereich von Beschäftigungsformen ist.

AO: Das sehe ich erst in ferner Zukunft, weil dafür die Gesellschaft erst bereit sein muss. Es muss für ein Unternehmen attraktiv sein, verantwortungsvoll sein. Eine "Geiz ist geil"-Gesellschaft lässt solche Werte nicht zum Zug kommen. Entscheidend ist daher vorerst, welche Zuschläge und Sozialbeiträge ich für welche Beschäftigungsform verlange.

*"Geht man davon aus, dass reell ist, was man erlebt,*
*so sind die Medien ein Spiegel dieser Realität -*
*doch wusstet ihr, dass der verzerrt*
*und dabei Großes noch größer macht*
*es lang-lang zieht, breittritt und darüber wacht?"*

(Absolute Beginner / "Die Kritik an Platten kann die Platten der Kritik nicht ersetzen")

# zur lage des oberösterreichischen lokaljournalismus in print, radio und tv

## medien, politik und medienpolitik in oberösterreich

*Vera Lischka*

Wenn Medien die viel zitierte "vierte Gewalt" neben Legislative, Exekutive und Judikative darstellen, erfüllen sie eine notwendige Kontroll- und Aufklärungsfunktion in einer demokratischen Gesellschaft. Genauso wie die Unübersichtlichkeit staatlicher Gebilde mehrere demokratische Ebenen erfordert, um wirksame demokratische Mitbestimmung zu ermöglichen, können auch Medien ihre demokratische Funktion nicht nur überregional erfüllen.
Abgesehen von der (immer stärker betonten) Unterhaltungsfunktion sind es also lokale Medien und somit Lokaljournalismus, die die demokratie-hygienische Funktion von Medien auf der untersten (und für die Bürgerinnen und Bürger unmittelbarsten) kommunalen Ebene erfüllen sollen und müssen.
Bevor in der Folge die konkrete Situation der lokalen Medienlandschaft in Oberösterreich analysiert und daraus politische Implikationen abgeleitet werden, muss als Basis dafür folgende Frage beantwortet werden: Was sind die Voraussetzungen und Eigenschaften einer Medienlandschaft, die im Sinne ihrer demokratisch-gesellschaftlichen Funktion politische Transparenz, Redlichkeit und Meinungsvielfalt fördert?

Als Eckpfeiler einer derartigen Medienlandschaft sollten in möglichst großem Ausmaß folgende Kriterien erfüllt sein:

- Vielfalt: Vielfalt an Produkten (Qualitäts- und Boulevardmedien), Eigentümern und weltanschaulichen Tendenzen in den einzelnen Sektoren (also Print, Radio und Fernsehen). Die Vielfalt an Produkten und Eigentümern ist nicht nur aus Gründen der Wahlmöglichkeit für die KonsumentInnen notwendig, sondern mehr noch um JournalistInnen nicht völlig von einem Arbeitgeber abhängig zu machen. Abschreckendes Beipsiel ist in diesem Zusammenhang der österreichische Magazinsektor, wo es seit dem Zusammenschluss der News- und der Profil-Gruppe praktisch nur noch einen einzigen Arbeitgeber für MagazinjournalistInnen gibt.

- Qualität: Einhaltung journalistischer (Mindest-)Qualitätsstandards. Hierunter fallen beispielsweise Quellenangabe, Verzicht auf Kampagnenjournalismus, Beantwortung der journalistischen W-Fragen, thematische Bandbreite und vieles mehr. Klarerweise wird journalistische Qualität je nach "Genre" verschieden verstanden. Das schließt aber beispielsweise keineswegs die Unterscheidung zwischen qualitativ hochwertigem Boulevardjournalismus und qualitativ schlechtem Boulevardjournalismus aus. Denn auch am Boulevard heben thematische Bandbreite, Seriosität der Recherche und journalistische Redlichkeit im Umgang mit Quellen die Qualität des Produkts. Und zwar sowohl am Fernseh- als auch am Printboulevard.

- (Werbe)Content: Klare und für den/die Konsumenten/in erkennbare Trennung zwischen redaktionellen und bezahlten Inhalten. Die Bandbreite der Verschleierung von bezahlten Inhalten reicht von vergleichsweise harmlosen Formen wie "Advertorials" (PR-Artikel in nahezu gleichem Layout, die als solche zumindest gekennzeichnet sind) über Modestrecken und Artikel-gegen-Inserat-Deals bis hin zur Bezahlung für redaktionelle Beiträge als dreisteste Form des journalistischen Ausverkaufs.

Obige Einteilung ist natürlich willkürlich und unvollständig, aber bereits diese wenigen Kriterien sind alles andere als selbstverständlich. Weder im überregionalen Maßstab noch im Bereich der Lokalmedien. Im Folgenden soll die Situation in Oberösterreich beleuchtet und die Frage bearbeitet werden, ob eine mangelhafte Medienlandschaft einfach hingenommen werden muss oder ob es politische Gestaltungsmöglichkeiten auch auf lokaler Ebene gibt.

## die mediensituation im oberösterreichischen zentralraum

Bis zur (flächendeckenden) Einführung von privaten und freien Radios 1998 und der Legalisierung lokaler Fernsehsender wurde diese Rolle ausschließlich von täglichen oder wöchentlichen Printmedien übernommen. Nach der Liberalisierung im Radio- und Fernsehbereich sieht die lokale Mediensituation in Oberösterreich nun wie folgt aus:

| | Printsektor | Radiosektor | Fernsehsektor |
|---|---|---|---|
| Kommerziell | OÖN<br>OÖ Krone<br>OÖ Rundschau<br>Diverse Gratis-Blätter (Tips, Hallo, etc.) | Life Radio<br>Krone Hitradio | LT 1<br>WT1<br>FT1<br>u.a. |
| Öffentlich-Rechtlich | - | Radio OÖ | Programmfenster in ORF 2 ("OÖ Heute") |
| "Frei" | - | Freies Radio Oberösterreich (FRO) | - |
| Parteiorgane | Neues Volksblatt (ÖVP) | - | - |

In dieser Aufstellung wurden nur die Medien berücksichtigt, die regelmäßig lokale und regionale Berichterstattung in ihrem Repertoire haben. In dieser Hinsicht schon ein Grenzfall ist Krone Hitradio, das sehr stark bundesweit konzipiert ist und Lokalberichterstattung abseits von Wetter, Verkehr und Veranstaltungstipps stark aktualitäts- und themenabhängig gestaltet.[1] Zu den einzelnen Sektoren im Detail:

[1] Egger/Weszelka, Bericht zur Lage des Journalismus in Österreich 2002/2003, S 48

a) Printsektor in Oberösterreich: Bedingt durch den harten Konkurrenzkampf zwischen Kronen Zeitung, Oberösterreichischen Nachrichten (OÖN) und der "zwittrigen" OÖ Rundschau (Tageszeitung Sonntagsrundschau, Wochenzeitung Mittwochsrundschau) ist ein Mindestmaß an Meinungsvielfalt gegeben. Von absoluten Negativbeispielen wie dem Vorarlberger Printsektor, wo beide lokalen Tageszeitungen ein und dem selben Eigentümer gehören[2] ist die oberösterreichische Situation Welten entfernt. Andererseits hat der "Fall Marschall"[3] gezeigt, dass ein Arbeitsplatzwechsel innerhalb von Oberösterreich für JournalistInnen alles andere als einfach und üblich ist.

Mit ein Grund dafür dürfte die bei näherer Betrachtung doch stark eingeschränkte weltanschaulichen Vielfalt mit einem starken Übergewicht konservativer Printprodukte sein. So ist die weltanschauliche Ausrichtung der Rundschau-Herausgeberin Verlagsgruppe Passau eher in CSU-Nähe zu verorten, die OÖN nicht erst seit dem Fall Marschall in weltanschauliche ÖVP-Nähe einzuordnen und die Position eines der letzten Parteiorgane Österreichs, dem Neuen Volksblatt, ist sowieso völlig unzweifelhaft. Schwerer in ein klassisches Links-Rechts-Schema einzuordnen ist in diesem Zusammenhang die Kronen Zeitung, die trotz bundesweiter Präsenz in ihrer Oberösterreich-Mutation der Lokalpolitikberichterstattung breiten Raum gibt.

Abgesehen von mangelhafter weltanschaulicher Vielfalt hat der scharfe Konkurrenzkampf zwischen Krone und OÖN zu einer Annäherung der beiden führenden Printmedien Krone und OÖN geführt. Der letzte Facelift der OÖN im Jahr 2003 mit einer Verringerung der Textlänge und Vergrößerung der fotographischen Elemente sind dafür ebenso ein Anzeichen wie die durchaus qualitätsvolle und detaillierte Lokalberichterstattung der Kronen Zeitung, die sie von "reinen" Boulevardmedien abhebt. Kampagnenjournalismus wiederum, wie regelmäßiges Eintreten für größere Straßenbauprojekte und im Falle der VÖEST-Privatisierung, das

[2] Sowohl die "Vorarlberger Nachrichten" als auch die "Neue", die zusammen über 90 % des Vorarlberger Tageszeitungsmarktes abdecken, gehören beide dem Medienhaus von Eugen A. Russ. (Quelle: "Der Standard", Printausgabe vom 07.08.2004)

[3] Der OÖN-Innenpolitik Redakteur Gerhard Marschall wurde im Zuge der ersten Schwarz-Blauen Regierungsbildung wegen kritischer Berichterstattung gegen den Protest der Redaktionsvollversammlung von Herausgeber Cuturi gekündigt. (vgl. Ausgabe des Online-Standards vom 04.02.2000)

Publizieren von Unterschriftenlisten, unterscheidet die OÖN doch sehr stark von echten Qualitätsmedien wie Standard, Presse und Salzburger Nachrichten und stellen sie in diesem Bereich auf eine Stufe mit Anti-Temelin-Kampagnenjournalismus der Kronen Zeitung. Und der bereits angesprochene Facelift der OÖN, bei dem die Länge der Texte um bis zu sieben Prozent zu Gunsten größerer Fotos gekürzt worden ist, macht differenzierte Berichterstattung mit der Beleuchtung von Hintergründen noch schwieriger.[4]

Zusammenfassend lassen sich als größte Defizite im oberösterreichischen Printsektor die völlige Absenz lokaler Qualitätsmedien (bei einem gleichzeitig breiten Angebot an journalistisch und qualitativ hochwertigen Boulevardmedien) und das Fehlen eines liberalen Gegengewichts zu den mehrheitlich konservativ dominierten lokalen Printprodukten feststellen.

b) Radiosektor in Oberösterreich: "Es ist ärgerlich zu beobachten, dass wir zwar mehr Medien, aber eine geringere Meinungsbreite haben."[5] Diese Feststellung des ehemaligen SPD-Kanzleramtsministers und aktuellen Geschäftsführers der deutschen WAZ-Gruppe (u.a. 50 %-Eigentümerin der Kronen Zeitung) Bodo Hombach kann auch als symptomatisch für den Radiosektor in Österreich unterstrichen werden. Wobei sich das Phänomen der verringerten Vielfalt bei erhöhter Anzahl an Medien im Zuge der Zulassung von Privatradios nicht nur auf die Meinungsvielfalt beschränkt, sondern auf das Programm im Allgemeinen.

Abgesehen von Wien, wo die große Anzahl an lokalen kommerziellen Radiostationen zumindest einige wenige Radios zu einer echten Differenzierung ihres Programms vom Platzhirschen Ö3 gezwungen hat (vgl. z. B. Radio Arabella, das sich mit seinem Schlagerprogramm eher an Radio Wien orientiert), lassen sich nahezu alle kommerziellen Privatradios mit einer kurzen Feststellung erschöpfend charakterisieren: "Wie Ö3, nur schlechter."

Der Qualitätsbegriff im Radiobereich ist schon seit Jahren einem steten Wandel unterworfen: Schnell geht vor ausführlich, die Dauer der echten Programm-Teile wird immer kürzer. So kommen journalistisch

4 Gaisbauer/Klee/Wolfsgruber, Bericht zur Lage des Journalismus in Österreich 2002/2003, S 91

5 Bodo Hombach bei einem Referat vor dem Deutschen Journalisten Verband DJV, Volltext unter www.djv.de//downloads/hombach.pdf

anspruchsvollere Formate wie Feature und Reportage bei Lokalradiosendern überhaupt nicht vor. Die deutsche Radiomacherin Claudia Hamboch bringt es auf den Punkt: "Die Leute wollen hauptsächlich mit ihrer Stimme on air. Wer ihnen dabei das Mikro vor den Mund hält, ist vielen egal."[6] Das führt zu der paradoxen Situation, dass Menschen, die Qualität oder Musik abseits des Mainstreams im Radio konsumieren wollen, nach der Liberalisierung des Radiomarktes ausschließlich bei den öffentlich-rechtlichen Sendern und hier insbesondere bei Ö1 und FM4 fündig werden.
Programm und Musik abseits des Mainstreams verbreiten aber natürlich auch die freien Radiosender, konkret in Oberösterreich das Freie Radio Oberösterreich (FRO). Bedient werden vor allem die Zielgruppen Frauen, Senioren und MigrantInnen. Die völlige Absenz von Programmplanung, Abstimmung von Inhalten und Nachrichtensendungen lässt FRO aber nicht einmal ansatzweise zur Konkurrenz für kommerzielle oder öffentlich-rechtliche Berichterstattung werden. So werden sämtliche Beiträge von völlig autonom arbeitenden Privatpersonen oder Vereinen gestaltet, und es findet keinerlei redaktionell-journalistische Betreuung statt.
Vom Aspekt der Lokalpolitikberichterstattung aus betrachtet ergibt sich das ernüchternde Resümee, dass außerhalb des öffentlich-rechtlichen Radio Oberösterreich diese praktisch nicht stattfindet und Radio als Medium von Politaufklärung und -diskurs keine Rolle spielt.

c) Fernsehsektor in Oberösterreich: Noch jünger als die lokalen Privatradios sind die lokalen Privat-TV-Sender in Oberösterreich. Der enorme Kostendruck unter dem die kleinen lokalen Sender gezwungen sind, Programm zu machen, ist in vielen Bereichen spürbar und führt in einem großen Ausmaß zu "Borderline-Journalismus", wie der Salzburger Kommunikationswissenschaftler Hans Heinz Fabris und Herausgeber des Berichts zur Lage des Journalismus in Österreich, die Verquickung von Journalismus, PR und Werbung bezeichnet. Er beschreibt diese (nicht nur aufs Lokalfernsehen beschränkte) Entwicklung wie folgt: "Die Grenzen zwischen Information und Unterhaltung, zwischen Journalismus, PR und Werbung sind weiter im

[6] Schneider/Karle (2004), Mehr agieren statt reagieren - Lokaljournalismus zwischen Sparzwang und Qualitätsanspruch

[7] Egger/Weszelka, Fünf Jahre Privatradios in Österreich, in: Bericht zur Lage des Journalismus in Österrreich 2002/2003, S 47

Fließen begriffen. Bisher getrennte Bereiche wachsen [...] unter dem Druck der fortschreitenden Kommerzialisierung weiter zusammen."[8]
Da aber gerade im Bereich des Lokalfernsehens das Verhältnis zwischen (hohen) Produktionskosten, (geringer) Reichweite und (wenigen) potentiellen Werbekunden besonders ungünstig ist, darf die große Bedeutung von PR-Beiträgen nicht sehr verwundern. Aber auch noch andere Auswirkungen des enormen Kostendrucks gehen auf Kosten der journalistischen Qualität. So verschwimmen teilweise die Grenzen zwischen Redakteur/in und Techniker/in völlig. Dass das aber scheinbar ein generelles Problem lokaler Fernsehsender ist, beweisen zahlreiche deutsche Beispiele.
So gibt es beim früheren Franken TV die Ausbildung zum reinen Techniker oder Redakteur längst nicht mehr und Senderchef Feldmann erklärt, dass "die ehemals getrennten Abteilungen zu einem Newspool zusammenschmelzen" und die Mitarbeiter als eine Art "Redaktroniker" fungieren. Gleichzeitig beschneidet der Kostendruck die Programmvielfalt und die journalistische Unabhängigkeit der Sender, wie Feldmann indirekt zugibt: "Die Mitarbeiter wissen mehr denn je, wie wichtig es ist, gezielt für das Werbeumfeld zu produzieren."[9]
Für die noch kleinräumigeren Lokalfernsehsender in Oberösterreich gelten diese Bedingungen in noch verschärfter Ausprägung. Dafür scheinen die im Printbereich einflussreichen weltanschaulichen Ausrichtungen der Herausgeber im Lokalfernsehbereich eine untergeordnete Rolle zu spielen. Vielmehr gilt hier das Motto: "Wer zahlt, schafft an." mit der Konsequenz völliger Absenz kritischer Berichterstattung in jeder (auch: weltanschaulichen) Hinsicht. Über weite Strecken hat auch das redaktionelle Programm Belangsendungscharakter und die Interviews sind mit der Bezeichnung "zahm und nett" noch milde beschrieben.

## spielräume regionaler und lokaler medienpolitik

Viele der Defizite und Probleme in der oberösterreichischen Medienlandschaft sind keineswegs spezifisch oberösterreichische und manche

8 Fabris, Bericht zur Lage des Journalismus in Österreich 2002/2003, S 10
9 Schneider/Karle (2004), Mehr agieren statt reagieren - Lokaljournalismus zwischen Sparzwang und Qualitätsanspruch, tendenz 2/2004

davon lassen sich auch nur auf überregionaler Ebene lösen. So hat die fehlende Entflechtung des Mediamil-Komplexes (c/o Armin Thurnher) und dessen de-facto Monopol im Bereich des Magazinjournalismus sowie dessen Wettbewerbsvorteil im Bereich des Zeitungsvertriebs auch Auswirkungen auf Vielfalt und potentielle Arbeitgeber für JournalistInnen in Oberösterreich. Auch die dramatische (Aufwärts-) Entwicklung der Postzeitungstarife und die undurchsichtige Gestaltung der Presseförderung auf Bundesebene sind alles andere als eine Förderung von Vielfalt in der österreichischen Medienlandschaft im allgemeinen.

Trotzdem gibt es in allen drei Sektoren (Print, Radio und Fernsehen) durchaus Handlungsspielräume auf regionaler und lokaler Ebene. Bevor nun im Detail auf die einzelnen Möglichkeiten der regionalen Förderung von Medienvielfalt und -freiheit eingegangen wird, sei aber noch ganz allgemein auf das grundsätzliche Dilemma von Medienpolitik hingewiesen: Mit Medienvielfalt und -freiheit ist es in vielen Bereichen das gleiche wie mit Minderheiten und Oppositionsrechten. Je ausgeprägter, desto reifer und gefestigter in der Regel eine demokratische Gesellschaft.

Da aber gerade diejenigen, die in Lage sind, für mehr mediale Freiheit und Vielfalt zu sorgen, oftmals diejenigen sind, die ebendiese am meisten fürchten müssen bzw. auf die Unterstützung der Profiteure der jeweils aktuellen Medienlandschaft angewiesen sind, ist die tatsächliche Umsetzung der folgenden Vorschläge und Möglichkeiten besonders schwer.

A) PRINTSEKTOR: Der Printsektor ist auch in Oberösterreich eine historisch gewachsene Struktur mit regionalen "Platzhirschen". Die bereits attestierte Absenz von regionalen Qualitätsmedien wird sich auch durch politische Aktivitäten nur bedingt lösen lassen. Als eine der wenigen Möglichkeiten wären finanzielle Anreize in Form einer Landespresseförderung für regionale und lokale Berichterstattung in landesweit erscheinenden Tageszeitungen. Finanziell sollte die Förderung zumindest dem Preis einer Seite täglich entsprechen. Damit wäre ein Anreiz für überregionale Medien geschaffen, ihre lokale Berichterstattung zu intensivieren bzw. überhaupt erst aufzubauen. Denn gerade für Qualitätsmedien mit geringerer Reichweite ist die Aufrechterhaltung lokaler Repräsentanzen besonders schwierig.

Abseits der etablierten Printmedien liegt das komplexere Feld der freien Printprojekte völlig brach. Insbesondere seit die breite und egalitäre Form der Presseförderung in der Form der günstigen Postzeitungstarife für den Zeitungsversand beendet worden ist, haben es Printprojekte abseits der finanzstarken Absatzstrukturen sehr schwer, ihr Publikum zu erreichen. Ein Gegensteuern auf Landesebene ist hier nur in begrenztem Umfang möglich. Zumindest aber ein offenes landesweites Bibliotheksservice für Publikationen mit Oberösterreichbezug wäre ein Tropfen auf dem heißen Stein. Ansonsten bleibt nur zu hoffen, dass künftige Regierungen auf Bundesebene wieder verstärkt auf das Mittel der Vertriebsförderung zurückkehren, um printmediale Meinungsvielfalt zu fördern.

b) Radiosektor: Im Radiosektor ist abgesehen vom relativ unproblematischen öffentlich-rechtlichen Rundfunk klar zwischen den beiden Welten Kommerzradios auf der einen und freie Radios auf der anderen Seite zu unterscheiden. Beiden ist gemeinsam, dass sie zwar ein Mehr an Bandbreitenausnutzung, deshalb aber noch lange nicht mehr an qualitativer und programmplanerischer Vielfalt bedeuten.
Während bei den kommerziellen Privatradios der Grund dafür in der simplen Reichweitenmaximierung durch möglichst breites Mainstreamprogramm ohne anspruchsvolle (und teure) Programmleisten liegt, ist die Situation bei den freien Radios schon etwas komplizierter: Einerseits würde eine Programmplanung einen Paradigmenwechsel und eine völlig neue Senderstruktur bedeuten. Andererseits fehlen für eine Neuorientierung oder gar die Produktion von Nachrichtensendungen die finanziellen Mittel.
Dass die Möglichkeit der gesetzlichen Regelung beschränkt sind, zeigt das völlige Ignorieren des § 16 Absatz 2 Privatradiogesetz (PRG) von Seiten der Privatradios, der schon heute vorschreibt, "den im Versorgungsgebiet wesentlichen gesellschaftlichen Gruppen und Organisationen nach Maßgabe redaktioneller Möglichkeiten Gelegenheit zur Darstellung ihrer Meinungen zu geben". Grundsätzlich wären im kommerziellen Bereich zwei Achsen der Differenzierung und Erhöhung der Medienvielfalt denkbar: Einerseits die regionale Differenzierung zur Erhöhung der regionalen Meinungsvielfalt, wie sie

die aktuelle Fassung des PRG favorisiert und die ohne Zweifel als gescheitert angesehen werden darf.
Die zweite denkbare Achse wäre eine Differenzierung durch Sparten- und Zielgruppenradios, die aber wahrscheinlich nur in einem überregionalen Maßstab erfolgversprechend wäre. Konkurrenz in diesem Bereich bekommen klassische Radiosender außerdem mehr und mehr durch die unendliche Vielfalt an Internet-Radiosendern, die sich ganz auf die Bedienung verschiedenster Zielgruppen verlegen.[10]
Im Bereich der freien Radios muss das Modell "wenig Geld + wenig Struktur" auch als zumindest nicht durchschlagender Erfolg gewertet werden. Allerdings muss angemerkt werden, dass der Programmplanung mit der aktuellen finanziellen Ausstattung der freien Radios sehr enge Grenzen gesetzt sind. Mit der Kürzung der Bundessubventionen für freie Radios im Jahr 2000 wurde aber bisher der gegenteilige Weg beschritten, Radio FRO musste auf Grund eben dieser Kürzung 50 Prozent der Angestellten entlassen.[11] Die Forderung des Verbandes Freier Radios in Österreich (VFRÖ), artikuliert durch deren Obmann Helmut Peissl, nach einem Gebührensplitting der Rundfunkgebühren zu Gunsten der freien Radios, wäre eine (wiederum nur auf Bundesebene umsetzbare) Möglichkeit, die angespannte finanzielle Situation zu entschärfen.

c) Fernsehsektor: Im Bereich des Privatfernsehens ist es derzeit beinahe eine Zumutung von "Journalismus" zu sprechen und solange die kommerzielle Situation weiterhin derart gespannt ist, wird sich an dieser Situation auf absehbare Zeit nicht viel ändern. Ist lokaler Fernsehjournalismus im eigentlichen Sinn als unabhängig-kritische und redaktionelle Berichterstattung abseits bezahlter Inhalte politisch gewünscht, so wird auf Dauer nichts an einer Basisförderung für die Lizenzinhaber vorbeiführen.
Was die Entwicklung freier Fernsehsender betrifft, so darf man auf den ersten Versuch eines derartigen Projekts in Wien gespannt sein. Und auch wenn im freien Fernsehen ähnliche Probleme wie im freien Radio zu erwarten sind, könnten sich durch die bewusstere Konsumation des Mediums Fernsehen für einzelne Formate, Chancen entwickeln. Der Start eines freien Fernsehsenders im oberösterreichischen Zentralraum sollte in diesem Zusammenhang politisch und finanziell jedenfalls gefördert wer-

[10] Beispiele für Internet-Radios finden sich unter www.live365.com
[11] Erl/Hollaus, David gegen Goliath - Wer hält durch?, In: Bericht zur Lage des Journalismus in Österreich 2002/2003, S 50

den. Insbesondere um Minderheiten und wenig finanzkräftigen gesellschaftlichen Gruppen Möglichkeiten zu geben, das Medium Fernsehen zu nutzen und zumindest in Randbereichen ein Korrektiv zur Unter- oder Nichtrepräsentanz in herkömmlichen Medien darzustellen.

D) SEKTORENÜBERGREIFENDE MA–NAHMEN: Für sämtliche Sektoren der oberösterreichischen Medienlandschaft gilt, dass Defizite im Bereich der journalistischen Ausbildung bestehen. Mit der Erweiterung um private und freie Radio- und Fernsehsender ist klarerweise auch der Bedarf an jounalistischem Personal gestiegen. Die Einrichtung eines Universitätslehrgangs für Journalismus an der Linzer Johannes Kepler Universität und die Einrichtung eines Fachhochschullehrgangs mit Schwerpunkt Journalismus wären denkbare Maßnahmen, um die journalistische Qualität quer über alle Sektoren und Genres zu heben. Was die Einhaltung der bisherigen Mediengesetzgebung betrifft, sei das der bereits angeführte § 16 PRG oder die Verpflichtung der öffentlich-rechtlichen Medien zu ausgewogener Berichterstattung, so liegt es hier vor allem an den politischen Playerinnen und Playern, die Einhaltung dieser gesetzlichen Mindeststandards regelmäßig einzufordern und unabhängige Strukturen zu schaffen, die eine regelmäßige Evaluation der Programmqualität der Privatradios und -fernsehsender vornehmen. Denn ohne Kontrollstrukturen ist politisches Gegensteuern beinahe unmöglich.

## fazit

Die Medienlandschaft ist, verglichen mit anderen Teilen Österreichs, mittelmäßig. Von einer Vielfalt an Produkten und Meinungen wie in Wien können Oberösterreicherinnen und Oberösterreicher nur träumen, allerdings gibt es am Printsektor durchaus eine größere Vielfalt als beispielsweise in Vorarlberg.
Im Bereich der jüngeren privaten Radio- und Fernsehsender ist es für eine endgültige Bewertung noch zu früh. Der derzeitige Zustand hat aber das im Zuge der Liberalisierung erhoffte Mehr an medialer Vielfalt und Qualität nicht erfüllt. Besonders ärgerlich ist in diesem

Zusammenhang, dass die Radiostationen nicht einmal den gesetzlichen Mindestverpflichtungen nachkommen, wie auch das Autorinnenduo Johanna Egger und Birgit Weszelka im Journalismusbericht 2002/2003 festhalten.[12] Sie ziehen auch das ernüchternde Resümee, dass "die Intention, die Meinungsvielfalt als Kompensation zum ehemaligen ORF-Monopolisten zu erhöhen, so weder durch das Vorhandensein verschiedener Rundfunkveranstalter noch innerhalb des Programms eines Rundfunkveranstalters erfüllt wird."
Abschließend bleibt noch auf die Potentiale regionaler Online-Medien hinzuweisen. Der Online-Medienmarkt ist sicher noch viel weniger fest strukturiert und würde zumindest theoretisch die Chance für eine breite und vielfältige Onlinemedienlandschaft mit sich bringen. Aber auch im Internet gilt: Qualität kostet Geld. Und solange regionaler Internetjournalismus nur der Vermarktung klassischer Radio- oder Printmedien dient, bleibt die Chance auf eine größere Meinungs- und Qualitätsvielfalt im Internet ungenutzt. Für die Politik kann das nur bedeuten, sich so schnell wie möglich aktiv mit den Potentialen und Voraussetzungen für eine lebendige und pluralistische regionale Online-Medienlandschaft auseinanderzusetzen und entsprechende Strategien zu entwickeln.

## links zum thema

www.kowi.sbg.ac.at/journalistik/vojournalistik/Journalismusbericht/Journalismusbericht.htm
*Die "Berichte zur Lage des Journalismus in Österreich" der letzten Jahre zum Download.*

www.djv.de
*Homepage des deutschen Journalisten Verbands mit zahlreichen Beiträgen und Referaten zum Thema Qualität im Journalismus.*

www.freie-medien.at
*Österreichische Netzinitiative, die sich für mehr Freiheit und Vielfalt in der österreichischen Medienlandschaft einsetzt.*

[12] Egger/Weszelka, Bericht zur Lage des Journalismus in Österreich 2002/2003, S 49

## literatur

*Fabris, Hans Heinz (Hrsg.):* Bericht zur Lage des Journalismus in Österreich: Ein Qualitäts-Monitoring. Erhebungsjahre 2002/2003.

*Fabris, Hans Heinz / Renger, Rudi / Rest, Franz (Hrsg.):* Bericht zur Lage des Journalismus in Österreich: Ein Qualitäts-Monitoring. Erhebungsjahre 2001.

*Hombach, Bodo (2003):* Qualität in der Krise: Was Zeitungen sich leisten können. Impulsreferat im Rahmen des Forums "Initiative Qualität im Journalismus" am 29. September 2003, http://www.djv.de//downloads/hombach.pdf (letzter Besuch: 05.08.2004)

*Schneider, Guido / Karle, Roland (2004):* Mehr agieren statt reagieren - Lokaljournalismus zwischen Sparzwang und Qualitätsanspruch. In: tendenz 2/2004

# diskurs: lokale medien in oberösterreich

## über "die lage des oberösterreichischen lokaljournalismus in print, radio und tv" diskutieren leonhard dobusch und jakob huber mit der autorin vera lischka

Leonhard Dobusch: Im Artikel wird nicht erwähnt, dass du, Vera, selbst viel Erfahrung in lokalen Medien hast. Schließlich hast du, bevor du in die Politik gegangen bist, beim Linzer Lokalfernsehsender "LT1" gearbeitet und auch auf der Privatuniversität Krems Fernsehjournalismus studiert. Dabei könnte das deinen Beitrag sicher gut illustrieren oder ergänzen. Kannst du deinen Alltag im Bezug auf die angesprochene Thematik und Problematik schildern?

Vera Lischka: Das Linzer Lokalfernsehen hat nicht viel mit Jounalismus zu tun. Und ich denke, das sehen auch die meisten Menschen so, die dort selbst arbeiten. Es geht um Entertainment und Infotainment. Leider interessiert sich anscheinend nur ein geringer Prozentsatz für qualitativ hochwertigen, besser Qualitätsjournalismus. Die meisten Leute in Oberösterreich lesen Kronen Zeitung, aber die machen wenigstens qualitativ hochwertigen Journalismus, wenn auch keinen Qualitätsjournalismus. Beim Lokalfernsehen sind wir hingegen von qualitativ hochwertigem Journalismus mindestens so weit entfernt wie von Qualitätsjournalismus. Es haben auch nicht viele eine dementsprechende Ausbildung.

LD: Stichwort "Infotainment": Es stimmt schon, die Leute wollen über ihre Veranstaltungen berichtet haben, sehen und gesehen werden. Der Bedarf an kritischer Berichterstattung über Society-Events ist gering und der Seitenblickeanteil im Lokalfernsehen extrem groß. Aber könnte Lokalfernsehen nicht trotzdem eine wichtige journalistische Funktion erfüllen, zum Beispiel vor Landtags- und GR-Wahlen?

VL: Sicher wäre das wünschenswert. Und wenn man sich die Berichterstattung vor den letzten Wahlen in Oberösterreich oder der BundespräsidentInnenwahl anschaut, dann waren das halt ausschließlich bezahlte Beiträge. Aber auch weil die Redakteure/innen nicht das nötige Hintergrundwissen haben, trauen sie sich nicht, einen Haider oder Pühringer mit kritischen Fragen zu ärgern. Die Lokalsender leben von den bezahlten Beiträgen, da ist Kritik unerwünscht, außerdem welche/r "kleine" Linzer Redakteur/in will es sich schon mit dem Landeshauptmann vertun?

Jakob Huber: Funktioniert das bei anderen Lokalsendern besser?

VL: Nein, soweit ich es zumindest für Oberösterreich sagen kann, sogar eher im Gegenteil. Bei anderen ist es teilweise noch schlechter. LT1 ist zumindest tagesaktuell, d.h. es sendet täglich neues Programm, während die meisten anderen immer noch nur wochenaktuell senden.

LD: Klar, das ist der Status-Quo. Andererseits ist immer Vielfalt und Qualität als Argument gekommen, warum Österreich den Medienmarkt liberalisieren müsse. Österreich als "Medien-Albanien" war das Schlagwort. Jetzt zeigt sich, dass das nicht gestimmt hat, am besten am Radiosektor: Wenn ich gutes Kommerzradio will, höre ich Ö3, wenn ich Journalismus und Qualität will, Ö1, alternatives und jugendliches Programm bietet FM4 und Lokaljournalismus die Ö2-Regionalradios. Vielfalt und Qualität ist im ORF zu Hause, und den einzigen Effekt, den Privatkonkurrenz potentiell haben könnte, ist, diese Vielfalt und Qualität durch den Druck des Kommerzwettbewerbs nach unten zu verringern.

VL: Bestimmt. Die Privaten haben die Medienlandschaft zumindest im Radiobereich nicht besonders bereichert. Wobei es natürlich für JournalistInnen schon von Vorteil ist, wenn es für sie nicht nur einen einzigen Arbeitgeber gibt. Das stärkt einfach in jedem Fall ihre Position.

JH: Es wäre ziemlich dumm von den Privaten, den ORF als Konkurrenten zu sehen. Der ORF ist völlig überlegen gegenüber jeder lokalen Alternative. Die OÖ Lokalradios sind einfach mäßig, auch das noch relativ professionelle LifeRadio. Auch LT1 ist keine Konkurrenz für den ORF.

VL: Geld macht die Musik. Es ist ein Riesenunterschied, allein was die

Ausbildungen der MitarbeiterInnen betrifft. Die Privaten sind nicht übermässig interessiert an Aus- und Weiterbildung und haben auch einfach das Geld nicht, um in Sprechtrainings oder professionelle Weiterbildung zu finanzieren.. Da hat der ORF viel voraus und das äußert sich natürlich in gesteigerter Qualität. Bei vielen privaten Radiosendern muss man ja oft abschalten, weil die schlechte journalistische Performance nicht zum Aushalten ist.

LD: Wir sind uns also darin einig, dass der Qualitätsanspruch nicht durch Liberalisierung erfüllt wurde, sondern vielleicht sogar zurückgegangen ist. In der Politik geht es aber auch darum, wie sich diese unbefriedigende Situation verbessern ließe.

VL: Ein großer Schritt wäre sicher die Einführung bzw. der Ausbau öffentlicher Ausbildungsangebote. An der Donauuniversität Krems kosten drei Semester Fernsehjournalismus mehr als 10.000 Euro, das kann sich einfach fast niemand leisten. Da nützen dann die besten Vortragenden nichts, wenn es für Normalsterbliche nicht finanzierbar ist.

LD: Was ist mit Publizistik an der Universität? Was haben die Leute in Linz für eine Ausbildung?

VL: Die meisten kommen aus den Bereichen Jus und Wirtschaft und haben Journalismus nicht gelernt. Die einzige Ausbildung, die viele haben und die auch Sinn macht, sind diverse Voluntariate bei Zeitungen oder praxisbezogene Arbeit bei Radio und Fernsehen über Jahre hinweg.

JH: Die oberösterreichische Online-Medienlandschaft kommt im Artikel ja praktisch gar nicht vor. Sicher auch berechtigterweise auf Grund der sehr bescheidenen NutzerInnenzahlen. Aber in Zukunft könnte sich das doch ändern. Außerdem kosten Online-Medien in der Erstellung weniger als andere Medien und haben damit auch geringere Einstiegsbarrieren.

VL: Online wird Print nicht ersetzen können. Ich möchte in der früh

Zeitung auf Papier lesen, nicht im Internet.

LD: Es gibt aber doch teilweise hochwertige Online-Magazine, die bestimmte Marktlücken füllen, wie zum Beispiel das Magazin für Netzkultur "telepolis" in Deutschland, das sich täglich in mehreren Essays mit Technik, Wirtschaft, Wissenschaft und Politik auseinandersetzt. Die Frage, die sich stellt, ist, ob es auch im regionalen und lokalen Bereich eine Lücke für Journalismus gibt, abseits von den Partyseiten mit Fotos von den Veranstaltungen. Gibt es eine Lücke und wenn ja, wer soll sie füllen?

JH: Ich glaube schon, dass Online-Journalismus auf lokaler Ebene möglich ist. Das mit der im Moment noch kleinen Nachfrage wird sich ändern. Aber auch eine andere Funktion ist spannend: Es ist sehr einfach, etwas online zu stellen. Informationen können rasch übertragen werden, unabhängig davon, ob jemand daran ein interesse hat oder nicht.

VL: Das Hauptproblem ist die Glaubwürdigkeit. Bei "telepolis" ist auch ein Verlag dahinter, der die Glaubwürdigkeit durch herkömmliche Printprodukte hat. Einfach online schreiben, hat nicht unbedingt etwas mit Glaubwürdigkeit und Journalismus zu tun. Das gilt auch für Parteien. Die haben Online die selben Probleme wie klassische Parteizeitungen.

*"Aus Furcht vor Verlust verschwindet die Lust am Dasein,
ich atme Gas ein und spei' Feuer wie ein Ungeheuer,
das die Seele reinigt, versperrte Wege freilegt."*
(Texta / "Vermisst")

# gesicherte grundversorgung und hochqualitative dienstleistungen durch modernisierung der daseinsvorsorge

## perspektiven von organisation und management kommunaler daseinsvorge

*Michaela Mader*

In der gegenwärtigen Diskussion um das - nicht zuletzt europäische - Gesellschaftsmodell spielt die Gestaltung von "Dienstleistungen von allgemeinem Interesse" eine zentrale Rolle. Dieser Begriff[1] wurde von jenem bislang verwendeten "Dienstleistungen von allgemeinem wirtschaftlichen Interesse" abgeleitet, da sein Bedeutungsspektrum sowohl martkbezogene als auch nichtmarktbezogene Dienstleistungen, die von staatlichen Stellen im Interesse der Allgemeinheit erbracht werden und daher mit spezifischen Gemeinwohlverpflichtungen verknüpft werden, beinhalten soll. Gemeinwohlverpflichtung wiederum bedeutet, dass Anbieter eines betreffenden Dienstes die besonderen Anforderungen staatlicher Behörden - die Gemeinwohlinteressen - erfüllen müssen. Im Jargon der Europäischen Union wird in diesem Kontext von "Daseinsvorsorge" gesprochen - jener Begriff der in letzter Zeit im Zusammenhang mit der Diskussion um GATS[2] ausreichende Präsenz erlangt hat.
Die Lebensqualität der Bürgerinnen und Bürger wird maßgeblich durch die Quantität und Qualität dieser Dienstleistungen beeinflusst. Die Dienstleistungen an sich, aber auch die Rahmenbedingungen, unter

[1] Weißbuch zu Dienstleistungen von allgemeinem Interesse, Anhang 1: Begriffsbestimmungen. http://europa.eu.int/comm/secretariat_general/services_general_interest/docs/com2004_374_de.pdf (22. Juli 2004)

[2] General Agreement on Trade in Services (deutsch: Allgemeines Abkommen über den Handel mit Dienstleistungen)

denen sie erbracht werden, unterliegen einem ständigen Wandel und werden sich auch in Zukunft weiterentwickeln. Daher ist die kontinuierliche Diskussion über die Aufgaben der öffentlichen Leistungserbringung nicht nur gerechtfertigt, sondern sogar unbedingt erforderlich. Die erbrachten Dienstleistungen müssen permanent dahingehend überprüft werden, ob sie jene unverzichtbaren Kriterien, die ihnen a priori zugeschrieben werden und die für die EU Ausdruck des gemeinsamen Konzepts gemeinschaftlicher Werte und Ziele sind, erfüllen: Die staatlichen Leistungen müssen für die Allgemeinheit jederzeit und vollständig zugänglich und erschwinglich sein. Darüber hinaus ist auf eine angemessene Qualität der Leistung zu achten[3].
Die bürokratische Organisation des Staates galt einst als Modell rationaler Aufgabenerledigung. Gegenwärtig orientiert sich die öffentliche Verwaltung zunehmend an aktuellen Managementleitbildern und organisationstheoretischen Konzepten, bei deren Umsetzung diese formale Rationalität oftmals als Hemmnis effizienter Aufgabenerledigung[4] wahrgenommen wird. Dessen ungeachtet werden öffentliche Dienstleistungen in Zusammenarbeit zwischen Privatwirtschaft und öffentlicher Verwaltung organisiert oder vollständig an privatwirtschaftliche Unternehmen übertragen. Die Verantwortung über die Aufgaben der Daseinsvorsorge und der dementsprechenden Festlegung der Gemeinwohlaufgaben liegt jedoch nach wie vor bei den öffentlichen Instanzen auf der jeweiligen Ebene. Daher muss eine Diskussion und Neu-Disposition des Aufgabenspektrums staatlicher Institutionen und ihres Verhältnisses zu den Veränderungen in Wirtschaft und Gesellschaft[5] aus der Perspektive des Verantwortungsträgers und nicht des alleinigen Leistungserbringers geführt werden.
Als ein Leitprinzip der Daseinsvorsorge gilt die Schaffung der "Voraussetzungen für bürgernahe öffentliche Regulierungen"[6]. Dies bedeutet, dass Dienstleistungen von allgemeinem Interesse möglichst bürgernah organisiert und geregelt sein sollen, was den lokalen Behörden eine dementsprechende Bedeutung zukommen lässt. Diese zentrale Rolle bei der Organisation der Daseinsvorsorge rechtfertigt sicherlich ein tiefergehendes Interesse an der regionalen und kommunalen Ebene des poli-

[3] Weißbuch zu Dienstleistungen von allgemeinem Interesse. S 3 http://europa.eu.int/comm/secretariat_general/services_general_interest/docs/com2004_374_de.pdf (22. Juli 2004)

[4] Naschold, F. / Bogumil, J. (2000): Modernisierung des Staates. 2. Auflage, S 5

[5] ebenda, S 27

[6] Weißbuch zu Dienstleistungen von allgemeinem Interesse. S 8

tisch-administrativen Systems eines modernen Gemeinwesens.

## neugestaltung öffentlicher aufgaben

Die Neugestaltung von öffentlichen Aufgaben hat in der Vergangenheit ein Ziel verfolgt: die Reduzierung der Staatsaufgaben auf eine minimalistische Stufe. Eine kritische Betrachtung der eingesetzten Maßnahmen wie Kostensenkungsprogramme, Privatisierung öffentlicher Unternehmungen oder Auftraggeber-Auftragnehmermodelle und daraus resultierende Erkenntnisse verlangen nach einer Überprüfung der strategischen Stoßrichtungen, nach der Suche von neuen Managementleitbildern für öffentliche Verwaltungen und eine kreative Weiterentwicklung der öffentlichen Dienstleistungen.
Zahlreiche Managemententscheidungen über Kostensenkungsprogramme - vor allem im Bereich der Personalkosten - haben Produktivitätssteigerungen bei der Erbringung öffentlicher Dienstleistungen versprochen. Die außer Zweifel gestellte Universalwirkung dieser Maßnahmen blieb jedoch aus - positive Auswirkungen dieser Programme konnten nur unter bestimmten Voraussetzungen festgestellt werden. Naschold und Bogumil[7] ziehen folgende Schlussfolgerungen aus empirischen Befunden über Kostensenkungsprogramme in ausgewählten europäischen Ländern: Erstens konnten signifikante mittel- und langfristige Effekte nur dort erwartet bzw. überhaupt gemessen werden, wo Kostensenkungsprogramme mit einer strategischen Vision der Steigerung von Effizienz und Effektivität des öffentlichen Sektors gekoppelt waren. Zweitens wurden nachhaltige Auswirkungen auf die Qualität und Quantität der Leistungen des öffentlichen Sektors nur dort beobachtet, wo Kostensenkungsmaßnahmen gekoppelt an breite gesellschaftliche Trends, beispielsweise die Veränderung von Produktionskonzepten in Verbindung mit neuen Technologien, umgesetzt wurden.
Die Privatisierung öffentlicher Unternehmungen - im Sinne des Transfers von öffentlichen Eigentumsrechten und öffentlicher Aufgabenerstellung in den privaten Bereich - erfolgte häufig als Maßnahme zur Neupositionierung öffentlicher Aufgaben. Mittels empirischen Erfahrungen aus Großbritannien und Schweden widerlegen die Autoren[8] jene Erwartungen, dass Privatisierungen zu Produktivitäts-

[7] Naschold, F. / Bogumil, J. (2000): Modernisierung des Staates. 2. Auflage, S 48
[8] Naschold, F. / Bogumil, J. (2000): Modernisierung des Staates. 2. Auflage, S 52

steigerungen führen.

Erstens haben international vergleichende Studien zur Produktivitätsentwicklung gezeigt, dass Großbritannien generell hinter relevanten Konkurrenten zurückliegt, unabhängig davon, ob die jeweiligen Industrien zu diesem Zeitpunkt in privatem oder öffentlichem Besitz waren. Zweitens hat sich die Eigentumsform eines Unternehmens als ungeeigneter Faktor zur Erklärung von Produktivitätsunterschieden herausgestellt, da kein signifikanter Zusammenhang zwischen diesen Merkmalen besteht.
Interessant erscheinen auch empirische Untersuchungen zur Gemeindereform in Schweden. Es wurden kommunale Dienstleistungen in privatisierter Organisationsform, in der Organisationsform mit Budgetverantwortung und in solcher mit Einnahmenverantwortung ausgelagert und anschließend verglichen. Die höchste Kosteneffektivität erlangten die privatisierten Tätigkeitsbereiche. Dies resultierte jedoch nicht in einer entsprechend großen Kostensenkung für die Gemeinde, da die privatwirtschaftlichen Unternehmungen ergiebige Gewinnspannen aufschlugen. Hinzu kommt, dass sich die Position der Kommune gegenüber dem Unternehmen im Laufe der Zeit oftmals verschlechtert, weil nach einer Privatisierung innerhalb der öffentlichen Verwaltung kaum noch Ressourcen und notwendiges Wissen vorhanden sind und so die Abhängigkeit vom ausführenden Unternehmen steigt. Aus diesem Grund verliert die Privati-sierung an Dynamik: anfänglich werden die Kosten zwar niedrig gehalten, die Forderungen gegenüber der Gemeinde steigen jedoch sukzessive.

## modernisierung bedeutet nicht privatisierung

Den Königsweg zur öffentlichen Aufgabenreform - sollte es ihn geben - stellt keinesfalls die Privatisierung dar. Die Erfahrungen in europäischen Ländern zeigen, dass es keinerlei empirische Befunde über einen signifikanten Zusammenhang zwischen mikroökonomischer Leistungsfähigkeit und der Eigentumsform gibt[9]. Privatisierung als Universalrezept für Modernisierung und Reform vom Staat zu sehen, scheint eine

[9] Naschold, F. / Bogumil, J. (2000): Modernisierung des Staates. 2. Auflage, S 55

Ausprägung von überdimensionierter ideologischer Sturheit zu sein. Vielmehr sind es komplexe Ursachen-Wirkungs-Zusammenhänge von diversen Teilvorgängen, die zur Erklärung ökonomischer Tatbestände in kleinen Einheiten herangezogen werden sollen.

Die Suche nach konzeptionellen Ansätzen für die Gestaltung und Modernisierung von öffentlichen Dienstleistungen brachte ein Ergebnis: Es gibt keine universelle Aufgabentheorie der öffentlichen Verwaltung[10]. Dies bedeutet, dass eine Aufgabendefinition von übergeordneten Instanzen oder beispielsweise aus der Wissenschaft nicht möglich ist, sondern eine Neubestimmung von öffentlichen Aufgaben prozedural von der jeweiligen verantwortlichen Politik und Verwaltung herbeigeführt werden muss. Dabei muss es sich um einen strategischen Managementprozess handeln, der die Vielfalt der Gesellschaft und die Komplexität der Rahmenbedingungen berücksichtigt.

Wird die Modernisierung der öffentlichen Leistungserbringung nicht durch Privatisierungen herbeigeführt, das heißt, das Erbringen von Dienstleistungen von allgemeinem Interesse bleibt in öffentlicher Hand, ist zu Beginn jene Fragestellung zu beantworten, die zu einer viel-ver-sprechenden Strategie führen soll: Wie können öffentliche Verwaltungen ihr Angebot an Bürgerinnen und Bürger bestmöglich gestalten?

## hohe qualität durch effektive ausrichtung der leistungen

Um die richtigen strategischen Stoßrichtungen festzulegen, müssen die Ursachen-Wirkungs-Zusammenhänge innerhalb des Gesamtsystems antizipiert werden. Auf oberster Ebene wird die Wirkung bestimmter Prozesse und Maßnahmen zur Leistungserbringung für die Verwaltung selbst, aber auch für die BürgerInnen spürbar. Die Festlegung der Ziele - woran richte ich die Versorgung der Bevölkerung aus? - ist Voraussetzung für die Gestaltung aller weiteren Abläufe im Unternehmen. An dieser Stelle kommt auch schon der Unterschied zwischen Effektivität und Effizienz zum Tragen: Um die vereinbarten Ziele erreichen zu können, müssen "die richtigen Dinge gemacht werden", sprich effektiv gearbeitet werden. Ist dies der Fall, ist der Outcome des Prozesses, der defi-

[10] Naschold, F. / Bogumil, J. (2000): Modernisierung des Staates. 2. Auflage, S 66

nierte Nutzen für BürgerInnen und Verwaltung, dementsprechend hoch. Der Outcome auf oberster Ebene kann dadurch maximiert werden, dass auf Prozessebene "die Dinge richtig gemacht werden", also effizient gearbeitet wird.
Das Verbesserungspotenzial wird durch die Ausrichtung der Versorgung am maximalen Nutzen für die BürgerInnen ausgeschöpft und bringt größtmögliche Effektivität mit sich. Das Einsparungspotenzial in der öffentlichen Leistungserbringung hingegen liegt in der Gestaltung der Prozesse, die am Outcome ausgerichtet werden sollen und somit effizient ablaufen, und nicht in der Reduktion des Leistungsangebotes.
Die Einbindung von Bürgerinnen und Bürgern in die Erstellung des Leistungsangebotes und die Berücksichtigung ihrer Bedürfnisse scheint zu einer Hälfte - nicht zuletzt weil dem Angebot höhere Akzeptanz entgegengebracht werden wird - als strategisch wichtige Handlung. Die andere Hälfte stellt die Ausrichtung der Versorgung an politischen Grundsätzen dar. Nicht die Erfüllung des gesetzlichen Auftrages der Daseinsvorsorge steht im Vordergrund - dieser ist vielmehr als Rahmenbedingung zu betrachten. Die strategischen Geschäftsfelder einer öffentlichen Verwaltung müssen mittel- und langfristig festgelegt werden und die damit verbundenen Stoßrichtungen geklärt sein. Nachdem bereits von Alfred Chandler proklamierten "structure follows strategy"[11] können nun die Organisationsformen gewählt werden, innerorganisatorische Prozesse überprüft und etwaige Strukturreformen in Gang gesetzt werden.

## die make-or-buy-entscheidung

Aus der Organisationslehre sind institutionenökonomische Ansätze[12] bekannt, die durchaus im öffentlichen Sektor zum Einsatz kommen können, wenn es um die Wahl der Organisationsform zur Leistungserstellung geht. Diese Diskussion wird auch häufig als jene über die optimale Leistungstiefe einer öffentlichen Verwaltung geführt. Der Transaktionskostenansatz[13] unterstützt die Wahl der Organisationsform

[11] Chandler, A. (1962): Strategy and Structure: Chapters in the History of Industrial Enterprise.
[12] vgl. Kieser, A. (Hrsg. / 1995): Organisationstheorien. 2. Auflage
[13] Williamson, O. (1981): The Economics of Organization: The Transaction Cost Approach. In: American Journal of Sociol-ogy, 1981, Volume 87, S 548 - 577

aus Effizienzgesichtspunkten. Er setzt bei der Aufgabenstellung an und leitet daraus unter Berücksichtigung möglicher Beschränkungen oder beispielsweise übergeordneter strategischer Ziele die effizienteste Organisationsform ab. Es handelt sich also dabei nicht um eine Analyse bestehender Organisationsformen.
Erstellt man eine Leistung, fallen einerseits die Herstellungskosten an, und andererseits die Kosten der Koordination, die zur Leistungserstellung notwendig ist. Diese bei allen vertraglichen Koordinationen anfallenden Informations-, Vereinbarungs- und Abwicklungskosten werden auch Transaktionskosten genannt. Die Höhe der Transaktionskosten hängt von den Charakteristika der zu erstellenden Leistung einerseits und von der Organisationsform andererseits ab. Vorrangige Eigenschaften, die ein Produkt besitzen kann, ist die Spezifität - beispielsweise besondere Qualität, spezifische Fertigungsverfahren, Know-how, spezielle Logistik - und die strategische Bedeutung - dabei handelt es sich um besonders wettbewerbsrelevantes Wissen und Können - des Produkts für das Unternehmen. Zu den unterstützenden Eigenschaften einer Leistung zählen die Unsicherheit - wenn es um Änderungen hinsichtlich Qualität, Menge, Termine und technische Spezifikationen geht - und die Häufigkeit der Leistungserstellung.
Als Organisationsformen kommen Markt, Hierarchie und Hybridstrukturen in Frage. Unter Markt versteht man, sich in der "Make-or-Buy"-Entscheidung für einen Fremdbezug zu entscheiden. Dies kommt hauptsächlich bei Leistungen vor, die für die öffentliche Verwaltung keine sehr hohe strategische Bedeutung haben und deren Spezifizität nicht zu hoch ist, das heißt, die am Markt zu finden sind. Hierarchie hingegen stellt die Eigenfertigung dar bzw. die totale vertikale Integration, was anders ausgedrückt einer sehr hohen Leistungstiefe der Verwaltung entspricht. Die Hierarchie kommt dann zum Zug, wenn strategische Bedeutung und Spezifizität einer Leistung sehr hoch sind und die Entscheidungsträger mit einer Marktunvollkommenheit in diesem Segment konfrontiert werden. Nachdem jedoch nicht nur die totale vertikale Integration eine optimale Lösung sein muss, sondern es auch zu Entscheidungen kommen kann, dass nur Teile der Leistungserstellung fremdvergeben werden, kann es zu Mischformen - so genannten Hybridstrukturen - kommen. Bekannte Hybridstrukturen aus dem pri-

vatwirtschaftlichen Bereich sind beispielsweise Franchise-Systeme, aber auch wirtschaftliche Netzwerke, in denen Leistungen kooperativ erstellt werden. Besondere Relevanz für externe Kooperationen von öffentlichen Verwaltungen haben die Organisationen des "Dritten Sektors"[14] - die Non-Profit-Organisationen.
Aufgrund dieser Eigenschaften und die dazugehörige Empfehlung für Eigen- oder Fremderstellung lassen sich ganz eindeutige Kosten- und Flexibilitätsvorteile aus einer bestimmten Organisationsform ableiten. Als erstes muss die strategische Relevanz einer Leistungserstellung - die sich in erster Linie an einer politisch geprägten Zielsetzung orientieren soll - eingeschätzt werden. Das gewünschte Ausmaß an staatlichen Ressourcen, das für die Aufgabenerstellung herangezogen werden soll, muss im Verhältnis zu externen Ressourcenpotenzialen festlegt werden. Erst dann dürfen Kosten- und Wirtschaftlichkeitskriterien in die Entscheidungsfindung miteinfließen.
Zu einer Modernisierung der Daseinsvorsorge gehört auch der rationale Gebrauch von Märkten durch öffentliche Verwaltungen. Vorsicht ist jedoch vor einer kompletten und unreflektierten Übertragung gängiger Marktmodelle geboten: Wendet man diese auf die Leistungserstellung im öffentlichen Sektor an, kann es zu gravierenden Kosten- und Qualitätsproblemen kommen und vor allem zu nachhaltigen Folgekosten. Eine Bewertung von öffentlichen Dienstleistungen darf nicht nach Kriterien zur Bemessung kurzfristiger ökonomischer Effizienz erfolgen, sondern es müssen breiter gefasst soziale, ökonomische und umweltbezogene Parameter berücksichtigt werden[15].

Solche make-or-buy-Entscheidungen können durchaus zugunsten des Marktes getroffen werden, sofern eine Marktvollkommenheit herrscht und sich die Leistung aufgrund ihrer Charakteristika auch dazu eignet und dadurch die Qualität der Leistungserbringung sichergestellt ist. In sehr vielen Bereichen der kommunalen Dienstleistungen haben sich jedoch Hybridstrukturen als sehr praktikabel erwiesen und leisten ihren Beitrag zu einer effizienten Grundsicherung.

---

14 Naschold, F. / Bogumil, J. (2000): Modernisierung des Staates. 2. Auflage, S 75

15 Weißbuch zu Dienstleistungen von allgemeinen Interesse. S 21 http://europa.eu.int/comm/secretariat_general/services_general_interest/docs/com2004_374_de.pdf (22. Juli 2004)

## umsetzung einer modernen grundsicherung

Eine erfolgreiche Umsetzung von modernen Managementkonzepten in der öffentlichen Verwaltung bedarf auch einer Klärung und Neubewertung - eventuell sogar einer Neudefinition - der Rollen bzw. Funktionen von Bund, Ländern und Gemeinden im föderalen System. Eine aktive Beteiligung der Bundesebene, indem sie selbst gestaltend in ihre Strukturen und Funktionen eingreift, erscheint notwendig, damit auf Länder- und Kommunalebene neue Konzepte erfolgreich implementiert werden können. Massive Eingriffe in die Organisation von Landes- und Kommunalbehörden, ein Übergang von einer Input- zu einer Outputsteuerung und der damit verbundenen Outcome-Orientierung und eine disziplinierte Personalentwicklung verlangt eine analoge Vorgehensweise auf Bundesebene.

Zur Zeit unterscheiden sich öffentliche Verwaltungen in der Umsetzung der ergebnisorientier-ten Daseinsvorsorge sehr stark durch die politischen Konzepte, die als oberste Handlungsmaxime gelten. Beispielsweise wurde in Linz seit 1992 der soziale Wohnbau stark forciert und es wurden in diesem Zeitraum über 14.000 neue Wohnungen geschaffen. Die Verwaltung dieser Wohnungen, allerdings auch das Vermögen der Immobilien, befindet sich in Händen von genossenschaftlichen Wohnungsgesellschaften bzw. der Wohnungsgesellschaft im 100-prozentigen Eigentum der Stadt. Damit ist gewährleistet, dass es in der Stadt ein ausreichendes Angebot an vollständig zugänglichen und erschwinglichen Wohnungen in einer angemessenen und ständig verbesserten Qualität gibt. Darüber hinaus wird es auch in den kommenden Jahren eine rege Bautätigkeit geben, die von Sanierung, über Renovierung von Altbaubestand bis hin zu Neu- und Ausbau reichen wird.

Die Entscheidung der Bundespolitik hinsichtlich der Versorgung der Bürgerinnen und Bürger mit Lebensräumen hingegen war jene, alle im Bundesbesitz befindlichen Wohnungen (Wohnungsanlagen GmbH, Eisenbahnsiedlungsgesellschaft und Bundeswohnungsgesellschaft) zu veräußern. Das strategische Ziel dabei war nicht einem Versorgungsauftrag nachzukommen und zum Nutzen der Bevölkerung langfristig günstige und zugängliche Wohnungen bereitzustellen. Oberstes Ziel

war der budgetwirksame Einmal-Effekt aus der Erzielung von Verkaufserlösen dieser rund 50.000 Wohnungen. Eine aus neoliberaler Sicht gelungene Privatisierung (= restloser Verkauf von Eigentum) verlangt keine neuen Konzepte zum effizienten und effektiven Management mehr und hat zugleich den Bund aus jeglicher Verantwortung in diesem Versorgungsbereich entbunden.
Die Bestandteile des New Public Managements als tatsächliche Handlungsgrundlage müssen allerdings erst nach und nach ihre Wirkung entfalten. Inhalte und Handlungen werden nicht vorgegeben, sie sind vielmehr die Herausforderung für die politischen und administrativen Akteure. Die Entwicklung konkreter Reformkonzepte und Reformimplementierungen müssen den Referenzrahmen füllen.
Ein Beispiel für die gelungene Implementierung von neuen Konzepten zur Daseinsvorsorge stellt in Linz die Neugestaltung der Altersversorgung dar. Schon vor Jahren wurde dem Bedarf an alternativen Betreuungsangeboten zur stationären Pflege und Versorgung in Alten- und Pflegeheimen Rechnung getragen. Es wurde eine mobile Altenbetreuung mit Hauskrankenpflege, Essen auf Rädern und Besuchsdiensten geschaffen, die die Bedürfnisse der älteren pflegebedürftigen Menschen abdeckt. Der Nutzen für jene Bürgerinnen und Bürger ist, dass sie so lange wie möglich in ihrer gewohnten Umgebung verbleiben können und Pflege in dem Ausmaß erhalten, die sie tatsächlich benötigen.
Die effiziente Verwaltung dieser Dienste konnte mit mehreren Maßnahmen erreicht werden. Einerseits kam es zu einer Neuorganisation abseits der bestehenden Strukturen in der Stadtverwaltung. Es wurde das Stadtgebiet in fünf Sozialsprengel aufgeteilt, in denen je eine Sozialstation den Bedarf und die Dienste dezentral koordiniert. Andererseits wurde die Erbringung der einzelnen Leistungen an private Vereine und Organisationen des Dritten Sektors ausgelagert, die auf die notwendigen Strukturen, Personaleinheiten und das Know-how zur Leistungserbringung zurückgreifen können.
Die Stadt Linz hat zudem zusätzliche Maßnahmen umgesetzt, um den Nutzen für diese älteren Menschen abseits der mobilen Altenbetreuung zu maximieren. Es wird der nachträgliche Lifteinbau in Wohnhäusern gemeinsam mit dem Land Oberösterreich gefördert, sodass die Voraussetzungen für eine ausreichende Mobilität dieser Bevölkerungs-

gruppe gegeben sind. Durch die Versorgung vieler älterer Menschen in ihrer gewohnten Lebensumgebung kann gegenwärtig auch der Bedarf an Seniorenheimplätzen mit den bestehenden Einrichtungen abgedekkt werden.
Ähnliche Beispiele finden sich beim Angebot von Kinder-Ferienerholungsaktionen, wo die Organisation und Durchführung an die Organisationen Kinderfreunde und Kinderwelt ausgelagert wurden. Durch das entsprechende Know-how und die Erfahrung, die in den Organisationen vorhanden ist, wurde die Qualität der Versorgung sichergestellt. Die Stadt Linz leistet nunmehr gemeinsam mit dem Land Oberösterreich einen finanziellen Zuschuss für Kinder, bei denen die Finanzkraft der Eltern nicht ausreichen würde, damit auch diese an einer Ferienaktion teilnehmen können.

## perspektiven der daseinsvorsorge

In den Ländern der Europäischen Union - und vor allem in Österreich - sind die elementaren Dienstleistungen von allgemeinem Interesse, wie Verkehrswesen, Postdienste, Energieversorgung - zumindest theoretisch und quantitativ - sichergestellt. Die Modernisierung der Daseinsvorsorge sollte sich jedoch nicht nur auf die effizientere Gestaltung von bestehenden Prozessen beschränken. An dieser Stelle muss gefordert werden, sich mit bestehenden Leistungen kritisch auseinander zu setzen und über das Angebot von neu zu entwickelnden Leistungen, die auch von allgemeinem Interesse sein könnten, nachzudenken.
Stellt die Ausrichtung der Versorgungsleistung an politischen Grundsätzen eine strategische Grundüberlegung dar, so gibt es den Bedarf an innovativen, individuellen Versorgungsmodellen, die über definierte Standardaufgaben von Verwaltungen hinausgehen. Um beispielsweise dem politischen Grundsatz der "Vereinbarkeit von Familie und Beruf" gerecht zu werden, müssen für Mütter und Väter im gesamten Land ausreichend geeignete Kinderbetreuungseinrichtungen zur Verfügung gestellt werden. Die Versorgung der Kinder ist sowohl im Kleinkindesalter in Form von Krabbelstuben, anschließend in Kindergärten und ab dem schulpflichtigen Alter der Kinder in Form von Nachmittagsbetreuung

anzubieten. Die Qualität der Betreuung - vor allem in Kindergärten im Alter zwischen drei und sechs Jahren - beweist, dass es sich bei dieser angebotenen Leistung nicht um das Betreiben einer Aufbewahrungs-stätte für Kinder berufstätiger Eltern handelt, sondern den Kindern Erziehung und Bildung im sehr jungen Alter zuteil wird.
Empirische Erfahrungen aus Skandinavien beweisen, dass bei nahezu ausgeschöpften weiblichen Erwerbsquoten quer durch alle Bildungsgruppen Kinder aus wirtschaftlich und/oder kulturell schwächeren Haushalten grundsätzlich von denselben pädagogischen Standards und kognitiven Impulsen wie Kinder mit privilegiertem Hintergrund profitieren. Die allgemeine Versorgung mit Betreuungsmöglichkeiten für Kinder im Vorschulalter stellt eine erfolgreiche Bildungslaufbahn sicher und ist zugleich die Voraussetzung für Flexibilität im Erwachsenenalter[16].
Will man nun einerseits dem Anspruch gerecht werden, flächendeckend Kinderbetreuungsangebote zu schaffen - und so die Erwerbsquote von Frauen zu erhöhen - und andererseits den Kindern in unserem Land die bestmögliche Versorgung und Bildung zukommen zu lassen, so muss daraus folgende Forderung resultieren: Die vorschulische Betreuung und Bildung von Kindern - im speziellen die Versorgung im Kindergarten - muss Teil der gesamten Bildungslaufbahn werden und darf demnach nicht mehr Kosten als ein Pflichtschulbesuch verursachen. Dies bedingt, dass es sich dabei in Zukunft um eine Zuständigkeit auf höherer Ebene handelt, wo dementsprechende, ganzheitliche Bildungskonzepte entwickelt werden müssen. Für die Kommunen - die derzeit für den Betrieb von Kindergärten zuständig sind - würde dies zu einer finanziellen Entlastung führen. Die operative Umsetzung kann weiterhin auf kommunaler Ebene stattfinden, die Verantwortung und demnach die Finanzierung - die sehr vielen, vor allem kleinen Gemeinden Probleme bereitet - soll in ein ganzheitliches Bildungskonzept eingebunden werden. Der Nutzen für die BürgerInnen liegt in einer Ausgabenentlastung für die Kinderbetreuung, wenn der Staat die Versorgung der Drei- bis Sechsjährigen als seine Aufgabe ansieht.
Eine ständige Verbesserung und Output-Steigerung auf der Prozessebene bedingt den Input von Innovationen in die Verwaltung. Durch den Einsatz von neuen Technologien und interaktiven Medien

[16] vgl. Esping-Andersen, G. (2003): Why we need a New Welfare State.

kann es gelingen, bestimmte Prozesse zeit- und kostengünstiger abzuwickeln und näher für die BürgerInnen anzubieten. Dies zeigen bereits eingesetzte Anwendungen des E-Government. Für die Entwicklung weiterer Einsatzmöglichkeiten der Internet-Technologie beschränken sich die Überlegungen allerdings noch auf die Abbildung von bereits bestehenden Prozessen über das Web.
Ein weiteres politisches Ziel sollte sein, einen möglichst breiten Zugang zu Medien und demnach zu Information und Wissen zu schaffen um damit die Chancengleichheit der Bürgerinnen und Bürger zu erhöhen und zugleich eine verstärkte Demokratisierung durch freien Zugang zu Kommunikationsmitteln hervorzurufen.
Die Nutzung des flächendeckenden Stromnetzes beispielsweise würde es der Stadt Linz in Zusammenarbeit mit den stadteigenen Unternehmungen ermöglichen, allen Bürgerinnen und Bürgern einen preisgünstigen - oder sogar kostenlosen? - Internetzugang in ihrem eigenen Haushalt anzubieten. Darüber hinaus könnte das gesamte Stadtgebiet zum Stromnetz mit WLAN - das drahtlose, lokale Netzwerk - ergänzt werden. Diese langfristige Investition muss in ihrer Nachhaltigkeit und mit ihren Synergieeffekten betrachtet werden. Linz will sich als Technologiestadt profilieren. Damit das gelingt, muss auch die Umsetzung von technologischen Innovationen für BürgerInnen und nicht nur für Unternehmen kommunalpolitische Relevanz haben.

## fazit

In einem zukunftsträchtigen europäischen Sozialmodell muss die Grundversorgung der Bürgerinnen und Bürger im Land abgesichert sein. Wirtschaftliche, soziale und kulturelle Leistungen von allgemeinem Interesse müssen noch bedürfnisorientierter und effizienter erbracht werden. Eine Modernisierung der staatlichen Daseinsvorsorge darf aber nicht zwingend Privatisieren heißen. Die jeweilige öffentliche Verwaltung trägt die Verantwortung über die Erbringung der notwendigen Leistungen. Sie ist es, die auch - nach politischen, sozialen und ökonomischen Gesichtspunkten - darüber entscheiden soll, ob öffentliche Dienstleistungen von privatwirtschaftlichen Unternehmen oder von der öffentlichen Hand erbracht werden. Entscheidungen im Management von öffentlichen Verwaltungen müssen in Zukunft verstärkt auf Basis von Organisationstheorien und modernen Managementleitbildern getroffen werden. Oberste Prämisse muss jedoch die Ausrichtung der Versorgung an politischen Grundsätzen und am Kundennutzen sein. Die Lebensbedingungen der Bürgerinnen und Bürger müssen sich durch öffentliche Dienstleistungen verbessern und die soziale Ausgrenzung Einzelner soll damit verhindert werden: Eine gesicherte Grundversorgung und höhere Lebensqualität für die Bürgerinnen und Bürger als definiertes Ziel der Daseinsvorsorge.

## links zum thema

europa.eu.int/comm/secretariat_general/services_general_interest/index_en.htm
*Offizielle Site der Europäischen Union zur Daseinsvorsorge. Grünbuch und Weißbuch zur Dienstleistungen von Allgemeinen Interesse.*

www.public-management.net
*Deutsche Site mit Hinweisen auf Literatur über das Public Management und verwandte Themen sowie Links zu Universitäten, Fachhochschulen und kommunalen Spitzenverbänden.*

www.kdz.or.at/
*KDZ - Zentrum für Verwaltungsforschung. Dokumentationen und Forschungen über öffentliche Aufgaben und ihre Finanzierung. Plattform für Wissenschaft, Gemeindepraxis und andere öffentliche Körperschaften.*

# literatur

*Chandler, Alfred (1962):* Strategy and Structure: Chapters in the History of Industrial Enter-prise. MIT Press

*Esping-Andersen, Gösta (2003):* Why we need a New Welfare State. Oxford Unversity Press.

*Europäische Union:* Weißbuch zu Dienstleistungen von allgemeinem Interesse, Anhang 1: Begriffsbestimmungen. http://europa.eu.int /comm/secretariat_general/services_general_interest/docs/com2004_ 374_de.pdf (22. Juli 2004)

*Kieser, Alfred (Hrsg. / 1995):* Organisationstheorien. 2. überarbeitete Auflage, Stuttgart: Kohlhammer

*Naschold, Frieder / Bogumil, Jörg (2000):* Modernisierung des Staates. 2. Auflage, Opladen: Leske + Budrich

*Williamson, Oliver E. (1981):* The Economics of Organization: The Transaction Cost Ap-proach. In: American Journal of Sociology, 1981, Volume 87, S 548 - 577

# diskurs: new public management

## über "gesicherte grundversorgung und hochqualitative dienstleistungen durch modernisierung der daseinsvorsorge" diskutieren miriam köck und andreas ortner mit der autorin michaela mader

Andreas Ortner: Du sprichst an, dass der staatliche Unternehmer nicht beim Produkt selbst, sondern nur bei den Abläufen sparen kann. Jetzt ist es doch so, dass der private Gegenpart sehr wohl beides tun und damit auf Basis reiner Zahlen im Vergleich mit der öffentlichen Verwaltung gut aussteigen könnte. Er würde einfach die Produktqualität im Gegensatz zur öffentlichen Hand hinunterfahren. In England ist das ja beispielsweise im Rahmen der privaten Wasserversorgung in eklatantem Ausmaß erfolgt. Dieser Gedanke ist ein unglaubliches Argument für eine staatliche Grundversorgung in Bereichen, die für viele Menschen wichtig sind.

Michaela Mader: Dieser Gedanke ist sehr gut und entspricht auch meiner These. Denn Privatisierungen, gleich ob "nur" formal oder materiell, führen nicht automatisch zu einem besseren Endergebnis für die Menschen. Es ist einfach ein Irrglaube, dass mit der Änderung der Eigentümerstruktur automatisch ein Effizienzvorteil verbunden ist.

Miriam Köck: Welchen Vorteil hat dann die Privatisierung? Was ist der Grund für zumindest formale Privatisierung?

MM: Staatliche Aufgaben beinhalten ja Bereiche, die nicht privatisiert werden können. Für diese Bereiche bleibt nun in jedem Fall die Frage, wie ich es schaffe, in meiner Verwaltung, in meinen Abläufen möglichst effizient zu sein. Die Leistungen, der Nutzen für die Bürgerinnen und Bürger muss erhöht werden. Das Einsparungspotential liegt hier in den Prozessen, die man ändern kann.

AO: Diese Prozesse sind je nach Organisationsform unterschiedlich. Wer schafft das besser? Der Private, die ausgegliederte öffentliche Struktur oder die öffentliche Verwaltung.

MM: Meine Meinung ist, es wäre möglich, auch die öffentliche Verwaltung durch Methoden des New Public Managements und anderer Konzepte so effizient zu (re-)organisieren, dass sie an Effizienz der in einer privaten Unternehmung um nichts nachsteht. Dies in jedem Fall, wenn man die gleiche Leistungsqualität voraussetzt.

MK: Es heißt aber oft, dass die Flexibilität im öffentlichen Bereich, die Reformierbarkeit nicht im notwendigen Ausmaß gegeben ist.

MM: New Public Management fordert eine Trennung des Hoheits- vom Nichthoheitsbereich. Das Problem sind die gewachsenen Strukturen und New Public Management war eben für die meisten öffentlichen Leistungserbringer tatsächlich "new". Es gab und gibt vielfach immer noch keine Produktorientierung, die aber die Basis für die effiziente Erbringung der öffentlichen Leistung ist.

MK: Privatisierung also deshalb, weil es leichter ist?

AO: Oder weil es eine Ideologie ist. Es ist der Glaube, dass es reicht, einen Chef zu haben, der rauswerfen kann, um die Leute zu Höchstleistungen und effizientem Arbeiten anzuspornen.

MM: Privatisierungen erscheinen vielfach als sehr praktikabel, das Effizienz-Argument ist dabei aber in den meisten Fällen nur vorgeschoben. In Wirklichkeit werden staatliche Budgets entlastet, Maastricht-Konformität vorgetäuscht und das Nichteinhalten eines Vergaberechts ermöglicht.

AO: Das ist aber nur kurzfristig gedacht, langfristig behält ja die öffentliche Hand über die Eigentümerschaft oder zumindest über die notwendige Subventionierung die Verantwortung. Ich glaube, dass es teilweise noch schlimmer ist, dass die Ausgliederung dazu dient,

Geschäftsführerposten zu schaffen, deren Dotierung in der öffentlichen Verwaltung nicht erzielbar wären.

MM: Was dein letztes Argument betrifft, so glaube ich doch, dass das eher die Ausnahme als die Regel darstellt.

MK: Nochmal zurück zu meiner Frage, warum dann wirklich immer mehr formal privatisiert wird?

MM: Es gibt Produkte, wo formale Privatisierung sehr von Vorteil ist. Dann gibt es Leistungen, die niemand wirklich will, die nicht in einem sehr rentablen Bereich sind. So wäre es beispielsweise nicht attraktiv, nur den öffentlichen Verkehr in einer GesmbH zu führen. Die LinzLinien funktionieren nur im Verbund mit anderen Bereichen. Was aber bedeutet, dass der öffentlichen Hand diese Bereiche immer bleiben werden und diese Bereiche müssen trotzdem kostengünstig und effizient gestaltet werden. Was die Effektivität betrifft: Die erfordert ein konsequentes Ausrichten am Nutzen der Bürgerinnen und Bürger. Wenn man sich die Prozesse genau anschaut, ist das aber auch sehr effizient möglich. Und es funktioniert, wie zum Beispiel ein Vergleich von OÖ und Wien im Gesundheitsbereich zeigt. In Wien werden Leistungen gestrichen, was den Nutzen vermindert und trotzdem nicht erfolgreich ist. In Oberösterreich gibt es alle diese Leistungen noch und sie sind immer noch leistbar, weil die Prozesse anders gestaltet wurden und werden.

AO: Ist eine sinnvolle Effizienzüberprüfung dadurch möglich, dass private Konkurrenz zugelassen wird, um einen positiven Wettbewerb zu fördern?

MM: Das GATS-Konzept? Es wird teilweise nicht vermeidbar sein, im Strombereich gibt es so ein Modell ja bereits. Die beste Möglichkeit sich darauf einzustellen ist jedenfalls, öffentliche Bereiche so leistungsstark zu machen, dass sie den Wettbewerb bestehen können. Zum Beispiel auch durch zukunftsträchtige und innovative Investitionen.

AO: Hier ist auch der Schlüssel für Leistungserbringung im öffentlichen Eigentum. Derzeit ist es aber umgekehrt: Unternehmen werden saniert und dann verkauft. Kein vernünftiger Konzernchef würde ein Tochter verkaufen, die in der Blüte steht, wie das zum Beispiel bei der Austria Tabak passiert ist.

MK: Das passiert einerseits wegen Finanzkrisen und -nöten. Zu einem noch größeren Anteil allerdings aus reiner Ideologie.

AO: Dabei führt sich diese Politik oft schon innerhalb einer Legislaturperiode ad absurdum. Da ist sogar das Schwarzenegger-Konzept der California-Anleihe vernünftiger.

MM: Linz hat hier sicher den Vorteil, dass es seine Betriebe nicht verkauft hat, sondern im Gegenteil, in sie investiert hat. Es gibt aber sicher auch Kommunen, die das versäumt haben und damit in Zukunft noch größere Probleme bekommen werden.

*"Ich weiß nicht, wie konnte das geschehen*
*Die Welt kann mich nicht mehr verstehen*
*Ich bin heute morgen aufgewacht*
*Und es war noch mitten in der Nacht."*

(Tocotronic / "Die Welt kann mich nicht mehr verstehen")

# einfluss europäischer entwicklungen auf lokale und regionale politik am beispiel gentechnik

## handlungsspielräume regionaler politik im europäischen kontext

*Andreas Ortner*

Bei der Volksabstimmung über den Beitritt Österreichs zur Europäischen Union am 12. Juni 1994 haben 66,58 Prozent der Österreicher mit Ja gestimmt. Dieses Ja zur EU bedeutete den Eintritt des autonomen Staates Österreichs in eine supranationale Staatengemeinschaft mit einer eigenen Rechtspersönlichkeit, eigenen Gremien und einem eigenen Verwaltungsapparat. Den Österreichern wurde der EU-Beitritt[1] durch die Aussicht auf billigere Preise für Konsumgüter und eine Verbesserung der Arbeitsmarktsituation durch eine Stärkung des Wirtschaftsstandort schmackhaft gemacht. Auch die Vision von dauerhaftem Frieden und Stabilität war für viele ein Grund im EU-Beitritt Vorteile zu sehen. Zusätzlich sollten umfangreiche Übergangsbestim-mungen die ersten "europäischen Jahre" erleichtern und die Anpassung des nationalen Rechts an die zahlreichen europäischen Normen einfacher gestalten. Für die Zukunft war jedoch die österreichische Politik gefordert, um europäische Entwicklungen und Normen verantwortungsbewusst mitzugestalten. Denn die Österreicher sehen sich gerne als umwelt- und sozialpolitische Musterschüler.

[1] FESSEL + GfK-Umfrage vor Volksabstimmung am 12.06.94: 59 Prozent Vorteile; 25 Prozent Nachteile (Die Presse vom 09.06.1995, Seite 23)

Im Jahr 2004, 10 Jahre nach dem Ja Österreichs zur EU hat die Europäische Kommission das Gentechnik-Moratorium nicht weiter verlängert und damit den endgültigen Startschuss für den Anbau von gentechnisch verändertem Saatgut in den Landwirtschaften der EU-Staaten gegeben. Österreich sieht sich immer noch gerne als Musterland in Umwelt- und teilweise auch in Sozialfragen. Doch von der europäischen Gentechnik-Zulassung ist Österreichs Landwirtschaft betroffen, ob es den ÖsterreicherInnen gefällt oder nicht. Wie kam es zu dieser unbefriedigenden Situation und wer trägt gar dafür die Verantwortung? Wird in der Europäischen Union über die kleinen Länder "drüber gefahren", oder ist die Situation komplizierter als sie scheint? Sind vielleicht gar diejenigen, die am lautesten protestieren, mit Schuld an der Misere?

## gründe für das gentechnik-Problem

### a) Das Europäische Recht

Das Europäische Recht ist durch einen Stufenbau gegliedert. Die oberste Stufe besteht aus dem sogenannten primären Gemeinschaftsrecht. Dieses nimmt teilweise die Rolle des Verfassungsrechts in nationalen Rechtsordnungen ein. Unter anderem werden im Vertrag zur Gründung der Europäischen Gemeinschaft - einem wesentlichen Element des primären Gemeinschaftsrechts - wesentliche Grundfreiheiten als zentrale inhaltliche Leitlinien der Europäischen Union vorgegeben.
Wichtigster Bestandteil der Grundfreiheit des freien Warenverkehrs ist die Zollunion[2], also das Verbot, zwischen Mitgliedsstaaten Ein- und Ausfuhrzölle sowie Abgaben mit gleicher Wirkung einzuheben. Diese Regelung gilt für alle Waren, die entweder direkt aus Mitgliedsstaaten stammen oder sich innerhalb der Mitgliedsstaaten im freien Verkehr - trotz allfälliger Erzeugung in Drittstaaten[3] - befinden. Für diese Waren sind sämtliche mengenmäßige Beschränkungen der Ein- und Ausfuhr verboten. Auch Maßnahmen, welche zwar keine direkten Beschränkungen darstellen, aber faktisch beschränkend wirken, wie zum Beispiel eine Verteuerung des Transports von Waren durch eine unverhältnismäßig hohe Mautgebühr, sind davon umfasst.
Für die österreichischen Gentechnik-Gegner bedeutet dies: Falls gen-

[2] Art 23 Abs 1 EGV
[3] Drittstaaten sind Nicht-Mitgliedsstaaten der Europäischen Union

technisch veränderte Waren innerhalb der EU im Umlauf sind oder gesetzeskonform erzeugt werden, dann kann Österreich einen Import dieser Waren nicht wirksam verbieten.

## b) Die Europäische Bürokratie

Die Europäische Verwaltung kommt wie jeder Staatsapparat nicht ohne Genehmigungsverfahren, Zulassungsbestimmungen und andere bürokratische Hemmnisse aus. Das wirklich Ungewöhnliche an den europäischen Genehmigungen, Zulassungen und Entscheidungen ist lediglich, dass sie nicht nur für einen einzelnen Staat gelten, sondern im Regelfall für alle Mitgliedsstaaten der Europäischen Union. Der einzelne Staat ist in das Entscheidungsverfahren auf europäischer Ebene zum Teil eingebunden und hat dabei auch verschiedene Möglichkeiten der Mitwirkung. Es ist aber natürlich nicht denkbar, dass der jeweilige Mitgliedsstaat eine zusätzliche nationale Barriere einzieht, um seinen individuellen Bedürfnissen beziehungsweise den Bedürfnissen seiner Staatsbürger gerecht zu werden. Das würde ja Handlungen auf europäischer Ebene, die häufig auf eine Vereinheitlichung in den Mitgliedsstaaten abzielen, ad absurdum führen, indem sie nur vorbehaltlich der nachgeschaltenen nationalen Mechanismen wirksam werden könnten.

## c) 2001/18/EG - Die Gentechnik Richtlinie

Die "Gentechnik-Richtlinie" der EU titelt "Richtlinie über die absichtliche Freisetzung gentechnisch veränderter Organismen in die Umwelt" und bezweckt die Angleichung der Rechts- und Verwaltungsvorschriften in den Mitgliedsstaaten für die Genehmigung der absichtlichen Freisetzung von gentechnisch veränderten Organismen (GVO) in der Umwelt.[4] In der Richtlinie sind zwei verschiedene Genehmigungsverfahren vorgesehen, abhängig davon, ob ein Freisetzungsversuch oder ein allgemeiner Vertrieb der GVO angestrebt wird. Die zweite, weitergehende Ge-nehmigung ist, sobald erfolgt, für den gesamten Gemeinschaftsraum bindend. Gemäß dieser Richtlinie kann nicht nur für gentechnisch verändertes Saatgut oder Pflanzen eine Genehmigung angestrebt werden, sondern ebenso für transgene Tiere oder Fische. Die EU erklärt in dieser

4 Entscheidung der Kommission vom 02.09.2003, Aktenzeichen K (2003) 3117, Seite 1 (3)

Richtlinie, dass beim Genehmigungsprozess die Gefahren für die menschliche Gesundheit und die Umwelt im Einzelfall zu prüfen sind, bevor allfällige Freigaben erfolgen. Eine weitere Verordnung der Europäischen Union legt Regeln für die Genehmigung und Kennzeichnung neuartiger Lebensmittel und Lebensmittelerzeugnisse fest, die GVO enthalten, aus Unter anderem schreibt diese Verordnung für die eben beschriebenen Erzeugnisse eine Umweltverträglichkeitsprüfung sowie eine zusätzliche Beurteilung auf die Eignung als Lebensmittel beziehungsweise Lebensmittelerzeugnis vor.
Um in den einzelnen Nationen Rechtswirksamkeit zu erlangen muss die Europäische Gentechnik-Richtlinie als Norm in das nationale Recht der Mitgliedstaaten übertragen werden. Dabei steht diesen je nach Formulierung und Zielsetzung der Richtlinie mehr oder weniger Interpretationsspielraum zu.

## engagement gegen gentechnik

### a) Oberösterreich: Gentechnik-Verbotsgesetz

In Oberösterreich versuchte man die bejahende EU-Richtlinie zur Gentechnik durch ein Verbot zumindest auf dem eigenen Landesgebiet zu kompensieren. Die Vorlage der OÖ Landesregierung bezeichnet die angestrebte Regelung als "Landesgesetz, mit dem der Anbau von gentechnisch verändertem Saat- und Pflanzgut sowie der Einsatz von transgenen Tieren zu Zwecken der Zucht sowie das Freilassen von transgenen Tieren insbesondere zu Zwecken der Jagd und Fischerei verboten wird". Weil diese sehr restriktive Form der Regelung den EU-Anforderungen an den freien Warenverkehr, unter den auch Tiere, Saatgut und Lebensmittel fallen, und der EU-Gentechnik-Richtlinie sehr deutlich widersprechen, hat man in Oberösterreich versucht, mittels eines Expertengutachtens[5] die Handlungsweise zu rechtfertigen. Diese Studie sollte neue Erkenntnisse liefern, die ausreichen, um ein der Gentechnik-Richtlinie inhaltlich widersprechendes Vorgehen zu begründen. Laut dem Gutachten wären unter anderem vier Kilometer große Schutzzonen rund um GVO-Anbauflächen nötig, um andere Landwirte

5 "GVO-freie Wirtschaftsgebiete: Konzeption und Analyse von Szenarien und Umsetzungsschritten" von Dipl.-Ing. Werner Müller

vor Fremdkontamination zu schützen. Die Sonderstellung Oberösterreichs wurde damit untermauert, dass Oberösterreich 23 europarechtliche Natur- und Tierschutzgebiete habe, Oberösterreichs Landwirtschaft sehr klein strukturiert sei und Österreich europaweit eine führende Rolle im ökologischen Landbau einnehme. So würden allein in Oberösterreich 2792 (7,1 %) der bestehenden 39362 Betriebe nach biologischer Wirtschaftsweise betrieben und insgesamt 45950 Hektar (8,1 %) der Gesamtfläche von 565.716 Hektar biologisch bewirtschaftet. Als Zusammenfassung der Müller-Studie wird angegeben, dass eine Koexistenz einer ökologischen und konventionell gentechnikfreien Pflanzenproduktion mit einem großflächigen GVO-Anbau praktisch unmöglich ist. Die Konsequenz war daher das Verbot des Anbaus von gentechnisch verändertem Saat- und Pflanzgut sowie der Einsatz transgener Tiere zu Zwecken der Zucht sowie das Freilassen transgener Tiere insbesondere zu Zwecken der Jagd und Fischerei.
Die Europäische Kommission ist in ihrer ablehnenden Stellungnahme auf die inhaltlichen Argumente Oberösterreichs nur zum Teil eingegangen, da sie im wesentlichen darauf hingewiesen hat, dass die Erkenntnisse der Müller-Studie keine neuen Erkenntnisse seien, sondern im Zuge der Erstellung der Richtlinie bereits berücksichtigt wurden. Auch die Argumentation hinsichtlich der Sonderstellung Oberösterreichs wurde von der Europäischen Kommission nicht geteilt. Das Anliegen Oberösterreichs wurde somit abgelehnt. Die Klage Oberösterreichs beim Europäischen Gerichtshof gegen diese Entscheidung der Europäischen Kommission ist zum Zeitpunkt der Erstellung dieser Schrift noch nicht entschieden, es werden ihr jedoch von Experten keine ernstzunehmenden Erfolgsaussichten ausgerechnet.[6]

## b) Internationale Solidarität

Als zweites Standbein des oberösterreichischen Engagements gegen die Gentechnik wurden internationale Allianzen gesucht. Weil der von der EU verordnete "Zwang zur Gentechnik" nicht nur in Oberösterreich für Unmut sorgte, konnten rasch namhafte Partner gefunden werden, die sich zu einem europaweiten, regionalen Anti-Gentechnik-Netzwerk

[6] Beim Brüsseler Anti-Gentechnik Symposium Anfang November 2003 wurde der "Fall Oberösterreich" mit dem Hinweis, dass ein Totalverbot für die EU zu "plump" gewesen sei, kommentiert; OÖN vom 05.11.2003, S 7

zusammenschlossen[7]: Die 10 teilnehmenden europäischen Regionen sind neben Oberösterreich und Salzburg auch Schleswig-Holstein (D), die Toskana (I), Wales (GB), das Baskenland (ESP), Aquitaine (F), Limousin (F), Marche (F) und Thrakien (GR). Diese Regionen fordern neben europaweiten Regelungen für die Koexistenz biologischer Landwirtschaft und dem Einsatz von GVO auch die Festlegung, wer die Verantwortung bei der Vermischung von verschiedenen Pflanzenarten zu tragen habe und schließlich das Recht, sich gentechnikfrei zu erklären. Die EU teilte mit, dass ein flächendeckendes Verbot nicht möglich sei, weil keine Art der Landwirtschaft untersagt werden dürfe. Empfohlen wird von der Kommission allenfalls der Abschluss privatrechtlicher Verträge zwischen den regional ansässigen Landwirten und der jeweiligen Region.
Diese Form des Zusammenschlusses von Regionen mit einem gemeinsamen Ziel ist vergleichbar mit einer Bürgerinitiative. Weil die Entscheidungen nicht im Nationalstaat gefällt werden, wo - im Regelfall - die Bedürfnisse der Regionen beachtet werden, sehen sich diese zu Lobbyismus gezwungen. Diese politische Erkenntnis findet man bei EU-Rechtszuständigkeiten häufig, denn auch einzelne Nationalstaaten sind, aufgrund der mittlerweile stärkeren Bedeutung von Mehrheitsentscheidungen, nicht immer in der Lage, mit ihrem Stimmgewicht in den Gremien der Europäischen Union Änderungen durchzusetzen. Wer den Weg der EU gestalten will, oder für seinen Bereich eine Sonderregelung anstrebt, sucht eine Allianz mit Gleichgesinnten. Wichtig ist dabei jedoch die Beachtung des europäischen Faktors - das heißt überregionale Verbindungen zu schaffen und gleichzeitig möglichst gute Ansprechpartner in den Europäischen Gremien zu finden, die bereit sind, die Sache in den jeweiligen Gremien zu vertreten.

### c) Salzburger Kompromiss

Salzburg ist zwar wie Oberösterreich Gründungsmitglied des Anti-Gentechnik-Netzwerks, hat sich aber bei der Umsetzung der europäischen Gentechnik-Richtlinie gegen das Verbot und für den zuvor von Kärnten erfolgreich vorexerzierten Weg der Reglementierung und Beschränkung entschieden. Die Schaffung von regional begrenzten Schutzzonen sollten dem Erhalt der genetisch unbeeinträchtigten biolo-

7 OÖN vom 05.11.2003

gischen Vielfalt und dem Schutz der biologischen Landwirtschaft dienen. Dieser Zugang ist komplett anders als in Oberösterreich - man entschied sich zur grundsätzlichen Akzeptanz von GVO und versuchte, möglichst gute Schutzzonen in jenen Bereichen, die aus biologischen oder wirtschaftlichen Gesichtspunkten besonders schutzbedürftig sind, zu er-richten. Der Hauptinhalt des Regelungsvorschlags in Salzburg sind also Maßnahmen der Vorsorge gegen die Verunreinigung der näheren Umgebung durch GVO.

Beim Thema der Koexistenz konnte Salzburg auf Leitlinien in einer von der Europäischen Kommission an die Mitgliedsstaaten gerichteten Empfehlung[8] zurückgreifen. Darin wird zum Ausdruck gebracht, dass Koexistenz-Maßnahmen von den Mitgliedsstaaten selbst entwickelt und umgesetzt werden sollen - zu diesem Zweck sind sowohl privatrechtliche Regelungsinstrumente als auch Rechtsvorschriften zulässig.

Die Kommission fordert, dass die nationalen Maßnahmen die Interessen der Landwirte aller Produktionstypen angemessen berücksichtigen, weiters sollen diese effizient und kostenwirksam sein, ohne über das hinauszugehen, was notwendig ist, um die EU-Schwellen für die Etikettierung von GVO einzuhalten. Landwirte, die in einer Region einen neuen Produktionstyp einführen, sollen während der Einführungsphase alle erforderlichen Aktionen unternehmen müssen, um das Risiko von Beimischungen zu begrenzen. Schließlich sollen zur ständigen Verbesserung dieser Maßnahmen eine kontinuierliche Überwachung und Bewertung sowie die rasche Verbreitung der bewährtesten Verfahren unbedingt gewährleistet sein.

Von der Europäischen Kommission vorgeschlagene Maßnahmen sind zum Beispiel:

- innerbetriebliche Maßnahmen (wie z. B. Sicherheitsabstände, Pufferzonen, Pollenfallen oder -barrieren wie z. B. Hecken),
- Zusammenarbeit zwischen benachbarten Betrieben (wie z. B. gegenseitige Information über Aussaatpläne, die Verwendung von Pflanzensorten mit unterschiedlichen Blütezeiten),
- Überwachung (und Meldesysteme),
- Schulung der Landwirte,
- Austausch von Informationen und Beratungsdienste.

[8] "Leitlinien für die Erarbeitung einzelstaatlicher Strategien und geeigneter Verfahren für die Koexistenz gentechnisch veränderter, konventioneller und ökologische Kulturen" vom 23. Juli 2003

Auch in Salzburg wurde im Erstentwurf versucht, eine möglichst weitgehende "Gentechnikfreiheit" für das Bundesland zu erreichen, doch wurde der Vorschlag aufgrund des grundsätzlichen positiven Zugangs zur Gentechnik unter umfangreichen Auflagen von der Europäischen Kommission genehmigt.

## ausblick auf das weitere engagement gegen gentechnik

### a) Rechtliche Handlungsmöglichkeiten

Nachdem die Europäische Kommission selbst keinen restriktiven Zugang zur Gentechnik vertritt, jedoch im Zuge der Umsetzung der Gentechnik-Richtlinie im Sinne der wirtschaftlichen Koexistenz Tipps zum Schutz der biologischen Landwirtschaft gibt, zeigt sie selbst eine mögliche Strategie zum Eindämmen der Gentechnik-Landwirtschaft auf. Es liegt daher auf rechtlicher Ebene der wirksame Weg gegen Gentechnik nicht in einem Totalverbot, sondern in einem verstärkten Schutz des Wirtschaftszweigs der biologischen Landwirtschaft. Derzeit ist nach europäischen Normen ein gänzliches Verbot von GVO in einer größeren Region nicht zu rechtfertigen, weil einerseits die GVO-Freisetzungs-Richtlinie, andererseits der freie Warenverkehr dagegen sprechen.

Bemerkenswert ist, dass die Europäische Kommission etwa in einer Stellungnahme darauf hinweist, dass es sich beim Pollenflug um ein natürliches Phänomen handle, und somit eine vollständige Vermeidung des Vorhandenseins von GVO außerhalb der Gebiete, auf denen genetisch veränderte Kulturen angebaut werden, unmöglich sei. Außerdem wertet die Kommission Lebensmittel und Tierfutter erst dann als GVO-kennzeichnungspflichtig, wenn ein Schwellenwert von 0,9 Prozent an GVO-Inhaltstoffen überschritten wird.[9] Man geht also in Brüssel davon aus, dass durch das dortige Genehmigungsverfahren für GVO und die Umweltverträglichkeitsprüfung für Lebensmittel die Gefahr für Umwelt und Menschen auf ein zumutbares Maß eingedämmt wurde. Weitere (übergebührliche) Ein-

9 Vgl. Stellungnahme der Europäischen Kommission zum Salzburger Gentechnik-Vorsorge-Gesetz, Notifizierung 2003/475/A, S 2

schränkungen will man nicht zulassen. Mitgliedsstaaten mit hohen Umwelt- und Lebensmittelstandards werden daher gefordert sein, möglichst große Schutzzonen für die biologische Landwirtschaft zu errichten und möglichst umfangreiche behördliche Auflagen und Haftungsbestimmungen für die Gentechnik-Landwirtschaft zu schaffen. Entscheidend wird dabei sein, das Maß der unzulässigen Wettbewerbsbeschränkung nicht zu überschreiten, um keine Verurteilung vor dem Europäischen Gerichtshof zu riskieren.
Eine sehr wichtige Stoßrichtung auf rechtlicher Ebene wird auch den Konsumentenschutz betreffen, um so durch eine möglichst gute Kennzeichnung der GVO-Waren den Staatsbürgern die Wahl zu geben, GVO-Waren nicht zu kaufen. Denn die Konsumenten entscheiden letztlich darüber, ob (billigere) gentechnisch veränderte Produkte oder herkömmliche Waren vorgezogen werden.

## b) Politischer Ausblick

Mögliche politische Schlüsse und Handlungsperspektiven in der Gentechnik-Frage zeigen in verschiedene Richtungen. Der zentrale Kern der Überlegungen ist jedoch stets die Möglichkeit der Einflussnahme auf die zuständigen Gremien beziehungsweise Entscheidungsträger. Diese Situation ist für Österreich sehr ungewöhnlich, da sich das Gefühl breit macht, nicht mehr "Herr/Frau im eigenen Haus" zu sein. Und wie schon Albert Einstein sagte: "Nichts ist schädlicher für das Ansehen der Regierung und des nationalen Rechts als Gesetze zu verabschieden, die nicht durchgesetzt werden können."[9] Obwohl die ÖsterreicherInnen Gentechnik in der Nahrungsmittelindustrie mit 88 Prozent[10] ganz klar ablehnen und sogar bereit wären, für Fleischwaren aus gentechnikfreier Fütterung mehr zu bezahlen[11], verlangt die EU-Gentechnik-Richtlinie die Zulassung von GVO auch in Österreich.
Die nennenswerteste österreichische Reaktion darauf war die Gründung des Anti-Gentechnk-Netzwerks gemeinsam mit anderen europäischen Regionen. Dieses Netzwerk einiger weniger Regionen

[10] "Nothing is more destructive of respect for the government and the law of the land than passing laws which can-not be enforced.", 1921

[11] ISMA-Umfrage, 88 Prozent der 500 Interviewten würden keine tierischen Produkte kaufen, wenn auf der Verpackung erkennbar wäre, dass zur Herstellung gentechnisch verändertes Tierfutter verwendet worden ist (Standard, 27.05.2004, S 11)

[12] Standard vom 19.04.2004, S 16

wird kaum ausreichen, genug politischen Druck auf die EU und ihre Mitgliedsstaaten auszuüben, so dass diese die Gentechnikfrage völlig neu überdenken. Die Aufgabe dieses Netzwerks besteht vielmehr in der Kommunikation: Es müssen die eigentlichen Gründe für die Gentechnik-Ablehnung kommuniziert werden und das Netzwerk muss ein Forum für wissenschaftliche Erkenntnisse und kritische Stimmen zum Thema Gentechnik werden. Über die Verbindung zu politischen Entscheidungsträgern können dann die gewonnenen Erkenntnisse beziehungsweise Protestnoten oder Unterschriftenlisten an die zuständigen europäischen Stellen herangetragen werden, um dort seriös behandelt zu werden. Die Voraussetzung dafür ist natürlich, dass die Materialien, welche von dem Forum hervorgebracht werden, von einer gewissen Tragweite sind.
Bei der politischen Agitation gegen Gentechnik sind freilich auch die global-wirtschaftlichen Gründe für die Zulassung von GVO innerhalb der EU zu beachten, die mit großer Wahrscheinlichkeit in der Zulassung von GVO in der US-amerikanischen Landwirtschaft begründet sind. Sowohl das Drängen von US-Saatgutproduzenten auf den europäischen Markt als auch die vermeintliche Stärkung der Konkurrenzfähigkeit der europäischen Landwirtschaft durch GVO sind hier zu nennen.
Weitere politische Handlungsoptionen bietet die Europäische Kommission selbst. So wies die Europäische Kommissarin für Umweltfragen, Wallström, selbst nach der Ablehnung des OÖ-Gentechnik-Verbotsgesetz darauf hin, dass Oberösterreich auf der Basis einer freiwilligen Vereinbarung zwischen den Bauern zu einer gentechnikfreien Zone erklärt werden könnte. Während Landeshauptmann Pühringer darin keine Lösung sah[13], wäre dies objektiv zumindest ein möglicher Weg. Als Ziel müssten keine - wie Pühringer meinte[14] - 48.000 Einzelverpflichtungen von allen oberösterreichischen Bauern eingeholt werden, sondern es bräuchte eine wirksame Solida-risierungsmaßnahme. Eine berufsständische Vertretung mit breiter Akzeptanz in den Reihen der Bauern - die es in Oberösterreich mit Sicherheit gibt - könnte sich dazu berufen fühlen, mit Umfragen und Unterschriftenaktionen aufzuzeigen, wie groß das Potential innerhalb der Landwirtschaft ist, "gentechnikfrei" zu sein. Mit der nötigen

13 APA 0482 vom 09.10.2003

14 APA 0482 vom 09.10.2003

Mobilisierungs- und Öffentlichkeitsarbeit und der Schaffung eines "Bundes gentechnikfreier Bauern" (Arbeitstitel) wäre es wohl möglich, der Forderung nach Gentechnikfreiheit ein Gesicht zu geben und gleichzeitig privatrechtliche, verbindliche Verpflichtungserklärungen in großem Umfang - allenfalls auf Zeit - zu erhalten. Umgekehrt würde, wenn die Mobilisierung innerhalb der Bevölkerung groß genug ist, der soziale Druck auf jene, die sich vom Protest gegen Gentechnik ausschließen und die Verpflichtungserklärungen verweigern, zunehmen und so zu weiteren Mitgliedern führen. Wer dieser Vorgehensweise mangelnde Erfolgsaussichten prophezeit, weil dafür in der Bevölkerung keine Bereitschaft herrsche, dem muss entgegnet werden, dass der Ausbruch aus dem herkömmlichen politischen System der Normierung per Gesetz selbstverständlich nur dann Erfolgsaussichten attestiert werden können, wenn für dieses Ziel auch die Bevölkerung (durch Öffentlichkeitsarbeit) zu begeistern ist. Doch gerade ökosoziale Massenthemen wie Gentechnik, Atomkraft, soziale Sicherheit und faire Arbeitsbedingungen sind den Menschen in Österreich wichtig. Dies zeigt auch die Statistik der 10 erfolgreichsten Volksbegehren: Gentechnik (Platz 2), Pro 40-Stunden-Woche (Platz 4), Temelin-Veto (Platz 6), Sozialstaat (Platz 7) und Pensionsvolksbegehren (Platz 10). Begleitet und gefördert muss diese Mobilisierung natürlich von der lokalen Politik werden. So könnte man versuchen, Förderungssysteme in der Landwirtschaft so auszurichten, dass gentechnikfreie Landwirtschaft bevorzugt wird, ohne die EU-rechtlichen Schranken zu überschreiten. Man könnte im Bereich der Raumordnung beziehungsweise der Flächenwidmung versuchen, eigene Bereiche für gentechnikfreie Landwirtschaft und für solche, die Gentechnik verwendet, zu schaffen. Dies käme letztlich beiden Seiten zugute, da selbst die EU-GVO-Freisetzungsrichtlinie vorsieht, dass der Verwender von GVO für zumutbare Schutzmaßnahmen zu sorgen hat.
Ergänzend zur Behandlung des Produktionssektors, wie Landwirtschaft und Lebensmittelindustrie, gilt es natürlich auch den Konsumsektor in Form der Verbraucher anzusprechen. Angefangen bei Produktkennzeichnungen und Gütesiegeln sowie vergleichenden Warentests bieten sich hier vielerlei Möglichkeiten. Den Preis zu steuern, ist innerhalb der Europäischen Union jedoch nicht mehr möglich.

Daher ist in der Bearbeitung dieses Bereichs immer auf den mündigen Konsumenten abzustellen. Andere als preisliche Gründe müssen die Kaufentscheidung des Konsumenten beeinflussen. Zusätzlich wäre die Neuschaffung und Förderung von speziellen gentechnikfreien Gewerbebetrieben - wie Lebensmittelhändlern oder Gastronomie - zu überlegen.

## c) Perspektiven für die Europapolitik Österreichs

Die Europäische Union versteht sich aktuell immer noch als Wirtschaftsoptimierungsstruktur - als solche wurde sie ursprünglich auch geschaffen. Diese Wirtschaftsprogrammierung der Europäischen Union beeinflusst jedoch mittlerweile fast alle Lebensbereiche der Menschen in wesentlichem Ausmaß. Der gemeinsame Mindeststandard der Mitgliedstaaten in Form der vier Grundfreiheiten wird immer weiter ausgebaut, wodurch sich enorme Einschnitte in die Regelungsbefugnisse der Mitgliedsstaaten in anderen als wirtschaftlichen Bereichen ergeben und das Prinzip der Subsidiarität geschwächt wird.

Österreich - ein Land, das immer stolz auf seine hohen Umweltstandards war, - ist plötzlich in der Zwangslage GVO zulassen oder die entsprechenden EU-Sanktionen in Kauf nehmen zu müssen. Auch die österreichischen Standards im Bereich der Lebensmittel-Gütesiegel waren bereits Ziel von Vereinheitlichungsbestrebungen der Europäischen Union. Doch wenn Österreich der Meinung ist, dass sich die EU in die falsche Richtung bewegt, warum bringt Österreich sie dann nicht auf den richtigen Kurs? Ist es nicht gerade die Aufgabe eines Staates, der sich als Vorreiter und Vorbild in Umweltfragen sieht, andere Staaten von der Sinnhaftigkeit dieses umweltpolitischen Engagements zu überzeugen? Ist es nicht gerade das Wesen von umweltpolitischen Maßnahmen, dass diese nicht vor nationalen Grenzen Halt machen, sondern globale Wirkungen zeitigen?
In mittlerweile beinahe 10 EU-Mitgliedsjahren konnte sich Österreich nicht als politisch tonangebendes Vorbild- und Musterland etablieren.

Der Betrachter gewann vielmehr den Eindruck, Österreich ließ Brüssel gewähren, solange keine weiteren Kompetenzen oder Gelder dorthin verlagert werden sollten. Diese Einstellung war einer Durchsetzung ökologischer Ziele nicht zuträglich. Auch europaweit einheitliche Sozial- und Steuerstandards konnten auf diese Art und Weise nicht erreicht werden. Doch genau diese Themen sind die entscheidenden politischen Probleme unserer Zeit und können nur auf (zumindest) europäischer Ebene gelöst werden. Es ist daher falsch, wenn österreichische Parteien auf die Brüsseler Politik schimpfen und die EU-Skepsis der Bevölkerung schüren, weil sie ja selbst entweder zu wenig erfolgreich oder gar nicht die von der EU gebotenen Chancen zur Partizipation genutzt hatten. Im Gegenteil, die logische Konsequenz aus dem bisherigen Scheitern Österreichs bei der Ablehnung von Gentechnik muss mehr und nicht weniger österreichisches Engagement in den EU-Gremien heißen.
Im Zeitalter der Globalisierung sind die nationalen Staaten gezwungen, sich der weltweiten Herausforderung durch internationale Großkonzerne zu stellen. Im Wetteifern um Arbeitsplätze herrscht meist die Regel des maximalen Profits. Doch im Rahmen der EU hat Österreich die Chance, zumindest im europäischen Wettbewerb für mehr ökosoziale Fairness zu sorgen. Diese Struktur bietet die Chance exekutierbare Regelungen für einheitliche Steuer- und Sozialstandards für alle Mitgliedsstaaten einzuziehen. Auch einheitliche Umweltstandards könnten so geschaffen werden. Von derartigen umweltpolitischen Schutzmaßnahmen würde die Umwelt selbst ungleich mehr als von einem Öko-Alleingang Österreichs profitieren, weil so ein viel größerer Wirtschaftsraum betroffen wäre.
Durch ein Engagement für soziale und ökologische Ziele kann auch die Wirtschaftsprogrammierung der EU gelockert werden und Europa in Summe ‚menschlicher' werden. Österreichische Politik muss endlich ihren Beitrag leisten, um den Menschen auf die Frage "Was bringt mir die EU", eine akzeptable Antwort bieten zu können. Die österreichische Antwort darauf muss Visionen enthalten und Ziele, die von den Menschen befürwortet werden.
"Die Einheit Europas war ein Traum weniger. Sie wurde eine Hoffnung für viele. Sie ist heute eine Notwendigkeit für alle."

## links zum thema

europa.eu.int/eur-lex/de/index.html
*Information zum Recht der EU*

www.genengnews.com/
*Website des größten Biotech-Magazins*

www.safe-food.org
*USA-NGO, Gentechnikgegner*

## diskurs: regionalpolitik in der eu

### über den "einfluss europäischer entwicklungen auf lokale und regionale politik am beispiel gentechnik" diskutieren christian forsterleitner und jasmine chansri mit dem autor andreas ortner

Christian Forsterleitner: Bei der Lektüre deines Beitrags habe ich mich gefragt, ob er als EU-kritisch oder EU-feindlich einzustufen ist.

Andreas Ortner: Ich halte es da mit der Globalisierungsbewegung und möchte mich nicht als Gegner, sondern als Kritiker begreifen. Zusammenschlüsse von Nationen sind grundsätzlich gut. Solche Mechanismen entwicklen aber teilweise eine Eigendynamik, die es kritisch zu betrachten gilt, weil sie zu einseitig werden kann.

Jasmine Chansri: Wir sind im Konstrukt EU eingebunden, EU-Recht nimmt teilweise die Rolle des Verfassungsrechts ein und trotzdem wirkt Österreich aber oft hilflos.

AO: Die Hilflosigkeit ist aber nicht unbedingt rechtlich bedingt. Zum EU-Recht gehört zum Beispiel auch das Subsidiaritätsprinzip, das aber oft umgangen wird. Das ist eine Situation ähnlich der im österreichischen Verfassungsrecht, wo es in der Kompetenzverteilung eine Generalklausel zu Gunsten der Länder gibt, aber tatsächlich fast keine Zuständigkeiten für Länder übrig bleiben, weil fast alles dann dem Bund vorbehalten wird.

CF: Es gibt Dinge in der EU, mit denen man aus sozialen oder ökologischen Dingen nicht einverstanden sein kann. Eine Gegenstrategie, die du beschrieben hast, ist die überregionale Vernetzung. Wie kann man sich das genau vorstellen?

AO: Es wird damit erst mal ein Forum für Kritik geschaffen, um diese Punkte zum Thema zu machen. Wenn das nicht passiert, werden negative Entwicklungen automatisch zu Fakten, die sich nicht mehr ändern lassen. Außerdem können Kritikpunkte so in die Gremien der EU hineingebracht werden. Das muss von mehreren Staaten gleichzeitig hineingetragen werden, eine Art Mitgestaltung der Regionen. Der Ausschuss der Regionen ist auf EU-Ebene leider nur ein hilfloses Vehikel.

JC: Wie sieht das in der Praxis aus. Gibt es da institutionalisierte Foren oder Erfolge, wo österreichische Regionen gezeigt haben, wie es gehen könnte?

AO: Die österreichische EU-Bilanz ist relativ mager in den ersten zehn Jahren der EU-Mitgliedschaft. Vor allem jetzt, weil die Übergangsbestimmungen ausgelaufen sind, wird klar, dass in vielen Bereichen Selbsttäuschung betrieben worden ist. Ein Beispiel ist hier der Transitvertrag. Da wurde nicht mit Lobbyismus und Vernetzung agiert. Österreich ist aber nicht Opfer, sondern Mittäter, weil wir uns nicht gekümmert haben, dass die EU in eine andere Richtung geht. Österreich hätte durchaus tragenden Einfluss, wir sind Nettozahler und die werden gerne gehört. Nur müssen Wünsche so vorgebracht werden, dass andere Länder auch mitkönnen. Und das ist oft nicht sehr diplomatisch geschehen, wie auch rund um Temelin.

CF: Da gab es viel plumpes Agieren.

AO: Dabei muss es für uns als Umwelt-Vorbildland eine Aufgabe sein, für diese Umweltstandards Lobbying zu betreiben. Aber hier werden keine Handlungen gesetzt, sondern immer nur auf Österreich gesehen.

JC: Selbst im Gentechnik-Thema, obwohl es sehr emotionalisiert ist, fühlen sich die Menschen nicht betroffen von der EU-Ebene. So passiert auch von Bauern-Seite wenig bis nichts. Wie könnte sich da die SPÖ besser positionieren?

AO: Die SPÖ könnte sich ganz klar als Europapartei positionieren wie zu Zeiten des EU-Beitritts. Sie hätte die Aufgabe, Österreich so in Brüssel zu vertreten, wie es die Regierung nicht tut. Und außerdem Aufklärungsarbeit in Österreich zu leisten, damit mehr Fairness gegenüber den EU-Strukturen einzieht. Wir sagen, die EU zwingt uns, gentechnisch veränderte Lebensmittel einzuführen. Dabei gibt es einen Apparat, der das kontrolliert. Wenn uns der Apparat nicht passt, dann muss man den Apparat versuchen zu verändern. Und mit seriöser Argumentation lassen sich auch Verbündete finden für Schranken schon auf europäischer Ebene und man wird dann auch ernstgenommen. Ganz anders hingegen Oberösterreich, das sich mit dem Versuch einer Überlistung der EU durch ein eigenes Gutachten mit sehr schwachen Argumenten lächerlich gemacht hat. Auch bei den Ökopunkten wurde unseren Zahlen nicht mehr geglaubt. Die Glaubwürdigkeit Österreichs ist sehr schlecht.

CF. Und die Reaktion: Wir erklären uns zum gallischen Dorf und verbieten das einfach. Diese Abschottung ist einfach zum Scheitern verurteilt.

JC: Du hast auch gesagt, dass wenig Verständnis für EU-Politik da ist, weil die EU sehr wirtschaftslastig ist. Wie siehst du die realistischen Chancen einer Sozialunion und würde das reichen, um das Image der Union zu verbessern?

AO: Wir müssen aufhören, uns selber zu bekämpfen, damit meine ich uns als Mitgliedsstaaten. Wenn wir stärker werden wollen, müssen wir einfach auch die Schwächeren an die Stärkeren heranführen. Wenn man das nicht will, dann hätte man auch beim EWR bleiben können. Für eine soziale Union müsste aber der Standortwettbewerb vermindert werden und wir bräuchten eine europäische Steuergesetzgebung. Das ist nicht völlig unrealistisch, organisatorisch ist es sicher möglich. Das würde Neues auf einer Ebene schaffen, die nicht in der üblichen Form dem Einfluss einer Partei oder einer gewachsenen Struktur ausgeliefert ist. Damit meine ich die Brüsseler Eigendynamik, die nicht nur negativ ist. Der 26. Mitgliedsstaat ist Brüssel. Die Summe der 25 kann zu einer neuen Idee verschmelzen, die die Fehler einzelner Mitgliedsstaaten kompensieren könnte. Mir fällt dazu immer das Beispiel des als "NASA-Spiel" bekannten Experiments ein: Der einzelne macht mehr Fehler, als die Gruppe. Im NASA-Spiel, wo es darum geht, Gegenstände in eine möglichst richtige Reihung zu bringen, entspricht die Gruppenreihung in den meisten fällen mehr der tatsächlichen Wahrheit als die jeweilige einzelne Reihung. Diese Chance sehe ich auch in der EU und für ein EU-Steuerrecht, das soziale Projekte möglich machen und den Steuerwettbewerb beenden würde.

CF: Dein Fazit ist also, die EU kümmert sich um die falschen Dinge oder noch besser, wir kümmern uns zu wenig darum, dass in der EU die richtigen Dinge gemacht werden.

JC: Genau, vor allem letzteres, denn wir sind ein Teil der EU. Das müssen wir endlich erkennen. Ich werde auch versuchen, mich selbst an der Nase zu nehmen und nicht nur auf die Menschen in Brüssel zu verweisen.

*"Die Welt ist viel zu kalt, um gesund zu sein,*
*ihr züchtet da ein Monster wie Frankenstein,*
*wir sollten zuallererst unsern Verstand befreien*
*und dieses Land von seiner Angst heilen,*
*die Botschaft wie Medizin im ganzen Land verteilen..."*
(Mellow Mark / "Revolution")

# gesundheitsförderung und prävention als gesundheitspolitischer ansatz der zukunft

## über die notwendigkeit eines aufgeklärten gesundheitsbewusstseins und eines gesundheitsfördernden lebensstils

*Julia Röper-Kelmayr*

Sucht man nach Definitionen für den Begriff "Gesundheit", so findet man eine Fülle an Definitionen und Umschreibungen; die folgenden Beispiele möchte ich diesem Beitrag voranstellen:

- Definition der Weltgesundheitsorganisation (WHO) 1946: "Gesundheit ist ein Zustand vollkommenen körperlichen, geistigen und sozialen Wohlbefindens und nicht allein das Fehlen von Krankheit und Gebrechen."
- Definition des Medizinsoziologen T. Parson: Gesundheit ist ein Zustand optimaler Leistungsfähigkeit eines Individuums, für die wirksame Erfüllung der Rollen und Aufgaben, für die es sozialisiert (Sozialisation = Einordnungsprozess in die Gesellschaft, Normen- und Werteübernahme) worden ist.
- Definition des Deutschen Bundesministeriums für Bildung, Wissenschaft, Forschung und Technologie: Gesundheit wird als mehrdimensionales Phänomen (seltsames, ungewöhnliches Ereignis) ver-

standen und reicht über den "Zustand der Abwesenheit von Krankheit" hinaus.

Bei der Definition der WHO wird eine subjektive Dimension von Gesundheit unterstrichen, welche auch die Gesundheitsdefinition des deutschen Ministeriums beinhaltet. Die Fachwelt spricht von einem dynamischen oder Balancezustand. Ein Zustand objektiven und subjektiven Befindens einer Person, der dann gegeben ist, wenn die Person sich in Einklang mit körperlichen, seelischen, sozialen Bereichen ihrer Entwicklung, den eigenen Möglichkeiten, Zielen und den äußeren Lebensbedingungen befindet. Dieser Balancezustand muss zu jedem lebensgeschichtlichen Zeitpunkt erneut wiederhergestellt werden und ist von persönlichen und Umweltfaktoren abhängig. Es lässt sich also sagen, dass die sozialen, wirtschaftlichen, ökologischen und kulturellen Lebensbedingungen den Entwicklungsrahmen für die Gesundheit geben.
Gesundheit hat somit Prozesscharakter und ist das Ergebnis der Auseinandersetzung mit Belastungen und Anforderungen, und das auf psychosozialer und physischer Ebene. Es gibt jedoch keine Messgröße für Gesundheit, nur eine subjektive Befindlichkeit. "Sterberaten werden oft - vielleicht paradoxerweise - als Messgröße für die Gesundheit genommen, da es keine geeigneten Maßeinheiten für Gesundheit oder Krankheit gibt."[1]
Zumindest drei Aspekte können als maßgeblich für die gesundheitliche Entwicklung einer Bevölkerung hier bereits eingangs aufgelistet werden:

- "Das Gesundheitswesen gilt als die mit Abstand wichtigste Gesundheitsdeterminante der Menschen."[2] - Dies bedingt einen Zugang zu medizinischen Leistungen für alle.
- Ein wirksames "Krankheitsverhalten" und speziell ein angemessenes "Inanspruchnahmeverhalten". - Dies bedingt vorhandene Strukturen, die der Einzelne bei Auftreten eines Krankheitsgefühles in Anspruch nehmen kann.
- Ein aufgeklärtes Gesundheitsbewusstsein und ein gesundheitsfördernder Lebensstil.[3] - Dies bedingt ein eigenes Bewusstsein.
  Letzterem gilt dieser Buchbeitrag.

[1] Richard G. Wilkinson (2001): Kranke Gesellschaften, Soziales Gleichgewicht und Gesundheit.
[2] Ebenda
[3] Ebenda

Die drei hier genannten Punkte wiederum bedingen einander, d.h. funktioniert das Gesundheitswesen nicht, ist die Möglichkeit, fachlich, ärztliche Stellungnahme einzuholen, nicht gegeben. Die Inanspruchnahme von Gesundheitsleistungen bei unmittelbarem Krankheitsgefühl (z. B. Schmerz, Hautveränderungen, etc.) weckt vielfach ein Interesse des Betroffenen, sich mit möglichen Ursachen für seine Erkrankung näher auseinander zu setzen und gleichzeitig diese Erfahrung individuell, d.h. ohne ärztlichen Einfluss, zu vertiefen. So ist die Inanspruchnahme von Gesundheitsleistungen bei unmittelbarem Krankheitsgefühl eine logische Konsequenz; doch sollte eine derartige Kausalität auch umgekehrt funktionieren, um bereits im Vorfeld zur Vermeidung einer Krankheit Präventivmaßnahmen sinnvoll und effizient einzusetzen.
Was wäre ein optimaler Zustand? Es wäre wohl die Entwicklung eines interindividuellen und meist auch unterschiedlich begehrlichen Gesundheitsbewusstsein, das durch allgemeine Präventivleistungen gestillt wird. Dieser Prozess ist eindeutig ein dynamischer, der positive und negative Feedback-Mechanismen, die sozialökonomisch und sozialpsychologisch bedingt sind, mit sich bringt. Wie kann dies erreicht werden?

## gesundheitliche entwicklung einer bevölkerung

Die prognostizierte demographische Entwicklung der österreichischen Bevölkerung verlangt uns eine eingehende Auseinandersetzung mit dem Gesundheitsbereich ab. Da die Lebenserwartung der österreichischen Bevölkerung stark zunimmt, das Gesundheitswesen in seinen aktuellen Strukturen allein den Prozess nicht gänzlich auffangen kann, ist es wichtig, bei der Reformierung des Gesundheitswesens nicht nur die Kostenseite zu berücksichtigen, sondern auch die Öffnung des Gesundheitsbereiches den Betroffenen gegenüber voranzutreiben. Denn, was ist die Sensibilisierung des Gesundheitsbewusstseins für den Einzelnen anderes als ein Öffnen des Mysteriums "Gesundheitswesen" dem Einzelnen gegenüber?
Die Betrachtung des Alterungsprozesses hat sich im Laufe der Jahre gewandelt. "Altern ist viel mehrdeutiger, als man noch bis vor kurzem

glaubte, und jedenfalls ist es nicht nur eine Krankheit zum Tode, sondern auch eine zum Überleben. Eine ganze Reihe von Krankheiten - von Asthma über Krebs - verlangsamen sich im Alter oder gehen zurück. Forscher haben festgestellt, dass das Krebsrisiko, welches das ganze Leben über steil ansteigt, im hohen Alter abnimmt."[4]
Akribisch versucht man also über statistische Analysen dem Alter zumindest definitionsgemäß alles abzugewinnen, es vielleicht dadurch besser verstehen zu können. Die Wahrscheinlichkeit, dass Medizin und Genforschung das Leben weiter verlängern oder den Alterungsprozess verzögern, ist zumindest groß genug, um Effekte noch in unser aller Lebenszeit zu erwarten.[5] Aber scheinbar sind in den Statistiken nicht alle Faktoren enthalten. Unsere Statistikhochrechnungen für den Zeitraum 2010 bis 2040 errechneten sich aus einer Population, die unter gänzlich anderen sozialen, medizinischen und technischen Bedingungen lebte. In diesen Bereichen zu erwartende Fortschritte werden tatsächlich ihren Niederschlag finden. Die Chancen beispielsweise, schon heute eine Lebensdauer von 80 bis 100 Jahren zu erreichen, sind in der Tat immer noch sehr gering. Aber sie sind in den letzten 20 Jahren um 180 % gestiegen, und zwar nicht - wie zu Beginn des 20. Jahrhunderts - aufgrund von Erfolgen bei der Seuchenbekämpfung.[6]
Dank technischem und medizinischem Fortschritt wird sich die Berechnung der Lebenserwartung weiterhin nach oben bewegen. Doch man darf nicht außer Acht lassen, dass die Berechnung der Lebenserwartung durch einen Alterungsprozess bedingt ist. Ein Alterungsprozess ist derzeit nicht signifikant aufzuhalten oder gar umzukehren; er ist jedoch möglicherweise beeinflussbar. Zwischen "zwei Drittel und drei Viertel des geschätzten Lebenszeitgewinnes sind kurativen Leistungen zuzuschreiben, ein Viertel bis ein Drittel klinisch-präventiven Maßnahmen."[7]
Es ist Aufgabe der Politik, das Gesundheitswesen so zu ordnen, dass es gute Ergebnisse bringt und gleichwohl bezahlbar bleibt[8]. An Reformen führt kein Weg vorbei, darin sind sich alle Entscheidungsträger einig. Man kann auch nur begrenzt den Weg weitergehen, die Kosten auf den Kranken zu verlagern, ohne das Solidaritätsprinzip weiter auszuhöhlen.

4 Frank Schirrmacher (2004), Das Methusalem Komplott
5 Ebenda
6 Frank Schirrmacher (2004), Das Methusalem Komplott
7 Richard G. Wilkinson, Kranke Gesellschaften, Soziales Gleichgewicht und Gesundheit, 2001
8 Reformen im Gesundheitswesen, Ergebnisse einer Internationalen Recherche, Carl Bertelsmann Preis, 2000

Vielmehr müssen drei Aufgaben gleichzeitig angegangen werden: Erstens gilt es, die Effizienz zu steigern, zweitens müssen die Grundleistungen neu geordnet werden und drittens ist eine Eigenverantwortung der Bürger zu fördern. In erster Linie ist der Staat gefordert. An ihm liegt es die, die Aufgaben einer solidarisch finanzierten Grundversorgung zu definieren und die Rahmenbedingungen so zu setzen, dass diese effizient wahrgenommen werden. Die enorme Komplexität und die Macht der Interessen machen dabei einen langen Atem nötig[9].
Die Forschungsergebnisse, insbesondere zur Salutogenese, die veränderte Bevölkerungsstruktur, die zunehmende Mobilität der Gesellschaft, ein verändertes Krankheitsspektrum, zunehmende soziale Unterschiede, Orientierungslosigkeit und Zukunftsängste, all dies sind Herausforderungen, mit denen sich eine Gesundheits- und Gesundheitsförderungspolitik intensiv befassen muss. Ein hohes Potential im Gesundheitswesen besteht dabei in der Schaffung eines Gesundheitsbewusstseins des Einzelnen, die Betonung und Förderung seiner Verantwortung hinsichtlich des Erhalts seiner Gesundheit. Vorsorgeeinrichtungen und Vorsorgeprogramme stellen die Struktur bereit und das individuelle Präventionsverhalten wird somit zum Motor der Inanspruchnahme.

## salutogenese versus pathogenese

Salutogenese versteht sich als Gegensatz zur (in der Medizin verbreiteten) Pathogenese: Statt Krankheiten zu bekämpfen, sorgt sie sich um Gesundheit. Interessanterweise kommt der Begriff aus einem medizinischen Versuch, Stressfolgen zu beobachten: In Israel wurde untersucht, wie Frauen die Menopause verarbeiten. Einem der beteiligten Forscher, Aaron Antonovsky, fiel auf, dass eine Gruppe der Frauen die Problematik des klimakterischen Übergangs erstaunlich gut meisterte. Bei dieser Gruppe handelte es sich um Frauen, die den Holocaust überlebt hatten. "Nach den Vorstellungen von Antonovsky ist Gesundheit kein normaler, passiver Gleichgewichtszustand, sondern ein labiles, aktives und sich dynamisch regulierendes Geschehen. Die Gesundheit muss im Leben

9 Ebenda

immer wieder aufgebaut werden, und Gesundheitsförderung ist ein ständiger und nie ganz erfolgreicher Prozess. Gesundheitsmedizin stärkt die Ressourcen des Einzelnen, damit er gegen krankmachende Einflüsse widerstandsfähiger wird. Der Gesundheits- und Krankheitszustand eines Menschen wird nach Antonovsky individuell von seiner Einstellung zu sich selbst und zu seiner Umwelt geprägt. Antonovsky nennt diese individuelle Lebensfähigkeit Kohärenzgefühl. Nach Antonovsky ist Kohärenzgefühl (I) die Fähigkeit, dass man die Zusammenhänge des Lebens versteht, (II) die Überzeugung, dass man das eigene Leben gestalten kann und (III) der Glaube, dass das Leben einen Sinn hat. Das Salutogenese-Modell verzichtet auf die alternative Unterscheidung von krank und gesund. Der Medizinsoziologe Aaron Antonovsky plädiert für ein "Kontinuum-Modell" der Gesundheit. Damit wird das bekannte medizinische "Risikofaktorenmodell", das nicht Gesundheit, sondern Krankheit als Abweichung von messbaren Normen festlegt, in Frage gestellt. Das Risikofaktorenmodell grenzt die psychische Gesundheit, die Gesamtpersönlichkeit weitgehend aus und reduziert den Menschen auf einen Risikofaktorenträger. Im "Kontinuum-Modell" ist die primäre Frage nicht mehr, warum Menschen krank werden, sondern warum sie trotz möglicherweise vorhandener Risikofaktoren gesund bleiben.
Gesundheit (statt nur Krankheit) in den Mittelpunkt der Betrachtung zu rücken, hat zur Entwicklung des Lebensweisenkonzeptes und einem veränderten Gesundheitsverständnis geführt. Gesundheitsförderung wird stärker gewichtet, (I) Gesundheit wird ganzheitlich, also mit ihrer körperlichen, psychischen und sozialen Komponente gesehen, die psychische Gesundheit erhält dadurch einen höheren Stellenwert; (II) Gesundheitsförderung muss in das gesamte soziale, ökologische und infrastrukturelle Umweltgeschehen eingebettet sein; (III) effektive Gesundheitsförderung setzt Selbstbestimmung, Emanzipation und Persönlichkeitsentfaltung des Individuums voraus.

## weitere determinanten für gesundheit

Nach Schätzungen des US-amerikanischen Centers for Disease Control ist der Einfluss der sozialen Umwelt und der Lebensweisen auf die

Sterblichkeit etwa doppelt so groß wie die Einflüsse der ökologischen Umwelt und der biologischen Prädisposition. Diese ist wiederum doppelt so groß wie der Einfluss des Gesundheitswesens. Die große Chance zur Verbesserung der gesundheitlichen Lage der Bevölkerung wird deshalb darin gesehen, gesundheitspolitische Schwerpunkte auf Prävention und Gesundheitsförderung zu setzen. In Österreich dominiert - wie in den meisten industrialisierten Ländern - deutlich der kurative Bereich. Somit bestimmt die Kuration auch die Lehrinhalte, das Profil und die Struktur von Institutionen im Gesundheitswesen.
Die Betrachtung wäre unvollständig, würde man nicht noch andere Determinanten für Gesundheit anführen. Zahlreiche empirische Studien haben ergeben, dass Gesundheit, Krankheit und Krankheitsbewältigung durch ein komplexes Zusammenwirken von physischen, psychischen und sozialen Faktoren bestimmt werden. Sozioökonomischer Dauerstress führt nachweislich zu einer Gesundheitsbeeinträchtigung, dies zeigt ein Beispiel Sapolskys[10]. Sämtliche für medizinische Zwecke bestimmte Leichen in London zwischen 1830 und 1930 stammten aus Armenhäusern. Man fand bei den Leichen in einem großen Ausmaß vergrößerte Nebennieren, die man damals aber als normalgroß vermerkte[11].
Zu den wichtigsten Bestimmungsfaktoren von Gesundheit zählen die sozialen, wirtschaftlichen, ökologischen, kulturellen Lebensbedingungen, die erst in ihrer Gesamtheit den Entwicklungsrahmen für die Gesundheit selbst geben. Psychische Komponenten und Kompetenzen sind gesundheitsbestimmend. Die Überzeugung, selbst über das erforderliche Verhaltensrepertoire zu verfügen, Probleme lösen zu können, kombiniert mit der Akzeptanz eigener Stärken und Schwächen, bedeutet einen Glauben an sich selbst. Selbstvertrauen ist mit einem höheren Selbstwertgefühl verbunden. Diese Merkmale einer "gesunden Persönlichkeit" werden heute in ihrer direkten Bedeutung für die psychische und physische Gesundheit gesehen.
Weiters ist die Zugehörigkeit zu einem sozialen Netzwerk Potential sowohl für positive als auch für negative Interaktionen, also auch für Konflikte und Spannungen. Soziale Integration ist also im Prinzip weder gut noch schlecht, doch stellt sie eine wichtige Voraussetzung für soziale Unterstützung dar. Wer niemanden kennt, hat wenig Chancen auf

[10] Richard G. Wilkinson (2001), Kranke Gesellschaften, Soziales Gleichgewicht und Gesundheit
[11] Ebenda

Unterstützung bei der Bewältigung von Lebensstress. Soziale Integration und Unterstützung verringern die Erkrankungshäufigkeiten und stärken die Fähigkeiten zur Stressverarbeitung. Personen mit geringer sozialer Unterstützung sind unglücklicher und entwickeln weniger wirkungsvolle Bewältigungsstrategien als Personen mit hoher sozialer Unterstützung. Der Wandel der Familienstrukturen, unter anderem der steigende Anteil alleinerziehender Elternteile, stellt ein Potential an zusätzlichen Gesundheitsbelastungen dar. Die gesamtgesellschaftliche Entwicklung trägt dazu bei, dass viele Erwachsene aufgrund von Konfliktsituationen im familiären Bereich hohe psychische Stressbelastungen bewältigen müssen.
Schließlich ist noch Arbeit als wesentlicher, gesundheitsbeeinflussender Faktor anzusehen. Persönlichkeitsförderliche und damit gesundheitsförderliche Arbeitstätigkeiten zeichnen sich durch hinreichende Handlungs-, Entscheidungs- und Kontrollspielräume aus und können als organisationale Ressourcen zur Bewältigung von Belastungen betrachtet werden. Neben sozialer Unterstützung stellen Kontrollmöglichkeiten am Arbeitsplatz oder berufliche und soziale Kompetenzen Ressourcen dar. Sie mildern Stresseinflüsse ab oder können sie sogar verhindern. Es gibt also nicht nur krankmachende, sondern auch gesundheitsförderliche Potentiale der Arbeit.

## konkrete maßnahmen

Die Gesundheitsförderung hat sich als anerkanntes Berufsfeld im Gesundheitssektor etabliert und ist eine wichtige Komponente der neuen Public Health Entwicklung. Gesundheitsförderung definiert sich durch das Zusammenführen von zwei strategischen Ansätzen: Der Stärkung von persönlicher und sozialer Gesundheitskompetenz verbunden mit einer systematischen Politik, die auf die Verbesserung von Gesundheitsdeterminanten und den Abbau von gesundheitlicher Ungleichheit abzielt. Die strategischen Schlüsselpunkte sind einerseits die Stärkung von Kompetenz und Selbstbestimmungsrecht über die eigene Gesundheit und andererseits die Einbindung von Gesundheit als Handlungsziel in eine Vielzahl von Politikbereichen[12].
Die erste internationale Konferenz zur Gesundheitsförderung hat am

[12] Schwartz (2003), Public Health - Gesundheit und Gesundheitswesen, S 182

21.11.1986 in Ottawa die sogenannte "Ottawa Charta" zur Gesundheitsförderung verabschiedet. Sie rief damit auf zum aktiven Handeln für das Ziel "Gesundheit für alle bis zum Jahr 2000" und darüber hinaus.
In der Ottawa Charta wurden von der World Health Organisation die fünf hier genannten zentralen Handlungsbereiche für eine Gesundheitsförderung festgelegt:

- Politisches Handeln, das Rahmenbedingungen schafft (z. B. Gesetze )
- Lebenswelten, die Gesundheit fördern (z. B. am Arbeitsplatz oder in der Schule)
- Persönliche Kompetenz
- Soziales gemeinschaftliches Handeln
- Neuorientierung des professionellen Gesundheitshandelns besonders in Hinblick auf die Klientenorientierung und ein verstärktes präventives Handeln.

In Oberösterreich gibt es seit Dezember 2000 zehn Gesundheitsziele, die zu einer höheren Gesamtgesundheit beitragen sollen. Im April 2001 wurde ein elftes Gesundheitsziel hinzugefügt[13]. Die integrative Gesundheitspolitik des Landes OÖ reicht von Diabetesvorsorge über Zahngesundheit hin zur Suchtprävention und spart auch die betriebliche Gesundheitsvorsorge sowie das Netzwerk der Gesunden Gemeinde und Städte nicht aus. Mit der Schaffung des Instituts für Gesundheitsplanung (IFG) haben das Land Oberösterreich, die Statutarstädte Linz und Wels und die OÖ Gebietskrankenkasse ein gemeinsames Instrument geschaffen, um den Anforderungen einer modernen Gesundheitspolitik besser gerecht werden zu können. Das IFG soll sich in erster Linie der Gesundheitsberichterstattung widmen und konkrete Umsetzungen zur Erreichung der formulierten Ziele initiieren. Erstes Projekt: Die Diabetes-Spätschäden sollen bis 2010 um 15 Prozent gesenkt werden. Nach der Formulierung von zehn Gesundheitszielen im Jahr 2000 ist die Schaffung des Instituts für Gesundheitsplanung ein weiterer Meilenstein in Richtung einer vernetzten und bedarfsorientierten Gesundheitspolitik. Das Modell, dass sich alle Finanziers gemeinsame Ziele geben und gemeinsam für die

[13] Dieses Ziel lautet: Bis zum Jahre 2005 sollen 80 % der Jugendlichen und 50 % der Erwachsenen bestens über Auswirkungen des Drogenkonsums informiert sein. - siehe Suchtbericht 2002 für das Land OÖ

Umsetzung eintreten, ist jedenfalls in Österreich einmalig.
Als Planungs- und Konferenzsystem wurde im April 2003 die OÖ Gesundheitsförderungskonferenz eingeführt, die einer koordinierten Weiterentwicklung der Gesundheitsförderung bzw. Versorgung dient.
Durch gezielte präventive Maßnahmen könnte die Neuerkrankungsrate (Inzidenzrate) einer Erkrankung in einer Population gesenkt werden. Insgesamt gilt Prävention als die große Ressource, um Gesundheitskosten zu vermeiden. Neben dieser Primärprävention gibt es eine Sekundärprävention welche alle Maßnahmen umfasst, die zur Entdeckung klinisch symptomloser Krankheitsfrühstadien dient (Gesundheitsscheck, Vorsorgeuntersuchungen) und ihre erfolgreiche Frühtherapie beinhaltet. Weiters zu erwähnen ist die Tertiärprävention, die zum Ziel hat, eine symptomatisch gewordene Erkrankung zu behandeln, und die Leistungsfähigkeit so weit wie möglich wieder herzustellen; hierzu gehört auch die Rehabilitation.
Sensibilisierung für die eigene Gesundheit beginnt bereits im Kindes- und Jugendalter. Als Beispiel ein größtenteils bereits erfülltes Gesundheitsziel: Bis zum Jahr 2005 sollten mindestens 50 % der Kinder der Altersgruppe 6 kariesfrei sein und 12-Jährige sollten im Durchschnitt höchstens 3 kariöse, extrahierte oder gefüllte Zähne aufweisen. Bis zum Jahr 2010 sollten mindestens 80 % der Kinder der Altersgruppe 6 kariesfrei sein und 12-Jährige sollten im Durchschnitt höchstens 1,5 kariöse, extrahierte oder gefüllte Zähne aufweisen.
Es gilt also Wege und Konzepte zu erarbeiten, die motivierend auf die Bevölkerung einwirken. Zunehmend wird schließlich erkannt, dass die Patienten zum Mitgestalten befähigt werden müssen, wenn größere Qualität und bessere Effizienz im Gesundheitswesen erreicht werden soll[14]. Finnland mit seinem etablierten Patientenschutz und die Niederlande, das per Gesetz umfassende Patientenrechte vorsieht und die Einrichtung entsprechender Patientenorganisationen haben europäische Vorbildwirkung.

[14] Buzlo, Reformen im Gesundheitswesen, S 148

## begleiterscheinungen: wellness & co

Kaum ein Begriff hat in den letzten Jahren dermaßen Karriere gemacht, wie das Wort "Wellness". Nahezu ununterbrochen stößt man auf diesen Begriff, den der US-Arzt Halbert L. Dunn aus "wellbeing" und "fitness" geschaffen und in medizinischen Publikationen erst mal 1959 verwendet hat. Eine weite Verbreitung erreichte der Begriff, zumindest in Österreich, erst in den letzten Jahren und mittlerweile ist er dermaßen werbemäßig ausgeschlachtet, und dermaßen missbraucht, dass es schwer fällt, diesem Begriff noch eine für den Gesundheitsbereich eigenständige, wertvolle Bedeutung zuzuschreiben. Hier ist es sicherlich an der Zeit, dass die Verantwortlichen Qualitätsmerkmale einführen, um den Begriff nicht weiter seiner tatsächlichen Bedeutung zu berauben.
Andererseits ist nicht zu übersehen, dass gerade mit der Wellness-Welle eine kontinuierliche Sensibilisierung der Bevölkerung einhergeht. Dies ist sehr wohl als Bestätigung dafür zu sehen, dass sich ein Gesundheitsbewusstsein entwickeln kann. Es lassen sich aber auch schon Hinweise finden, dass dies in manchen Bereichen übersteigert wurde. Dies betrifft vor allem die Bereiche Ernährung, Freizeitkultur/Sport und letztendlich den sogenannte Wellnessbereich. Als Medizinerin kann ich beobachten, dass gerade im Bereich der Ernährung verstärkt mit Produkten geworben wird, nach deren Genuss man bereits gesünder und fitter sei, so die Werbung. Ist es nun aus medizinischer Sicht positiv zu bewerten, eine Gesundheitswelle dieser Art laufen zu lassen? Ich denke schon, denn alleine die Annahme, dass ein kleiner Teil davon auf ein tatsächliches, "echtes" Gesundheitsbewusstsein entfällt, ist ein großer Gewinn. Die Symbiose aus Identifizierung mit der eigenen Verantwortlichkeit und Identifizierung mit einer solidarischen Einstellung machen eine bessere Gestaltung möglich. Jedoch ist wichtig, dass eine derartige Entwicklung nicht dem Einzelnen zur Gänze überlassen wird, sondern der Gesundheitssektor die strukturellen Grundlagen und Rahmenbedingungen dem Einzelnen formt.
Hervorheben möchte ich in diesem Zusammenhang auch noch eine oftmals gezeigte Werbung, die propagiert, anstelle des Aufzuges die Stiegen zu verwenden, um so - ohne großen Aufwand - den Kreislauf und die Gelenke und sonstige Bereiche des Organismus in minimalem

Ausmaß in Schwung zu bringen. Sportliche Möglichkeiten, die diese Bewegung noch vertiefen würden, sind eben nicht jedem jederzeit möglich. Es muss also klein begonnen werden.
Hermann Maier wirbt in seinem Buch[15] für langsames Laufen, um einen möglichen Schaden an Knochen und Gelenken zu vermeiden oder möglichst gering zu halten. Gingen bislang viele Bücher eher in die Richtung, einen möglichst schweißtreibenden Sport zu propagieren, so erblickt man nun eher eine Kehrtwendung. Es macht aber auch denjenigen Mut, die körperlich nicht in der Lage sind, sofort weite Strecken, also solche, die nur einem trainierten Sportler vorbehalten sind, zu laufen. Kommt ein derartiges Buch von einem Sportidol wie Hermann Maier, so ist auch die Wirkung nicht zu unterschätzen.

## fazit

Nur wer zur rechten Zeit Verantwortung für die eigene Gesundheit übernimmt, handelt nach dem Solidaritätsprinzip. Abstand genommen werden muss allgemein von dem Glauben, dass das Gesundheitssystem die Verantwortung für uns hat, dass es seine alleinige Aufgabe ist, uns "gesund zu erhalten" - etwas überspitzt gesagt. "Ohne Gesinnungsethik verkäme die Verantwortungsethik zur gesinnungslosen Erfolgsethik, der jedes Mittel um der Folgen willen recht ist. Ohne Verantwortungsethik verkäme die Gesinnungsethik zur Pflege selbstgerechter Innerlichkeit."[16]
Die Entwicklung oder - überspitzt formuliert - die Erziehung eines individuellen Gesundheitsbewusstseins setzt jedoch voraus, dass entsprechende regulative Maßnahmen gesetzt wurden. Dies beinhaltet naturgemäß die Einbringung der Vorstellung des Staates in Vorstellungen des Einzelnen. Hier ist größte Sorgfalt angebracht, da individuelle Bedürfnisse nur dort gewahrt werden können, wo ihnen auch Individualität zukommt. Darin sehe ich eine Gratwanderung für den Gesundheitsbereich in Oberösterreich, die es mit einem entsprechenden Verantwortungs- und Feingefühl zu bewältigen gilt.

---

[15] Bergmüller / Okresek (2003), Das Hermann Maier Trainingsprogramm
[16] Küng , Das Projekt Weltethos

## links zum thema

www.who-tag.de/2001/themen/salu.html
*Informationen der WHO zum Thema Salutogenese*

www.ooegkk.at
*Unter dem Pfad "Vorsorge" finden sich Informationen zu Präventionsmaßnahmen*

www.ooe.gv.at
*Unter dem Pfad Gesunheit findet sich das Projekt "Gesunde Gemeinden"*

## literatur

*Bergmüller, Heinrich / Okresek, Knut (2003):* Das Hermann Maier Trainingsprogramm. Verlag Niederösterreichisches Pressehaus

*Carl Bertelsmann Preis 2000:* Reformen im Gesundheitswesen - Ergebnisse einer Internationalen Recherche

*Huber, Ellis / Langbein, Kurt (2004):* Die Gesundheitsrevolution. Berlin: Aufbau-Verlag

*Küng, Hans (1990):* Das Projekt Weltethos. München: Piper

*Schirrmacher, Frank (2004):* Das Methusalem-Komplott. München: Blessing-Verlag

*Schwartz, F (Hrsg / 2003):* Das Public Health Buch: Gesundheit und Gesundheitswesen. München: Fischer-Verlag

*Wilkinson, Richard G. (2001):* Kranke Gesellschaften: Soziales Gleichgewicht und Gesundheit. Wien: Springer Verlag

# diskurs: gesundheitsförderung und prävention

## über "gesundheitsförderung und prävention als gesundheitspolitischen ansatz der zukunft" diskutieren vera lischka und josef zehetner mit der autorin julia röper-kelmayr

Vera Lischka: Du hast in deinem Artikel den Teil Karies konkret angesprochen, die mindestens so wichtigen Bereiche Haltungsschäden und Fettleibigkeit aber ausgespart.

Julia Röper-Kelmayr: Karies hab ich klarerweise nur als ein Beispiel für Präventionsmaßnahmen angeführt - eben Prävention durch Zahnputztanten und ähnliches in den Schule. Wichtig ist, dass Prävention auch gegen andere Probleme wie Diabetes und Co sobald als möglich beginnt. Mit den Haltungsschäden hast du natürlich sehr Recht, dass hier Handlungsbedarf besteht. Im Rahmen eines Schulgesundheitsprojekts hat sich herausgestellt, dass 75 % der Kinder an Zivilisationskrankheiten leiden. Primäre Prävention vermindert hier die Inzidenzrate, sekundäre Prävention bekämpft symptomlose Krankheiten, tertiäre Prävention betrifft vor allem die Rehabilitation.

VL: Ist zahnmedizinische Prävention wichtiger als Prävention gegen Fettleibigkeit oder ist dort einfach die Situation nur fortgeschrittener?

JR: Es gibt keine (un)wichtigen Krankeiten. Die elf Gesundheitsziele des Landes müssen alle erfüllt werden. Ich halte nichts davon, hier die eine Krankheit gegen die andere auszuspielen.

Josef Zehetner: Prävention ist ein zukunftsträchtiger Ansatz. Für mich ist das aber auch eine Frage der Ausbildung: Wie wäre es mit eigenen Ausbildungsangeboten für Gesundheitsförderung und Prävention von Krankheiten?

JR: Es gibt einen Unterschied zwischen Gesundheitsförderung und Prävention. Ein/e Gesundheitsförderer/in muss kein/e Mediziner/in sein, hier stehen der private und der öffentliche Bereich sowie intersektorales Handeln nebeneinander. Prävention muss als Weg erkannt werden, die Betroffenen einzubinden und Reflexion auszulösen.

VL: Wie steht das alles zur Aufgabe der Politik, das Gesundheitssystem zu ordnen, sodass es für jeden zugänglich und leistbar bleibt.

JR: Hier können die Verstärkung von Initiativen in den Bereichen der Prävention und Gesundheitsförderung wahrscheinlich auch ökonomisch sehr positive Auswirkungen haben und die Leistbarkeit des Systems erhalten. Die Sensibilisierung des/der Einzelnen ist nicht zu unterschätzen. Die Ausbildung eines Gesundheitsethos und individuelle Kompetenzentwicklung, bei der alle PlayerInnen im Gesundheitsbereich in einem interaktiven und systemischen Prozess eingebunden sind, wären hier notwendig.

JZ: Wie soll das konkret passieren? Soll die Politik Gesetze zur Krankheitsprävention erarbeiten? Wenn ja, wie sollen diese Gesetze aussehen und was sollen sie regeln?

JR: In diesen Bereichen ist mit Gesetzen nicht viel zu erreichen. Da geht es vielmehr um konkrete Maßnahmen. Wie eben zum Beispiel im zahnmedizinischen Bereich die Besuche an Volksschulen, wo die Kinder spielerisch lernen, wie man mit Zähnen umgeht. Vergleichbares wäre auch für Diabetes oder Bewegungserkrankungen denkbar. Daneben gibt es noch Initiativen wie die "gesunden Gemeinden". Für jedes der Gesundheitsziele gibt es unterschiedliche, sinnvolle Maßnahmen. Die wenigsten davon erfordern gesetzliche Änderungen.

JZ: Wie stehst du zum Themenkomplex "Ernährung", der ja regelmäßig in Wochenmagazinen groß zum Thema gemacht wird. Dort wird dann die Bevölkerung aufgeklärt: Zum Beispiel darüber, dass kohlenhydratreiche Ernährung zu Fettleibigkeit führt, dass viel trinken gar nicht so gesund ist. Wie kann man falsche Glaubenseinstellungen wirksam ausräumen? Und sind da diese Magazin-Stories eine Hilfe?

JV: Es gibt in allen gesundheitlichen Bereichen Falschinformationen. Prävention muss unter ärztlicher Mithilfe geschehen. Das zeigt sich vor allem im boomenden Wellnessbereich. Nur weil beim Jogurt etwas obensteht, wird man nicht fitter oder gesünder. Präventionsmaßnahmen unter ärztlicher Aufsicht garantieren medizinische Seriosität.

VL: Manche Privatkindergärten haben therapeutisch ausgebildete VorturnerInnen, die ein- bis zweimal pro Woche auf spielerische Art und Weise Übungen mit den Kindern machen, wobei sie damit schon zeitig ein Bewusstsein schaffen, um gegen Haltungsschäden anzutreten. Sollte es die nicht auch in staatlichen Kindergärten geben?

JR: Es gab ein Programm durch Schulärzte/innen, wo auch Haltungsschäden evaluiert wurden. Das wurde dann aber nicht weiter finanziert. Ein ziemlich klarer Fall von am falschen Ende gespart, weil es auf die Dauer ja viel teurer kommt, wenn nicht rechtzeitig in einen Krankheitsprozess eingegriffen wird.

VL: Aber einmal im Jahr untersuchen reicht ja sowieso nicht, es sollte wöchentliche Betätigung sein.

JR: Deine Begeisterung für sportlich-gymnastische Aktivität ist nicht selbstverständlich, das haben nicht alle. Diese Begeisterung "anzulernen" ist auch in den Gesundheitszielen enthalten. Mehr wäre natürlich noch besser, aber irgendwann kommen wir immer wieder an die fianziellen Grenzen.

JZ: Dabei ist das oft sehr kurzfristig gedacht. Wenn Prävention wichtig ist, dann muss man hier investieren. Das spart langfristig Geld.

JR: Wer den guten Umgang mit seinem Rücken bald lernt, dem bleiben normalerweise dort Probleme erspart. Das spart Kosten. Dazu gibt es dann aber keine konkreten Zahlen. Diesen Wert der Vorsorge anschaulich zu machen und ihn mit Daten und Statistiken zu untermauern, wäre hier sicher auch sinnvoll und hilfreich.

JZ: Dafür ist glaube ich der Lobbyismus in der Medizin zu entscheidend - Stichwort Pharmaindustrie. Pharmafirmen bezahlen Unsummen, um an die Ärzte heranzukommen und so ihre Medikamente an den/die Patienten/in zu bringen.

JR: Krankheiten benötigen eine Therapie, es gibt immer teurere und billigere Medikamente. Hier wäre der stärkere Einsatz von Generika sicher eine Möglichkeit. Andererseits suchen Ärzte/innen in der Regel immer das beste Medikament mit den wenigsten Nebenwirkungen aus und das ist auch gut so.

JZ: Ein weiterer zu wenig beachteter Bereich ist der der Gesundheit von MigrantInnen, hier besteht großer Aufholbedarf. Es gibt viele Barrieren für muslimische Frauen, einen Arzt zu besuchen. Gibt es in OÖ genügend fremdsprachige Ärzte/innen und Ärzte? Anderssprachige Ärzte/innen bekommen oft keinen Kassenvertrag und als Wahlarzt sind sie zu teuer. Ganz besonders schwere Probleme gibt es hier im Facharztbereich.

JR: Im AKH bekommt ein anderssprachiger Patient eineN DolmetscherIn, Aufklärungsbögen sind in Übersetzungen vorhanden.

*"Listen, you hear the difference between science and science fiction, we blow it out like if you leave on every appliance in the kitchen!"*

(Talib Kweli feat. Hi-Tek / "Good Morning")

# der geist der universitären vielfalt

## über die notwendigkeit einer geistes- und sprachwissenschaftlichen fakultät an der linzer johannes kepler universität

*Josef Zehetner*

Die Geisteswisenschaften befinden sich am Anfang des 21. Jahrhunderts in einer schwierigen Lage. Das Computerzeitalter und der technologische und industrielle Fortschritt erschwert die Lage der Geisteswissenschaften, obwohl die Sehnsucht nach gesellschaftlicher Veränderung immer größer wird. An vielen Universitäten in Europa wird als erstes bei den geisteswissenschaftlichen Fakultäten und Instituten eingespart. Nicht selten, wie zum Beispiel im Oktober 2003 in Hamburg, kommt es sogar vor, dass ganze Institute einfach geschlossen werden. Auch in Österreich hat der Finanzminister Karl Heinz Grasser ähnliches angedacht als er 2001 ankündigte, "die Orchideenfächer" auf der Universität könnte sich Österreich ersparen.
Mit "Orchideenfächern" meinte Grasser unmissverständlich große Bereiche der Geisteswissenschaften. Bedroht sind aber nicht nur "echte" Orchideenfächer wie Ägyptologie, sondern sämtliche Fächer und Institute, die wenig Drittmittel aus der Wirtschaft zur Finanzierung ihrer Arbeit lukrieren (können). "Was bringen uns Heerscharen von EthnologInnen, ArchäologInnen oder TheaterwissenschafterInnen?" lautet die simple Frage, die vorwurfsvoll hinter aktuellen Universitätsrestrukturierungen steht.
Wie schon der Titel nahe legt, soll an dieser Stelle nicht nur eine Lanze

für die geisteswissenschaftliche Universität und Bildung an sich, sondern auch konkret für die Schaffung einer neuen geistes- und sprachwissenschaftlichen Fakultät (GeSWi-Fakultät) an der Linzer Johannes Kepler Universität Partei ergriffen werden. Eine kühne Absurdität angesichts des europäischen Bildungsmainstreams, der mehr und mehr auf unmittelbare und rasche Verwertbarkeit abzielt? Kühn vielleicht, absurd keineswegs. Wie die folgende Argumentation in bester diskursiv-geisteswissenschaftlicher Tradition zeigen soll.

## modernisierung = ökonomisierung?

Während der Österreichische Physiker Zeilinger regelmäßig auf den Titelblättern diverser Wochenmagazine ist und Neues über Quantentechnologie erzählt, finden sich selten SoziologInnen oder SprachwissenschafterInnen auf solchen Covers. Die Geisteswissenschaften haben leider keine Ergebnisse vorzuweisen, mit denen wir in naher Zukunft "beamen" können oder wie sich neue Reformen auf das Wirtschaftswachstum auswirken. Seit den 90ern wird an allen Ecken und Enden, auch den Universitäten, modernisiert.
"Modernisiert" heißt in diesem Fall: nach ökonomischen Kriterien reorganisiert. Den lange vorherrschenden Konsens, dass Wissenschaft den größten Gewinn für die Bevölkerung bringt, wenn man sie autonom und frei arbeiten lässt, gibt es nicht mehr. "Wissenschaft muss vorweisen, was sie leistet" käme dem aktuellen gesellschaftlichen Konsens wohl schon sehr nahe. Die Phase der "Ökonomisierung der Universität" ist aber noch nicht abgeschlossen. Von den Geisteswissenschaften wird jetzt verlangt, dass sie Rechenschaft darüber ablegen, warum sie eigentlich existieren. Sie sollen zeigen, worin ihr ökonomischer Nutzen besteht. Wo ist das verwertbare Wissen, wie es die KollegInnen in der Volkswirtschaft oder Chemie produzieren? Oder wo wurde eine Mars-Mission mit Forschungsergebnissen Österreichischer RomanistikerInnen unterstützt? Genau diese Forderung macht die Lage für die Geisteswissenschaften aussichtslos. Sie könnten sich reformieren bis sie weniger Studierende als die Naturwissenschaften haben und trotzdem würden die Fragen nach dem ökonomischen Nutzen nicht verstummen.

Dabei haben die GeisteswissenschafterInnen sicher nicht vor, sich vor Reformen zu schützen, es ist die Forderung nach einer trivialen "Ökonomie der Bildung", der sie sich nicht beugen wollen. Dabei ist es nicht das erste Mal, dass auf der Universität oberflächlich und verkürzt nach Effizienz gefragt wird. Goethe meinte schon in "Wilhelm Meisters Lehrjahre", dass die "Notwendigkeit von Musik und Dichtung im Dunkeln liege" und dass wir es mit "brotloser Kunst" zu tun hätten.[1] Eigentlich nahm die ökonomisch interessierte Wissensgesellschaft ihren Ausgang schon vor 200 Jahren an den Universitäten. Oder um es mit dem Bielefelder Soziologen Peter Weingart zu sagen: "Nun kehrt die ökonomisch denkende Wissensgesellschaft, die vor 200 Jahren an den Universitäten ihren Ausgang nahm, an ihre alte Wirkungsstätte zurück und meldet ihre Ansprüche an."[2] Die Formeln lauten heute: "Drittmittel-Aquirierung", "Benchmarking", "Externe Relevanzbeurteilung" und "Kundenorientierung". Institute müssen zusehends als Dienstleistungsbetrieb agieren und die ProfessorInnen werden zu Wissensunternehmern.

Am liebsten wäre es den sogenannten Modernisierern, die Institute mit ihrem geringen Budget hinaus auf den Markt zu schicken, wo sie sich dann bewähren sollen. Wenn die Institute dann nach ein paar Jahren keinen Umsatz machen und keine Rendite bringen oder nicht einmal auf der medialen Bühne der wissenschaftlichen Sensationen glänzen, werden sie geschlossen und aufgegeben.

Dass die Maßstäbe, an denen geisteswissenschaftliche Forschung und Lehre gemessen werden kann, nicht im verkürzten Horizont einer universitätsbetriebswirtschaftlichen Rechnung liegen können, wird dabei leicht übersehen. Dabei ist die Beurteilung des Nutzens bzw. des Wertes der Geisteswissenschaften für die Gesellschaft immer schon starken historischen Veränderungen unterworfen gewesen.

## eine kurze geschichte der geisteswissenschaften

Reinhard Brandt, ein deutscher Philosoph, hat auf einem Vortrag der Marburger Universität am 9. Februar 2004 meinte, dass es den Geisteswissenschaften zunehmend auch an einer eigenen Schutz-

[1] Goethe, Johann W. (1796): Wilhelm Meisters Lehrjahre.

[2] Zitiert im Feuilleton zu "Geisteswissenschaften" in "Die Zeit" (Mai 2004)

macht fehle.[3] Lange Zeit bis zur Aufklärung war das die Kirche. Im Mittelalter waren die universitären Disziplinen der artes liberales, der sieben freien Künste, mit der Aufteilung in Trivium (Grammatik, Rhetorik und Dialektik) und Quadrivium (Arithmetik, Geometrie, Astronomie, Musik) das erste mal in disziplinäre Prototypen unterteilt worden - basierend auf der Wissenschaftslogik des Aristoteles.

Die "artes" galten im Mittelalter als Hilfswissenschaften der Theologie und dabei erschien das "Trivium", die eigentliche Mutter der Geisteswissenschaften, als nützlicher, erleichterte es doch den Zugang zur "Heiligen Schrift" und ihrem Verständnis. Die Kirche war somit lange Zeit der natürliche Schutzpatron der Geisteswissenschaften. Neben diesem "Nutzen", kann man die Fächer des Triviums auch frei übersetzen in Verstehen (Grammatik), Argumentieren (Rhetorik) und Unterscheiden (Dialektik). Überaus nützliche Fertigkeiten, wenn es darum geht, Streitigkeiten zu lösen, ohne dass Mord und Totschlag regieren. Anders ausgedrückt: Die Geisteswissenschaften erhöhten schon immer das Potenzial Streitigkeiten verbal zu lösen und tragen zu einer friedlicheren Gesellschaft bei. Das hatte auch schon Aristoteles erkannt als er sagte: "Obwohl das hier erworbene Wissen doch theoretisch ist, so vollbringen wir doch unzählige Handlungen nach seinem Muster, indem wir nach seiner Maßgabe das eine ergreifen, das andere lassen, und vor allem mit seiner Hilfe alles Gute erwerben."[4]

Der Frühhumanist und Fiorentinische Staatskanzler Coluccio (1331-1406) Salutati schrieb in seiner Abhandlung "Adel und Wissenschaften" über den Unterschied zwischen den Natur- und den Geisteswissenschaften, am Beispiel der augenscheinlich nützlichsten Disziplin, der Medizin: "Natürlich ist die Medizin nützlich. Sie heilt Schmerzen und Gebrechen des Körpers. Nicht weniger, aber auch nicht mehr." Nicht ohne hinzuzufügen, dass sie "allenfalls die Körper heile, jene anderen aber den Geist und die Seele."[5]

Hier emanzipieren sich die Geisteswissenschaften allmählich von der Theologie. Sie dienen jetzt dem Verständnis der seelischen und geistigen Energien des Menschen und nur noch am Rande dem Verständnis der "Heiligen Schrift". Salutis Schriften gelten sicher als ein Wendepunkt - die nachfolgenden Generationen stürzten sich nur so auf die

---

3 http://www.literaturkritik.de/public/rezension.php?rez_id=7020&ausgabe=200404 (28.8.2004)

4 Professor Achatz von Müller zitiert nach "Die Zeit", Ausgabe: 21/2004

5 Salutati, Coluccio (1400), "Adel und Wissenschaften"

Geisteswissenschaften. Shaftesbury meinte schließlich zu Beginn des 18. Jahrhunderts, die Geisteswissenschaften hielten zur Kritik und Methode aller Wissenschaften an, denn "erst wenn der Zusammenhang aller Dinge erkannt ist, kann auch ihr Nutzen erreicht werden."[6]
Trotzdem diskutierten die frühen Bürgergesellschaften, wie die fiorentinische, die Frage, was wichtiger sei: der persönlich-kulturelle oder der politisch-gesellschaftliche Nutzen. Wie auch der Professor für Geschichte, Achatz von Müller, die "Bürgerhumanisten" zitiert: "Führen Glück, Wohlhabenheit und Bildung des Einzelnen zu einer besseren Gesellschaft, oder verwirklicht sich das Glück des Einzelnen erst in einer geordneten Gesellschaft?"[7] Die Antwort darauf ist ein gewichtiges Argument für die Geisteswissenschaften.
Adam Smith, für viele ausschließlich bekannt als "Ökonom", in Wahrheit aber eher Moralphilosoph, beantwortete sie so: "Indem alle Menschen danach trachten, ihre wirtschaftliche Lage und ihr soziales Prestige zu verbessern, schaffen sie den Wohlstand der Nationen."[8] Das egoistische Handeln des Menschen muss aber, so ergänzte Smith seine Theorie, durch Rechtsgefühl, Konkurrenz, institutionelles Recht und moralischen Wissenschaften eingezäunt und so geleitet werden, dass alles dem Gemeinwohl nützt.
Die moralischen Wissenschaften zeigen dabei die Gefahren auf, die den Menschen und die Gesellschaft bedrohen und sie bieten Lösungen für Krisen der Gesellschaft an. Im Spiel der selbstreferenziellen Kräfte nehmen die Geisteswissenschaften einen wichtigen Standpunkt ein - sie geben Orientierung. Oder um ein anderes Zitat von Smith zu gebrauchen: "Die Wirtschaft ruht auf einem Fundament, das nicht ökonomischer sondern kultureller Natur ist."[9]

## die wirtschaftlichkeit der geisteswissenschaften

Während die Universitäten bis vor 20 Jahren sehr stark vom Staat und von den politische Institutionen abhängig waren, haben sie sich in den letzten Jahren immer weiter von ihnen entfernt. Die Universitäten wer-

6 Lord Shaftesbury (1716) "Briefe an einen jungen Mann", zitiert von Professor Achatz von Mülle. In: "Die Zeit" Ausgabe: 21/2004

7 Ebendort

8 Smith, Adam (1776): An Inquiry into the Nature and Causes of the Wealth of Nations.

9 Zitiert von Thomas Assheuer in "Die Zeit" 21/2004

den mit weitgehenden Rechten ausgestattet und autonomer, dafür nehmen die (öffentlichen) Budgets der Universitäten und ihrer Institute ab. Anstelle der öffentlichen Hand sollen die Privaten und (über Studiengebühren) die Studierenden treten. Die Universitäten docken bei der Wirtschaft, der Industrie oder privaten Stiftungen an.

Die Wirtschaft kann aber den Staat nicht als Schutzmacht der (Geistes-) Wissenschaften ersetzen, weil die geldgebenden Firmen untereinander konkurrieren und nur an der Maximierung ihres Profits interessiert sind und gesellschaftliche "Rentabilität" der Universitäten ausklammern. Für die Geisteswissenschaften ist es dort weit schwieriger zu punkten.

Drittmittel aus der Wirtschaft als Finanzierungsmodell der Geisteswissenschaften treiben die einzelnen Institute noch mehr in die geistige Enge der Verwertbarkeit, als das schon bei den meisten naturwissenschaftlichen Disziplinen der Fall ist. Dabei produzieren die Geisteswissenschaften Denk- und Erfahrungschiffren, die es uns ermöglichen, uns in der Welt zu bewegen. Am Profit für die Wirtschaft, am Ranking der Drittmittel-Checker oder an den Beiträgen für den Wissenschaftlichen Catwalk à la Zeilinger können die Geisteswissenschaften nicht gemessen werden; an ihrem Beitrag für die Entwicklung der Gesellschaft und des Menschen dafür umso besser.

Dabei ist auch der (volks-)wirtschaftliche Wert der Geistes- und Sprachwissenschaften nicht zu unterschätzen: Die Verfügbarkeit einer geisteswissenschaftlichen Bildung ist ein weicher Standortfaktor wie Kindergartenplätze, sozialer Friede und kulturelle Einrichtungen. Überhaupt haben Geisteswissenschaften für eine Region ähnliche positive Konsequenzen wie eine üppige Infrastruktur im kulturellen Bereich. Was ein Musiktheater für die kulturelle Weiterentwicklung einer kulturell aufstrebenden Region wie den Linzer Zentralraum bedeutet, ist zum Zwecke einer geistig-kulturellen Entprovinzialisierung durch Etablierung einer geistes- und sprachwissenschaftlichen Fakultät (GeSWi-Fakultät) an der Johannes Kepler Universität mehr als überfällig.

Neben der Umwegrentabilität des Standortfaktors "umfassendes universitäres Angebot" spielen Sprachenausbildung und die Möglichkeit einer interdisziplinären Vernetzung des Bildungsangebots gerade in einem vereinten Europa und durch die Nähe zu den östlichen Nachbarländern eine wirtschaftlich bedeutende Rolle.

## ein neues selbstbewusstsein

Die Geisteswissenschaften agieren oft aus einer Defensive heraus. Doch die Geisteswissenschaften sind vielfach die "produktnäheste" Wissenschaft. Sie erforschen den Menschen, seine Ängste und Angewohnheiten. Und da gibt es gerade jetzt sehr viel zu tun. Wie entwickelt sich das leben in den alternden, westlichen Gesellschaften? Brauchen wir ein Global-Government um die Strukturprobleme zwischen Nord und Süd zu lösen? Wie wirkt sich die steigende Arbeitslosigkeit aus? Dabei wird von ihnen ein Wissen für Lehre und Forschung bereitgestellt, das weit über die Geisteswissenschaften hinaus Verwendung findet - zum Beispiel in der LehrerInnenausbildung.
Internationale Netzwerke, weltweite Kommunikationsstrukturen und die Globalisierung machen darüber hinaus die Sprach- und Kulturwissenschaften immer wichtiger. Das Verständnis von anderen Kulturen, verbal und nonverbal, ist für den internationalen Handel zentral. Der Innsbrucker Universitätsprofessor Helmut Reinalter sieht darüber hinaus neben der ethischen und bildenden Funktion auch die "regulativ-orientierende" und "aufklärerisch-ideologische" Funktion als sehr wichtig an. "Je lauter der Ruf nach 'Orientierungswissen' in breiteren Bevölkerungsschichten erschallt, umso deutlicher tritt die "Kompensationsfähigkeit" der Geisteswissenschaften in einer streng durchrationalisierten Gesellschaft hervor."[10]
Den Geisteswissenschaften fehlt es nicht an Nutzen, der Maßstab wird an ihnen nur falsch angesetzt.

## chancen einer geistes- und sprachwissenschaftlichen fakultät an der linzer johannes kepler universität

Betrachtet man die universitäre Landschaft in Österreich, so fällt auf, dass es an sämtlichen Universitätsstandorten (Wien, Graz, Innsbruck, Salzburg und Klagenfurt) geisteswissenschaftliche und sprachwissenschaftliche Vollangebote gibt. Und auch an der Linzer Johannes Kepler Universität äußert sich die Notwendigkeit zumindest rudimentärer geistes- und sprachwissenschaftlicher Angebote in einzelnen Instituten

[10] GeiWi Broschüre der Universität Innsbruck: http://www.uibk.ac.at/c/c6/brochure/wozu-de.html (28.8.2004)

oder Lehrstühlen für Gesellschaftspolitik, Wissenschaftsphilosphie, (Wirtschafts-) Geschichte, Psychologie und Fachsprachen. Vollstudien in Sprachen, Geschichte, Politik, Philosophie und vielem mehr sind aber derzeit an der Linzer Universität nicht möglich.
Dass dieses Fehlen einer geistes- und sprachwissenschaftlichen Fakultät für ganz Oberösterreich einen - verglichen mit den übrigen Bundesländern - bedeutenden Nachteil darstellt, ist offensichtlich: Eine GeSWi-Fakultät spielt immer auch die Rolle eines Schauplatzes für Diskurs und Weiterentwicklung einer Region. So schmerzt auch in den Vorarbeiten für die Bewerbung von Linz als europäische Kulturhauptstadt 2009, dass nicht auf das Wissen und die Arbeit einer geistes- und sprachwissenschaftlichen Fakultät zurückgegriffen werden kann.
Dabei zeigen die bereits erwähnten, vorhandenen geistes- und sprachwissenschaftlichen Studienangebote, dass für eine Etablierung einer GeSWi-Fakultät an der Linzer Universität keineswegs bei Null begonnen werden muss.
An einer Anschubfinanzierung für den Aufbau einer GeSWI-Fakultät durch Stadt Linz und Land Oberösterreich und einem gemeinsamen Lobbying für die laufende Finanzierung von Bundesseite wird aber klarerweise kein Weg vorbeiführen. Allerdings hat auch die sehr erfolgreiche Einführung der Studienrichtung Mechatronik und die jüngste Errichtung des Hochschulfondgebäudes gezeigt, dass Stadt und Land durchaus fähig und bereit waren, für die Weiterentwicklung des Hochschulstandortes Linz auch finanziell geradezustehen. Was die notwendigen Finanzmittel von Bundesseite betrifft, so kann auch der überproportionale Anteil Oberösterreichs am Bundessteueraufkommen ein Argument für den längst überfälligen Anspruch dieser Region auf ein vollständiges universitäres Programm sein.

## schwerpunkt sprachwissenschaften

Wie bereits angeführt, werden durch die internationale Vernetzung und die Globalisierung das Verständnis für andere Länder und Kulturen immer wichtiger. Sprache ist der Schlüssel zu anderen Kulturen und nimmt unter den Geisteswissenschaften einen wichtigen Standpunkt

ein. Das Fehlen qualifizierter Sprachausbildungen im Studienprogramm der Linzer Universität entwickelt sich somit zu einem immer schwerwiegenderen Nachteil.
Die meisten Studierenden wählen heute den bequemen Weg Englisch, das zu einer universalen Sprache im Westen geworden ist. Im Westen wohlgemerkt. In den Nachbarländern Tschechien, Slowakei, Ungarn und Slowenien ist Englisch aber immer noch eher die Drittsprache. Seit dem 1. Mai 2004 und der EU-Erweiterung ist die EU aber um viele Sprachen reicher und das Slawische hat einen ganz anderen Stellenwert bekommen. Hier liegen auch Chancen für eine geisteswissenschaftliche Fakultät für Linz.
Eine GeSWi-Fakultät mit einem Schwerpunkt auf Ost-Sprachen (inklusive Chinesisch) würde Oberösterreich als Wirtschaftsregion aufwerten. Das Engagement der Österreichischen Wirtschaft in Osteuropa und die osteuropäische Wirtschaft als PartnerIn eröffnen zahlreiche Perspektiven. Studierende der Wirtschaftswissenschaften könnten eine slawische Sprache als Zweitstudium belegen und so wichtige Zusatzkenntnisse erwerben, die in der internationalen Kooperation mit Oststaaten sehr hilfreich sind.
Das slawische Institut an der Wirtschaftsuniversität Wien findet großen Anklang bei den Studierenden und kann auch auf dutzende Kooperationen mit Universitäten aus den östlichen Nachbarländern verweisen. Und auch die Milderung des aktuellen Mangels an DolmetscherInnen für zahlreiche Sprachen würde den Standort Oberösterreich stärken. Die Stadt Linz könnte sich zudem über ein Plus an Studierenden freuen, denn es sind die fehlenden Angebote für Sprachausbildungen, die viele OberösterreicherInnen zwingen, zum Studium ihr Bundesland zu verlassen und nach Salzburg, Graz oder Wien auszuweichen.
In der EU nimmt aber auch die wirtschaftliche und politische Zusammenarbeit zwischen Regionen zu. Linz und Oberösterreich verfolgen schon viele Partnerschaften mit Regionen und Städten des ehemaligen Ostblocks. Besonders mit Tschechien könnten im Zuge der Etablierung einer multilingualen GeSWi-Fakultät viele neue Projekte entstehen, wenn kulturelle und sprachliche Barrieren abgebaut werden. Für die bisherigen Institute der Linzer Universität hätte eine geistes-

und sprachwissenschaftliche Fakultät auch Vorteile. So könnten multilinguale, länderübergreifende Lehrinhalte in die Studienrichtungen einfließen. Projekte über die Auswirkungen der Marktwirtschaft in den Ländern des Ostens, z. B. von SoziologInnen länderübergreifend mit Universitäten der ehemaligen GUS-Staaten, wären dann eine Möglichkeit. Oder eine Ost-Wirtschaftsdatenbank für ManagerInnen von Linzer Wirtschafts- und Informatikstudierenden gemeinsam mit tschechischen Studierenden erstellt. Durch solche Kooperationen mit innovativen Ideen entstünden auch neue Arbeitsplätze in der Region.
Neue Chancen eröffnen sich in diesem Zusammenhang auch für das Multimediastudium in Jus. Mit der Südböhmischen Universität Budweis hat die Uni Linz schon ein Joint Study Programm auf gesamtuniversitärer Ebene. Trotzdem gibt es noch viele Möglichkeiten, diese Kooperation zu intensivieren. Das Jus-Multimediastudium könnte, wenn die sprachlichen Voraussetzungen stimmen, auf Budweis ausgedehnt und um rechtliche Inhalte der Nachbarländer erweitert werden.

## der wert der vielfalt

Schließlich bieten sich auch in kultureller Hinsicht große Möglichkeiten. Die Österreichische Kultur ist ein "Mischprodukt", an dem die slawischen Kulturen stark beteiligt sind. Waren zur Blütezeit des österreichischen Hochschulwesens zu Beginn des 20. Jahrhunderts die Universitäten noch zu großen Teilen von Studierenden aus dem gesamten Gebiet der Donaumonarchie bevölkert, so haben Austrofaschismus, Nationalsozialismus und 50 Jahre eiserner Vorhang dieser befruchtenden Vielfalt ein Ende bereitet. Jetzt verbindet uns die EU und die Möglichkeit neuer Partnerschaften. Ein Institut für Slawistik würde Oberösterreich als Region wieder stärker in diesen Prozess einbinden. Denn das kulturelle Verständnis des Partners ist unabdingbar für eine effektive und gegenseitig vorteilbringende grenzübergreifende Kommunikation.
Abseits der positiven Perspektiven für Wirtschaft, Gesellschaft und Kultur, die mit einer Erweiterung der Johannes Kepler Universität um eine geistes- und sprachwissenschaftliche Fakultät einher gehen, sind die Auswirkungen auf die Qualität des Linzer Forschungsbetriebs in sei-

ner Gesamtheit nicht zu unterschätzen.
Denn gerade in den am meisten geförderten und als Zukunftswissenschaften gefeierten Bereichen der Biotechnologie und Genforschung, spielt die geisteswissenschaftliche Einordnung und Rahmung der Erkenntnisse eine entscheidende Rolle:
"Die Entschlüsselung des menschlichen Genoms - ein neues Kapitel des Lebens", so wurde die Entdeckung in fast allen Nachrichtenmedien gefeiert. "Die veröffentlichte Meinung", wie es der Professor und Mitglied des Schweizerischen Wissenschafts- und Technologierats, Joseph Jurt, ausdrückt, "macht die Biowissenschaft zur Lebenswissenschaft. Die historische und kulturelle Dimension macht aber den Menschen aus und nicht die bloße Naturbasis."[11] Der Mensch ist nicht nur das entschlüsselte Genom, sondern auch die Zeichen und Bedeutungen, die er hervorbringt - vor allem auch die Sprache. Eine "ganzheitliche" Universität sollte Geisteswissenschaften mit anderen Disziplinen vereinen. Nur so ist ganzheitliche Forschung möglich.
Über die Jahrtausende hat der Mensch sehr unterschiedliche Formen der Lebensbewältigung, der Kulturen und des Selbstverständnisses des Menschen hervorgebracht. Die immer schnelllebigere Zeit, mit all ihrem technologischen Fortschritt, vermittelt uns aber manchmal den Eindruck, wir würden im globalen Dorf leben. Die unterschiedlichen Kulturen und Traditionen sind aber Ausdruck eines kulturellen Reichtums. Diese Vielfalt helfen uns die Geisteswissenschaften zu erklären. Sie lehren uns, vorsichtig mit kulturellen Differenzen umzugehen. "Kulturelle Vielfalt, die Dimension der Geschichte, das Vermögen zur Kommunikation sowie die Sorge um die globalen Entwicklungen müssen nicht nur gewahrt werden, sondern als verbindliche Perspektiven angenommen werden", so Professor Jurt.[12]

## fazit

Für Linz als Bildungs-Stadt birgt eine geistes- und sprachwissenschaftliche Fakultät eine große Chance. Die Vollständigkeit des universitären Bildungs- und Forschungsangebot regt den Diskurs in einer Region an und ermöglicht erst ihren ganzheitlichen Fortschritt.

[11] "Das Ganze ist das Wahre" Vortrag, URL: www.swtr.ch/swtr_ger/pdf/jurt_nzz12feb02_das_ganze_ist_das_wahre.pdf (28.8.2004)
[12] ebendort

Ein stärkeres Engagement der Geisteswissenschaften an der Linzer Universität würde aber auch wirtschaftlich, gesellschaftlich und kulturell den Standort Oberösterreich aufwerten. Besonders Sprachen werden in einer offenen und globalisierten Welt und Wirtschaft immer wichtiger.
Die Linzer Johannes Kepler Universität hat für die Einführung eines vollwertigen geistes- und sprachwissenschaftlichen Angebots die besten Voraussetzungen. Auf dem Fundament des jetzigen Angebots wäre mit Hilfe von Stadt und Land eine sinnvolle Erweiterung möglich. An der Sozialdemokratie dürfte es aber liegen, die notwendige Überzeugungs- und Informationsarbeit für eine GeSWi-Fakultät an der Linzer Universität in Angriff zu nehmen.

## links zum thema

www.geiwibroschüre.at
*Eine umfangreiche Broschüre der Innsbrucker GeiWi-Fakultät mit einem Plädoyer für die Geisteswissenschaften mit geschichtlichen Hintergründen*

www.zeit.de/feuilleton/geisteswissenschaften
*Situation und Geschichte der Geisteswissenschaften, verschiedene Meinungen zur Zukunft der Geisteswissenschaften*

www.nzz.ch/fe/index.html
*Die Diskussion über den Nutzen der Geisteswissenschaften wird auch in der Schweiz geführt. Ausführliche Beiträge von Professoren aus der Geisteswissenschaft*

## literatur

*Fabian, Bernhard (1996):* Zukunftsaspekte der Geisteswissenschaften, Verlag für Grundlagentexte der Geisteswissenschaften

*Jüde, Peter (1999):* Berufsplanung für Geistes- und Sozialwisssenschafter. Staufenbiel

*Keisinger, Florian (2003):* Wozu Geisteswissenschaften? Kontroversielle Beiträge zu einer überfälligen Debatte, Campus Verlag

*Smith, Adam (1776):* An Inquiry into the Nature and Causes of the Wealth of Nations. Deutscher Taschenbuch Verlag

# diskurs: geswi-fakultät für linz

## über "den geist der universitären vielfalt" diskutieren leonhard dobusch und claudia hahn mit dem autor josef zehetner

Claudia Hahn: Was im Artikel meiner Meinung nach sehr schön herauskommt, ist, dass für die Legitimation der Geisteswissenschaften der falsche Maßstab angelegt wird. Wir müssen den Wert von Geisteswissenschaften besser begreifbar machen.

Josef Zehetner: Geisteswissenschaften haben in erster Linie ein riesiges Imageproblem. Und dagegen ist es sehr schwer anzukämpfen, weil es den gesellschaftlichen Konsens in Richtung einer Ökonomisierung auch des Bildungswesens gibt. Alles muss etwas wert sein und dieser Wert muss sich in Dollars ausdrücken lassen - dieser Konsens ist das Problem.

Leonhard Dobusch: Dabei führst du im Artikel deinen Angriff zur Verteidigung der Geisteswissenschaften von zwei Flanken aus: Erstens bekämpfst du den von Claudia bereits angesprochenen falschen Maßstab, der eine unmittelbare und triviale Verwertbarkeit fordert. Zweitens propagierst du, dass eben diese beinahe unmittelbare ökonomische Verwertbarkeit in weiten Teilen der Geistes- und vor allem Sprachwissenschaften durchaus gegeben ist. Ist da nicht ein Widerspruch?

JZ: Ironischerweise gäbe es den Leistungsbegriff in seiner heutigen Form ohne die geisteswissenschaftliche Soziologie nicht. Aber was diesen vermeintlichen Widerspruch betrifft: Im Gegenteil: Beide Argumente sind wahr und beide Argumente sind wichtig: Einerseits ist die Forderung nach kurzfristiger Verwertbarkeit falsch, übrigens nicht nur in den Geisteswissenschaften, sondern in der Forschung generell. Und andererseits stimmt es einfach, dass die Geisteswissenschaften in ihrer unmittelbaren Verwertbarkeit besser sind als ihr Ruf.

LD: Als Betriebswirt kann ich das auch nur bestätigen: BWL ist genauso wie die meisten Studien auf der Sozial- und Wirtschaftswissenschaftlichen Fakultät ein Querschnittsstudium. Und Bereiche wie Organisationssoziologie und -psychologie zeigen dabei ja, dass man ohne Geisteswissenschaften gar nicht auskommt. Aber das Niveau dieser Teilbereiche kann ohne eigene Institute und Fakultäten einfach nicht am letzten Stand gehalten werden.

CH: Ja, leider kommt diese geisteswissenschaftliche Basis der sozial- und wirtschaftswissenschaftlichen Studien in Linz viel zu kurz, das einzige in meinem Soziologiestudium in Linz war Sozialphilosphie. Hinzu kommt, dass ohne eigene Fakultät die geisteswissenschaftlichen Institute ohnehin stigmatisiert sind.

LD: Ich sehe da aber durchaus die Gefahr, dass nur die Einrichtung einer eigenen Fakultät das Image der geisteswissenschaftlichen Fächer und Institute nicht wesentlich verbessern wird. Das Image ist auch in Wien nicht besonders. Das Problem, dass sie besser als ihr Ruf sind, wird also die Fakultät nicht lösen. Das Image zu verbessern, ist eine eigene Aufgabe, darüber könnte man einen eigenen Beitrag schreiben.

JZ: Eine Stärke der Geisteswissenschaften ist sicher auch ihre Selbstkritik und dass sie sich zum Teil selbst zum Gegenstand haben. Als eine Möglichkeit das Image zu verbessern, sehe ich, GeWi-Publikationen stärker als solche zu deklarieren. Penninger und Co haben genauso wie Hobsbaum geisteswissenschaftliche Bestseller geschrieben, ohne dass die Menschen diese Bücher und deren Erkenntnisse explizit den Geisteswissenschaften zugerechnet hätten. Da ist ein verwertbarer Aspekt. GeWi-Bücher schreiben AutorInnen, populär-naturwissenschaftliche Bücher (Stichwort: Stephen Hawking) schreiben WissenschaftlerInnen.

CH: GeWi-AutorInnen sind sehr schnell spezialisiert und produzieren ExpertInnenwissen. Das Wissen wird dann zwar genutzt, aber nicht den ExpertInnen zugerechnet.

JZ: So ist Bernd Marin der Sozialexperte, Prof. Zeilinger bleibt aber immer der Physikprofessor.

LD: Nach der doch jetzt sehr allgemeinen Diskussion würde ich gerne noch auf die konkrete Situation in Linz zu sprechen kommen: Eine Geistes- und Sprachwissenschaftliche (GeSWi-)Fakultät für Oberösterreich ist notwendig und überfällig. Aber ist sie auch realistisch? Derzeit hat die Kepler Universität ja nicht einmal genug Geld für ihre aktuellen drei Fakultäten...

JZ: Klarerweise ist hier ein breiter politischer Konsens notwendig. Die Stadt Linz wäre, glaube ich, dafür zu gewinnen und auch die Johannes Kepler Universität wäre dafür zu begeistern, wenn sichergestellt ist, dass dafür nicht die anderen Fakultäten gekürzt werden. Und Land Oberösterreich und Stadt Linz haben schon in der Vergangenheit bewiesen, dass sie für eine zukunftsweisende und für die Region wichtige Weiterentwicklung der Universität Linz Geld in die Hand nehmen. Für eine GeSWi-Fakultät spricht, dass sprachliche Ausbildungen immer mehr an Bedeutung gewinnen und ihr Fehlen inzwischen auch den Standort Oberösterreich schwächt. Das sehen, glaube ich, auch alle ein.

LD: Vielleicht ist auch die Bewerbung für die europäische Kulturhauptstadt 2009 eine Chance in Richtung Etablierung einer GeSWi-Fakultät an der Linzer Uni. Schließlich hat es die KP Graz sogar geschafft, Wohnungsrenovierungen im Programm für die Kulturhauptstadt 2003 in Graz unterzubringen. Eine GeSWi-Fakultät wäre nicht nur für die Kultur der Kritik und für die Geisteskultur als solche interessant, sondern sicher auch ein toller Bestandteil des Projekts Kulturhauptstadt 2009.

CH: Das stimmt, Geisteswissenschaften sind ein wesentliches Kulturgut. Aber nicht nur das: Eine GeSWi-Fakultät würde auch viele junge Menschen nach Linz locken oder in Linz halten. Es wären einfach nicht soviele OberösterreicherInnen gezwungen, für ihr Studium das Bundesland zu verlassen.

JZ: Immerhin bietet jede Universität in Österreich außer in Linz und der

Montanuniversität in Leoben ein Studium der Slawistik an.

CH: Und der Geist einer stärker geisteswissenschaftlichen Universität färbt ja auch auf die Stadt und die Region ab. Auch das zeigen die Beispiele Wien, Innsbruck und Salzburg.

JZ: Meiner Meinung nach führt auf lange Sicht kein Weg an einer geistes- und sprachwissenschaftlichen Fakultät vorbei. Zahlreiche Beispiele aus der jüngeren Linzer Geschichte beweisen ja, dass sie uns schon bisher gefehlt hat. Eine GeSWi hätte beispielsweise bei der Aufarbeitung der Nazi-Vergangenheit von Linz sehr geholfen. Oder wieder unsere Bewerbung für die Kulturhauptstadt 2009: Eine GeSWi-Fakultät hätte uns schon in der Bewerbungsphase vieles leichter gemacht. Und Kultur sind eben nicht nur die schaffenden Künste, sondern auch Sprache, Geschichte und vieles mehr.

# die autorinnen und autoren

# jasmine chansri

## zum menschen:

| | |
|---|---|
| Geburtsdatum | 06. März 1980 |
| Ausbildung | Studium der Rechtswissenschaften (Abschluss 2003) an der Karl-Franzens-Universität Graz |
| Beruf | Abgeordnete zum OÖ Landtag / Studentin |
| Politische Biographie / Engagements | seit 2004: Vorsitzende der SPÖ-Franckviertel<br>seit Oktober 2003: Abgeordnete zum OÖ Landtag<br>seit 2003: Vorstandsmitglied von Migrare, Zentrum für MigrantInnen in Oberösterreich<br>seit 2003: Mitglied des Linzer SPÖ-Bezirksparteivorstandes<br>1998-1999: Vorstandsmitglied der Sozialistischen Jugend Oberösterreich |
| 3 Bücher | George Orwell: 1984<br>Siba Shakib: Nach Afghanistan kommt Gott nur noch zum Weinen<br>Franz Kafka: Der Prozeß |
| 3 Lieder | Wir sind Helden: Wir müssen nur wollen<br>Alanis Morissette: Oughta know<br>The Police: So lonely |
| 3 Leidenschaften | 80-ies / Lesen / Kino |

## zum text: multikulturelle vielfalt als chance: theorie und praxis

Migration und daraus resultierende kulturelle und ethnische Vielfalt sind in Österreich längst eine Tatsache. Und trotzdem wird dieser Umstand vor allem als "Problem" gesehen, das es zu "lösen" gilt, anstatt die Chance dieser Vielfalt zu erkennen und zu nutzen.
Der Beitrag beschäftigt sich einerseits mit dem Phänomen der Migration und andererseits mit den verschiedenen Formen des Umgangs einer multikulturellen und -ethischen Gesellschaft, wobei ein spezieller Fokus auf die Situation in Linz und Oberösterreich gelegt wird.

# leonhard dobusch

## zum menschen:

| | |
|---|---|
| Geburtsdatum | 30. Mai 1980 |
| Ausbildung | Studium der Betriebswirtschaftslehre (Abschluss 2003) und Studium der Rechtswissenschaften (Abschluss 2004) an der Universität Linz. |
| Beruf | Student |
| Politische Biographie / Engagements | 2003-2004: Referent für wirtschaftliche Angelegenheiten der Österreichischen HochschülerInnenschaft Bundesvertretung<br>2003-2004: Verantwortlicher Redakteur des Magazins "JKUrsiv" der HochschülerInnschaft an der Universität Linz<br>2000-2003: Stv. Vorsitzender der Sozialistischen Jugend Österreich<br>2000-2002: Vorsitzender der Sozialistischen Jugend Linz<br>1998-2000: Verantwortlicher Redakteur des Linzer Jugendmagazins "JUMP" |
| 3 Bücher | Ernst v. Glasersfeld: Radikaler Konstruktivismus<br>Karl Popper: Die offene Gesellschaft und ihre Feinde<br>Peter Sloterdijk: Die Kritik der zynischen Vernunft |
| 3 Lieder | Absolute Beginner: Liebeslied<br>Eminem: Role Model<br>Texta: So oder So |
| 3 Leidenschaften | Apple-Computer / Lesen / Tennis |

## zum text: politische implikationen regionaler netzwerke

Netzwerke können für politisches Handeln in zweifacher Hinsicht von großer Bedeutung sein: Einerseits als Erklärungsmodell, das gesellschaftliche Zusammenhänge abseits trivial-monokausaler Erklärungsmuster begreifbar macht. Andererseits als Instrument politischen Handelns sowohl in regionaler Wirtschafts(standort)politik als auch im Bereich der Organisation (partei-)politischer Strukturen und Arbeit.
Voraussetzung für beides ist das Verstehen von Netzwerken als komplexe selbstorganisierende Systeme, die aus im wesentlichen autonomen Mitgliedern bestehen. Folge daraus für ein Netzwerkmanagement ist, dass dieses eine katalytische Funktion erfüllt und dabei selbst auch Teil des Netzwerks ist.

# markus eidenberger

## zum menschen:

| | |
|---|---|
| Geburtsdatum | 07. Mai 1976 |
| Ausbildung | Studium der Wirtschaftswissenschaften (Abschluss 2003) an der Universität Linz |
| Beruf | Stv. Landesgeschäftsführer und Organisationssekretär der SPÖ Oberösterreich |
| Politische Biographie / Engagements | 2001-2003: Jugendbeauftragter der SPÖ Oberösterreich<br>1999-2001: Geschäftsführer der Initiative Kritischer StudentInnen<br>1995-1997: Chefredakteur des Linzer Jugendmagazins "JUMP"<br>1994-1998: Aktiv in der Aktion Kritischer SchülerInnen Linz und in der Sozialistischen Jugend Linz |
| 3 Bücher | John Ronald Reuel Tolkien: The Lord of the Rings<br>John LeCarré: Absolute Friends<br>Wolf Haas: Komm, süßer Tod |
| 3 Lieder | Sportfreunde Stiller: Ein Kompliment<br>U2: Bad<br>Manu Chao: Clandestino |
| 3 Leidenschaften | Spione / Sportfernsehen / Schokolade |

## zum text: formale privatisierung als mittelweg zwischen privat- und gemeinwirtschaft

Öffentliche Körperschaften haben immer wieder ehemals im Rahmen der Verwaltung organisierte Dienstleistungen in privatwirtschaftliche Organisationsformen ausgelagert, ohne das Eigentum an diesen Unternehmen aufzugeben ("formale Privatisierung"). Dies bietet einerseits die Möglichkeit, die größere Effizienz der privatwirtschaftlichen Organisationsform zu nutzen. Andererseits lässt es der Politik die Möglichkeit, dort einzugreifen, wo der Markt unerwünschte Ergebnisse liefern würde.
Der wirtschaftspolitische Neoliberalismus sieht formale Privatisierungen als "Fehlentwicklung oder Übergangslösung" zwischen Verwaltung und Marktlösung und verlangt die (Vermögens-)Privatisierung öffentlicher Unternehmen. Die Verteidigung formaler Privatisierungen erfordert, die Vorteile des öffentlichen Eigentums aggressiver zu kommunizieren.

# christian forsterleitner

## zum menschen:

| | |
|---|---|
| Geburtsdatum | 04. Jänner 1977 |
| Ausbildung | Studium der Betriebswirtschaftslehre an der Universidad de Salamanca (Spanien) und der Universität Linz (Abschluss 2004) |
| Beruf | Geschäftsführer der SPÖ Linz-Stadt |
| Politische Biographie / Engagements | seit 2003: Bezirksgeschäftsführer und Gemeinderat der SPÖ Linz<br>2001-2004: Aktiv in der SPÖ Sektion Innenstadt Mitte<br>2001-2002: Vorsitzender der Initiative Kritischer StudentInnen (IKS)<br>1998-2000: Vorsitzender der Sozialistischen Jugend Linz |
| 3 Bücher | Robert Musil: Der Mann ohne Eigenschaften<br>Karl Weick: Der Prozess des Organisierens<br>Miguel de Cervantes: Don Quijote |
| 3 Lieder | Freundeskreis: Esperanto<br>Estopa: ¿Ke pasa!?<br>Sportfreunde Stiller: International |
| 3 Leidenschaften | Essen & Trinken & Diskutieren / Bücher / tiefverschneite Berghänge |

## zum text: telematikunterstützte verkehrsnetzwerke und eigentum in der kommunalen verkehrspolitik

Die verkehrspolitische Problematik von Städten entsteht unter anderem durch den ständig steigenden Motorisierungsgrad der Bevölkerung, zunehmende individuelle Mobilität und starke Pendlerströme. Während das generelle Problem der fehlenden Kostenwahrheit nicht durch kommunale Verkehrspolitik gelöst werden kann, zeigt der diskutierte Weg eine offensive Strategie für ein besseres regionales Zusammenspiel der verschiedenen Mobilitätsformen: Intermodale Verkehrsknoten in der Stadt wie auch in der Peripherie bilden, unterstützt durch telematische Verkehrsinformationssysteme, ein möglichst dichtes Netz, das eine effiziente und individuelle Kombination verschiedener Verkehrsträger ermöglicht. Argumente werden gebracht, warum der Aufbau eines solchen Netzes von der öffentlichen Hand und von Betrieben im öffentlichen Eigentum übernommen werden soll.

# claudia hahn

## zum menschen:

| | |
|---|---|
| Geburtsdatum | 27. Februar 1975 |
| Ausbildung | Studium der Soziologie (Abschluss 2000)<br>an der Universität Linz |
| Beruf | Leiterin des Eltern-Kind-Zentrums "rund.um" Franckviertel |
| Politische Biographie / Engagements | seit 2004: Vorstandsmitglied im VSG Linz<br>seit 2003: Linzer Gemeinderätin<br>seit 2001: Ortsgruppen-Vorsitzende der Kinderfreunde Spallerhof/Neue Welt |
| 3 Bücher | Paul Watzlawick: Wie wirklich ist die Wirklichkeit?<br>Donna W. Cross: Die Päpstin<br>J.R.R. Tolkien: Der Herr der Ringe |
| 3 Lieder | Skunk Anansie - Secretly<br>David Holmes ft. the Free Association - Sugarman<br>Sportfreunde Stiller - Auf der guten Seite |
| 3 Leidenschaften | Meine Familie (= mein Partner & meine 2 Töchter) / Filme / Berge |

## zum text: kommunale frauenförderung und gleichstellungspolitik

Das Geschlechterverhältnis in unserer Gesellschaft ist ein Ungleichheitsverhältnis, Frauen sind aufgrund ihres Geschlechts in den verschiedensten Bereichen strukturell diskriminiert. Es bedarf an Akteurinnen und Akteuren auf politischer Ebene, die Gleichstellung zwischen Männern und Frauen (unter Entwicklung und Verbesserung von Konzepten und methodischen Werkzeugen und Vernetzung öffentlicher Kommunalverwaltungen mit Frauenorganisationen) forcieren und umsetzen. Kommunale Gleichstellungspolitik im Sinne der Gender Mainstreaming Strategie meint, eine geschlechtssensible Perspektive in alle Bereiche des kommunalen Wirkens aufzunehmen. Gender Mainstreaming zielt im Gegensatz zu einzelnen Frauenförderungsmaßnahmen auf langfristige strukturelle Veränderung ab. Eine neuere Diskussion beschäftigt sich mit "Gender Budgeting", der geschlechtergerechten (kommunalen) Haushaltsplanung, um durch Haushaltsentscheidungen bestehende Geschlechterverhältnisse nicht weiter zu zementieren.

# jakob huber

## zum menschen:

| | |
|---|---|
| Geburtsdatum | 11. Dezember 1983 |
| Ausbildung | Seit 2002: Studium der Wirtschaftswissenschaften und Statistik, Internationales Bacchalaureat in Geschichte, Spanisch, Englisch (2001) |
| Beruf | Student |
| Politische Biographie / Engagements | Seit 2004: Vorsitzender der Sozialistischen Jugend Linz<br>2001-2002: Bundesschulsprecher<br>2001-2002: Landesschulsprecher von OÖ |
| 3 Bücher | Friedrich Torberg: Der Schüler Gerber<br>fm4 - Das Buch<br>Daniel Zevin: Uncool |
| 3 Lieder | Asian Dub Foundation: Fortress Europe<br>Massive Attack: Karmacoma<br>Erykah Badu: Think Twice |
| 3 Leidenschaften | Reisen / (Zeitung-)Lesen / Chillen |

## zum text: frischer wind in der politischen arena: neue soziale bewegungen

Die jüngere Geschichte der emanzipativen Bewegungen - von den Studierendenprotesten über die "special interest movements" bis hinzu professionellen NGOs und der jungen Sozialforenbewegung - ist von flexibler Anpassung an die gesellschaftlichen Rahmenbedingungen geprägt. Die Proteste gegen die neoliberale Globalisierung haben eine Neue Soziale Bewegung zum Vorschein gebracht. Sie erhält im Gegensatz zu Parteien und Verbänden immer größeren Zuspruch in der Bevölkerung. Die Neuen Sozialen Bewegungen stehen mit ihren Analysen und Forderungen erstmals in Konkurrenz zu den etablierten Parteien. Ihr Zugang zu Offenheit und Pluralismus beinhaltet ihre größte Chance aber auch Gefahr. Die Parteien - insbesondere die Sozialdemokratie - müssen sich dem Thema stellen.

# jakob kapeller

## zum menschen:

| | |
|---|---|
| Geburtsdatum | 05. Jänner 1983 |
| Ausbildung | Studium der Sozialwirtschaft und der Wirtschaftswissenschaften in Linz |
| Beruf | Studienassistent am Institut für Gesellschafts- und Sozialpolitik an der Johannes Kepler Universität Linz / Student |
| Politische Biographie / Engagements | Seit 2004: politischer Sekretär des VSStÖ Linz<br>Seit 2004: Mitarbeit am Projekt zum Aufbau "zivilgesellschaft licher Strukturen" in Tomsk (Russland) der Volkshilfe<br>2002-2004: ÖH-Referent für Gesellschaftspolitik an der Universität Linz<br>2001-2002: Vorsitzender der Sozialistischen Jugend Steyr<br>2000-2001: Mitglied der LandesschülerInnenvertretung OÖ |
| 3 Bücher | Haruki Murakami: Wilde Schafsjagd<br>Arno Gruen: Der Wahnsinn der Normalität<br>Wladimir Woinowitsch: Die denkwürdigen Abenteuer des Soldaten Iwan Tschonkin |
| 3 Lieder | UK Apachi & Shy FX: Original Nuttah<br>Falco: Ganz Wien<br>Marla Glen: Enough |
| 3 Leidenschaften | Philosophie / Marvel-Comics / Barbara Kapeller |

## zum text: über utopien

Alltagspolitische Sachzwänge und die Geschwindigkeit des modernen Politikbetriebes stellen die politischen AkteurInnen vor eine Reihe komplexer Herausforderungen. Um im schwieriger werdenden politischen Umfeld zu bestehen, kann die, oft als obsolet betrachtete, Auseinandersetzung mit utopischem Denken wertvolle Implikationen anbieten.
So eröffnet utopisches Denken Alternativen in alltagspolitischen Fragestellungen, bietet sich als Instrument zur organisationalen Gestaltung an und eignet sich zur kritischen Überprüfung der eigenen Position und Handlungen. Des weiteren bieten uns Utopien - auch außerhalb der klassisch-sozialistischen Paradigmen - eine Option zur sukzessiven Weiterentwicklung unserer Positionen und Strategien.

# miriam köck

## zum menschen:

| | |
|---|---|
| Geburtsdatum | 28. April 1977 |
| Ausbildung | Studium der Rechtswissenschaften<br>(Abschluss 2001) an der Universität Linz |
| Beruf | Juristin im OÖ Landesdienst |
| Politische Biographie /<br>Engagements | seit 2004: Vorstandsmitglied WIST OÖ<br>seit 2003: Gemeinderätin der Stadt Linz<br>seit 2001: Vorstandsmitglied der Volkshilfe Linz<br>seit 2001: SPÖ-Linz Sektionsvorsitzende "Innenstadt Süd"<br>1996-2000: Vorstandsmitglied der Sozialistischen Jugend Linz |
| 3 Bücher | Max Barry: Logoland<br>Alain de Botton: Trost der Philosophie<br>Douglas Coupland: Shampoo Planet |
| 3 Lieder | Tom Waits: Ol` 55<br>Cake: I Will Survive<br>Coldplay: Don´t Panic |
| 3 Leidenschaften | für Freunde kochen / Lesen / Pflanzen |

## zum text: atypische beschäftigungsverhältnisse - chance oder fluch?

Atypische Beschäftigungsverhältnisse. Manchmal eine Chance, sehr oft die einzige Möglichkeit, am Arbeitsmarkt Fuß zu fassen. Aus Sicht der Sozialdemokratie macht es wenig Sinn aufzurufen, solche Beschäftigungsverhältnisse zu meiden. Sie sichern in vielen Fällen die Existenz und sind manchmal auch sinnvoll und gewünscht.
Aber wo ansetzen, um die negativen Auswirkungen auf ArbeitnehmerInnenseite zu verhindern, insbesondere im Bereich der geschlechtsspezifischen Segregierung des Arbeitsmarktes? Einen einfachen, alle Seiten zufriedenstellenden Lösungsansatz gibt es nicht. Der Nachteil der ArbeitnehmerInnen ist in den meisten Fällen der Vorteil der ArbeitgeberInnen. Eine Schlussfolgerung: Dort, wo es gewünscht und sinnvoll ist: Chancen ermöglichen. Dort, wo die sozialen Risiken zu groß sind, als Staat wieder stärker steuernd eingreifen.

# vera lischka

## zum menschen:

| | |
|---|---|
| Geburtsdatum | 01. Mai 1977 |
| Ausbildung | Studium Fernsehjournalismus an der Donauuniversität Krems (Abschluss 2003), Journalistenakademie des Landes OÖ |
| Beruf | Freiberufliche Journalistin und Cutterin / Abgeordnete zum OÖ Landtag |
| Politische Biographie / Engagements | Seit 2004: Jugendreferentin des ASKÖ OÖ<br>Seit 2003: Abgeordnete zum OÖ Landtag |
| 3 Bücher | Johannes Mario Simmel: Liebe ist nur ein Wort<br>Ödon von Horvath: Leben ohne Gott<br>Paolo Coelho: 11 Minuten |
| 3 Lieder | Udo Jürgens: 5 Minuten vor 12<br>Roxette: Listen to your Heart<br>Bon Jovi: One Wild Night |
| 3 Leidenschaften | Sport in der freien Natur / Gut und viel essen / Über gute Filme diskutieren und sie analysieren |

## zum text: zur lage des oberösterreichischen lokaljournalismus in print, radio und tv

Lokale Medien und lokaler Journalismus erfüllen in kommunaler Politik und Demokratie eine tragende Rolle. Allerdings tun sie das nicht automatisch in einer das demokratische Meinungsklima fördernden Form. Das Ausmaß der Vielfalt an Medien und Medieninhabern, der Qualität von Medien und JournalistInnen sowie der Trennung zwischen redaktionellen und bezahlten Inhalten sind Indikatoren, wie sehr (auch) lokale Medien ihre demokratiepolitisch essentielle Funktion erfüllen (können).
In Oberösterreich ist die Lage in in dieser Hinsicht nicht schlecht, aber trotzdem gibt es eine Reihe an Möglichkeiten, um - den politischen Willen vorausgesetzt - die Medienlandschaft und den lokalen Journalismus zu stärken.

# michaela mader

## zum menschen:

| | |
|---|---|
| Geburtsdatum | 20. Juni 1976 |
| Ausbildung | Studium der Betriebswirtschaftslehre (Abschluss 2004) an der Universität Linz |
| Beruf | Controllerin in der OÖGKK |
| Politische Biographie / Engagements | Seit 2004: Mitarbeit beim Nord-Süd-Institut OÖ<br>Seit 2002: Mitglied des Bezirksparteivorstandes der SPÖ Linz-Stadt<br>Seit 2001: Frauenvorsitzende der SPÖ Ebelsberg-Pichling<br>2000-2002: Kontrollvorsitzende der SJÖ<br>1996-1998: Politische Sekretärin der Sozialistischen Jugend Linz<br>Seit 1995: Vorstandsmitglied Verein BILY<br>1995-1996: Politische Sekretärin der AKS Linz |
| 3 Bücher | Arno Gruen: Der Wahnsinn der Normalität<br>J.M. Coetzee: Der Junge<br>Julia Onken: Vatermänner |
| 3 Lieder | Liquido: Narcotic<br>Jan Delay: Irgendwie, irgendwo, irgendwann<br>Wir sind Helden: Müssen nur wollen |
| 3 Leidenschaften | Computer / Südafrika / Golf |

## zum text: gesicherte grundversorgung und hochqualitative dienstleistungen durch modernisierung der daseinsvorsorge

In einem zukunftsträchtigen europäischen Sozialmodell muss die Grundversorgung der Bürgerinnen und Bürger bedürfnisorientiert und effizient erbracht werden. Modernisierung der staatlichen Daseinsvorsorge darf aber nicht Privatisieren heißen. Die öffentliche Verwaltung trägt die Verantwortung für die Erbringung der Leistungen und entscheidet nach politischen, sozialen und ökonomischen Gesichtspunkten, ob sie von privaten Unternehmen oder von der öffentlichen Hand erbracht werden sollen. Oberste Prämisse muss die Ausrichtung der Versorgung an politischen Grundsätzen und am Nutzen für die Bürgerinnen und Bürger sein, deren Lebensbedingungen dadurch verbessert und die soziale Ausgrenzung Einzelner damit verhindert werden soll.

# andreas ortner

## zum menschen:

| | |
|---|---|
| Geburtsdatum | 27. Juli 1977 |
| Ausbildung | Studium der Rechtswissenschaften (Abschluss 2000) an der Universität Linz |
| Beruf | Pressesprecher des SPÖ-Landtagsklubs OÖ |
| Politische Biographie / Engagements | 1996-2000: Vorstandsmitglied und aktiv in der Sozialistischen Jugend Linz<br>1996-1997: ÖH-Jus-Fakultätsvertreter der Liste Alternative, Linke und Sozialistische Studierende (ALSO) |
| 3 Bücher | Umberto Eco: Das Foucaultsche Pendel<br>J.R.R. Tolkien: Lord of the Rings<br>Hermann Hesse: Narziß und Goldmund |
| 3 Lieder | EinsZwo: Es geht mir gut<br>Sportfreunde Stiller: Auf der guten Seite<br>Shy: Stahlstadtkinder |
| 3 Leidenschaften | Motorrad fahren / RPGs / Sport |

## zum text: über den versuch der ablehnung von gentechnik als region der europäischen union

Einige Probleme des ökosozial geprägten Landes Österreich bzw. der Region Oberösterreich im europäischen Wirtschaftsbündnis EU werden anhand der Debatte rund um das Verbot von gentechnisch veränderten Organismen abgebildet. Auch wenn die Wahl des Themas Gentechnik willkürlich ist und wahllos durch andere ökologische Themen wie Transit oder Atomkraft ersetzt werden könnte, wird dennoch auf Detailprobleme im Verfahren hingewiesen, da ebendiese symptomatisch für die Zusammenarbeit mit der Europäischen Union sind und darin auch einer der Lösungsansätze für die Berücksichtigung und Durchsetzung ökosozialer Wünsche und Bedürfnisse liegt. Die Zukunft ökosozialen Denkens und Handelns ist jedenfalls in überregionalen Zusammenschlüssen zu suchen.

# julia röper-kelmayr

## zum menschen:

| | |
|---|---|
| Geburtsdatum | 07. Mai 1975 |
| Ausbildung | Studium der gesamten Heilkunde/Medizin an der Universität Wien (Promotion 2000) |
| Beruf | Assistenzärztin in Ausbildung zur Fachärztin in Radiologie im AKH Linz |
| Politische Biographie / Engagements | Seit 2004: Vorsitzende der Fachgruppe BSA-Ärzte<br>Seit 2004: Mitglied im OÖ Landessanitätsrat<br>Seit 2004: Vorstandsmitglied im Linz Frauengesundheitszentrum<br>Seit 2004: Mitglied im Suchtbeirat des Landes OÖ<br>Seit 2003: Abgeordnete zum OÖ Landtag<br>2001-2002: Turnusarztvertreterin im AKH Linz |
| 3 Bücher | Haruka Murakami: Wilde Schafsjagd<br>Albert Camus: Der glückliche Tod<br>Thomas Bernhard: Alte Meister |
| 3 Lieder | Osibisa: Sunshine Day<br>Paolo Conte: Wanda, stai seria con la faccia<br>Ray Charles: Hit the Road Jack |
| 3 Leidenschaften | Diese bleiben geheim. |

## zum text: gesundheitsförderung und prävention als gesundheitspolitischer ansatz der zukunft

Rahmenbedingungen für Gesundheit zu schaffen ist einerseits Aufgabe des Staates. So muss die Politik Einfluss darauf nehmen, dass das Gesundheitssystem für alle zugänglich ist. Andererseits ist der und die Einzelne dazu aufgefordert, auf seine/ihre eigene Gesundheit mit den ihm/ihr zur Verfügung stehenden Mitteln zu achten.

Die Sensibilisierung für die eigene Gesundheit zur fördern, ist hingegen wieder eine öffentliche Aufgabe und ein zukunftsorientierter gesundheitspolitischer Ansatz, der eine Bewusstseinsweckung und Bewusstseinsentwicklung notwendig macht.

# josef zehetner

## zum menschen:

| | |
|---|---|
| Geburtsdatum | 01. August 1982 |
| Ausbildung | seit 2002 Student der Sozialwissenschaften an der Universität Linz, Bildungsanstalt für Kindergartenpädagogik in Linz (Matura 2002) |
| Beruf | Student |
| Politische Biographie / Engagements | seit 2003: Gemeinderat der Stadt Linz<br>2002-2004: Vorsitzender der Sozialistischen Jugend Linz<br>2000-2002: Vorsitzender der Aktion Kritischer SchülerInnen Linz |
| 3 Bücher | Maria Mies: Globalisierung von unten<br>Wladimir Woinowitsch: Die denkwürdigen Abenteuer des Soldaten Ivan Tschonkin<br>Scott Adams Bücher |
| 3 Lieder | Mos Def & Talib Kweli: Definition<br>Erykah Badu: Didn't cha Know?<br>Gabel: Love from the Sun |
| 3 Leidenschaften | Manga / Go / Sport (Fußball, Basketball) |

## zum text: der geist der universitären vielfalt

Die Geisteswissenschaften sehen sich in den letzten Jahren immer öfter einer falschen Bewertung ausgesetzt. Nach (trivialen) ökonomischen Kriterien wird oft ihr Nutzen in Frage gestellt und nicht wenigen BildungspolitikerInnen fallen, wenn es um Budgetkürzungen und Einsparungspotenziale geht, als erstes Disziplinen der Geisteswissenschaften ein.
In diesem Beitrag soll aber nicht nur mit diesen (Vor-)Urteilen aufgeräumt, sondern auch die Notwendigkeit sowie die Chancen und Perspektiven der Etablierung einer geistes- und sprachwissenschaftlichen Fakultät an der Johannes Kepler Universität Linz demonstriert werden.